초대교회사

후스토 L. 곤잘레스 지음
엄성옥 옮김

초대교회사
THE STORY OF CHRISTIANITY

개정증보판발행	2012년 1월 30일
지은이	후스토 L. 곤잘레스
옮긴이	엄성옥
발행처	은성출판사
등록	1974년 12월 9일 제9-66호

ⓒ 1987년 도서출판 은성

주소	서울시 강동구 성내동 538-9
전화	070) 8274-4404
팩스	02) 477-4405
홈페이지	http://www.eunsungpub.co.kr
전자우편	esp4404@nate.com

이 책의 한국어판 저작권은 EYA(Eric Yang Agency)를 통한 HarperOne사와의 독점 계약으로 한국어 판권을 "은성출판사"가 소유합니다.
저작권법에 의하여 한국 내에서 보호를 받는 제작물이므로 무단전재와 복제를 금합니다.

Printed in Korea
ISBN: 978-89-7236-401-6 33230

The Story of Christianity. Revised and Updated. Copyright ⓒ 2010 by Justo L. Gonzalez. Published by arrangement with HarperOne, and imprint of HarperCollis Publishers

All rights reserved

Korean translation copyright ⓒ 2012 by Eunsung Publications
Korean translation rights arranged with HarperOne, through EYA(Eric Yang Agency)

THE STORY OF CHRISTIANITY

by
JUSTO L. GONZALEZ

서 문

내가 어떤 의미에서 이 책을 자서전이라 생각하고 있음을 알면 독자들은 놀랄 것이다. 내가 그렇게 생각하는 이유는 오르테가 가세트(Ortega Gasset)가 말한 바와 같이 각 세대는 마치 거대한 인간 피라미드에서처럼 이전 세대들의 어깨 위에 서 있는 곡예사들과 같기 때문이다. 따라서 우리의 선배들과 선조들의 이야기를 한다는 것은 곧 우리 자신의 생애에 관한 전기에 긴 서문을 쓰는 것과 같다.

이 책은 또 다른 의미의 자서전일 수도 있다. 왜냐하면 내가 30년 동안 함께 해온 친구들과 동지들을 다루고 있기 때문이다. 나는 처음 이레네우스(Irenaeus), 아타나시우스(Athanasius), 그리고 그 외의 여러 사람들을 만나고 그들의 저술을 읽고 생각하면서 점차 역사를 보는 눈에 익숙해져 왔다. 이들은 현재 내 친구들과 마찬가지로 많은 기쁨을 주었고, 어떤 때에는 당혹을, 드물게는 분노까지 가져다주었다. 그러나 이들은 나의 일부분이 되었으며, 나는 지금 이들에 관해 글을 쓰면서 이들과 함께 나의 생애에 관해 쓰고 있음을 자각하지 않을 수 없다.

서문을 쓸 때에는 그 책을 저술하는 데 도움을 준 사람들을 언급하기 마련이지만, 나에게는 이것이 불가능하다. 왜냐하면 현재 살아있거나 이미 작고한 많은 학자들을 열거해야 하기 때문이다. 오리겐, 유세비우스, 잉카 가르실라소(Inca Garcilaso), 하르낙(Harnack), 그리고 사본들을 베끼고 다시 베꼈던 이름 없는 여러 수도사들도 이에 포함될 것이다.

그러나 나와 동시대인들 중 두 사람을 꼭 언급해야 한다. 우선 나의 아내이며 콜롬비아 신학교(Columbia Theological Seminary)의 교회사 교수인 캐서린 군살루스 곤잘레스(Catherine Gunsalus Gonzalez)이다. 그녀는 내가 지난 10년 동안 고대사를 연구하는 데 끊임없는 도움이 되었으며, 책의 교정쇄를 읽고 비평을 해주었다.

두 번째로 언급되는 이름은 이 시대를 잘 반영하는 것이다. 왜냐하면 이는 나와 함께 6년 동안 일해 온 비서이기 때문이다. 즉 내가 처음 이 책의 원본을 쓰는 데 사용한 워드 프로세서이다. 서문에서 흔히 타이피스트들에게 바쳐지는 헌사를 나의 워드 프로세서에게 바쳐야 한다. 그는 항상 참을성 있고 조심스럽고 불평 없이 나를 섬겨왔기 때문이다. 실제로 이 비서는 불평 없이 나의 사본을 몇 번이고 고쳐 쓰곤 했다. 그러나 지금 이 책을 마감하여 서문을 쓰는 데 있어서 나는 스스로도 알 수 없는 충동에 임하여 펜을 사용하고 있다. 이는 나에게 우리가 오리겐과 유세비우스의 시대로부터 그리 멀리 떨어져 살고 있지 않음을 다시 상기시켜 주는 것이다.

이 책을 세상에 내놓으면서 마지막으로 바라는 것은 내가 이 책을 읽으면서 즐겼던 만큼 다른 이들이 이 책을 즐겨 읽어주는 것이다.

개정증보판 서문

역사를 다시 논의하고 개정하고 재서술해야 할 필요가 있다는 것이 이상한 일처럼 보일 수 있지만, 실제로 그리 할 필요가 있다. 왜냐하면 역사는 단순히 실제로 발생한 적나라한 과거가 아니라 현존하는 전거들을 꼼꼼히 읽고 무수히 많은 세대의 역사가들에 의해 선별되고 우리의 현재와 우리가 바라는 미래에 비추어 해석된 과거이기 때문이다. 따라서 나는 약 25년 전에 저술한 본서를 읽으면서 재확인해야 할 것들과 개정해야 할 것이 많음을 발견한다. 이 책의 초판이 출판되고 나서 몇 년 후에 소련이 붕괴되었다. 그 후 이슬람이 부활했는데, 모든 대륙에서 극단적이고 광신적인 무슬림들이 테러를 계획하고 자행함으로써 세계는 이슬람의 부활을 의식하게 되었다. 기독교 내에서는 전통적인 기독교 지역을 비롯한 다양한 지역에서 성장한 오순절운동 및 그와 유사한 운동들이 각광을 받았다. 이 지역들 중 여러 지역에서 신흥종교들이 발생했는데, 그 중 다수는 기독교에서 비롯되었거나 기독교의 요소들을 취한 것들이다. 전례 없는 환경 재앙이 발생할 수도 있다는 예측이 여러 국가들 및 지도자들의 관심을 획득했다. 급진적인 이론적 지도자들뿐만 아니라 존경받는 경제학자들도 세계 경제 질서의 지속 가능성에 심각한 의심을 표했다. 커뮤니케이션 기술이 폭발적으로 발달했다. 이것들 및 다른 많은 발달 현상들이 과거와 미래를 보는 우리의 시각을 형성해왔다. 이것이 이 책의 개정판이 필요한 이유이다.

개정판이 필요한 또 하나의 이유는 그 동안 나에게 주어진 많은 논평들과 제안들을 반영하고픈 소원이다. 그러한 제안과 논평들 중에는 영어로 이 책을 읽고 사용한 동료들의 것들이 있고, 여러 국가의 언어로 번역되는 과정에서 원어에서는 즉시 눈에 뜨이지 않는 애매한 점들이 드러난 데 따른 결과들도 있다. 일본, 브라질, 러시아, 한국 등 다양한 문화권에서 이 책을 읽은 독자들은 이 책에 포함되어야 할 것의 범위를 넓혀 주었다. 이 개정판에 그들이 제안한 것들을 모두 반영하지는 않았다(특정 주제에 대해 더 많은 것을 추가해줄 것을 원하는 사람들과 축소해줄 것을 원하는 사람들 모두를 만족시킨다는 것은 불가능한 일이기 때문이다). 그러나 나는 그들 모두, 특히 특정 주제가 분명하지 않다거나 이해하는 데 더 도움이 되는 것을 발견했다는 것 등을 말해준 학생들에게 고마움을 표한다. 소중한 제안을 해준 동료 교수들 중에 내 아내 캐서린을 빠뜨릴 수 없다. 아내는 인내심을 가지고 원고를 여러 번 읽고 현명하게 조언해 주었다. 샌디에고에 소재한 베델신학교의 제임스 스미스 교수에게도 감사를 표한다. 그의 상세한 제안들은 개정판 출판에 큰 도움이 되었다.

이 개정판을 출판하면서 장차 이것도 개정되어야 할 것임을 의식한다. 즉 세대가 바뀜에 따라 역사서는 거듭 재서술 되어야 할 것이다. 장차 역사의 핵심인 과거와 현재 사이의 매력적인 대화—현재의 질문들에 관해 과거가 말해주는 대화—를 시작하는 사람들에게 이 개정판이 자극이 되기를 바란다.

차례

서문 _4
개정증보판 서문 _6

제1장 서론 _13

제1부 초대교회

제2장 때가 차매 _23
    팔레스타인의 유대교 _24
    디아스포라 유대교 _29
    그레코-로마 세계 _32

제3장 예루살렘 교회 _39
    통일성과 다양성 _39
    종교생활 _42
    유대인 교회의 쇠퇴 _44

제4장 이방 선교 _47
    선교의 규모 _47
    바울의 사역 _50
    사도들: 사실과 전설 _53

제5장 최초의 국가와의 대결 _59
새로운 유대교 분파 _59
네로 시대의 박해 _63
도미티안 시대의 박해 _67

제6장 2세기의 박해 _71
플리니와 트라얀 사이의 서신 _72
안디옥의 이그나티우스, 하나님의 사자 _75
폴리갑의 순교 _79
마르쿠스 아우렐리우스 시대의 박해 _82
2세기 말 _85

제7장 신앙의 수호 _87
더러운 소문과 고상한 비판 _88
주요 변증가들 _92
기독교 신앙과 이교 문화 _94
변증가들의 논거 _99

제8장 신앙의 결정 _103
영지주의 _104
마르시온 _110
교회의 반응: 정경, 신경, 사도전승 _112
옛 가톨릭교회 _122

제9장 교회의 교사들 _123
    리용의 이레네우스 _124
    알렉산드리아의 클레멘트 _129
    카르타고의 터툴리안 _132
    알렉산드리아의 오리겐 _140

제10장 3세기의 박해 _147
    셉티미우스 세베루스 시대의 박해 _148
    데시우스 시대의 박해 _151
    배교자들에 관한 문제: 키프리안과 노바티안 _155

제11장 기독교인들의 생활 _159
    초대 기독교인들의 사회적 계층 _160
    기독교 예배 _162
    교회의 조직 _171
    선교의 방법 _173
    기독교 예술의 시작 _175

제12장 대 박해와 최후의 승리 _179

제2부 제국교회

제13장 콘스탄틴 대제 _193
    로마에서 콘스탄티노플로 _194
    정복되지 않는 태양으로부터 예수 그리스도에게로 _202
    박해에서 지배로 _208
    콘스탄틴의 영향 _210

제14장 어용신학: 가이사랴의 유세비우스 _221

제15장 수도원운동 _231
      수도원운동의 기원 _233
      사막의 최초 수도사들 _236
      파코미우스와 공주수도생활 _242
      수도원 이상의 전파 _247

제16장 분파주의적 반작용: 도나투스주의 _255

제17장 아리우스 논쟁과 니케아 공의회 _265
      논쟁의 발단 _266
      니케아 공의회 _272

제18장 이교도들의 반동: 배교자 줄리안 _283
      줄리안의 종교정책 _287

제19장 알렉산드리아의 아타나시우스 _291
      초기 생애 _291
      많은 시련을 통하여 _294
      신학적 합의 _300
      그 후의 시련들 _303

제20장 카파도키아 교부들 _305
      마크리나 _306
      대 바실 _308
      닛사의 그레고리 _312
      나지안주스의 그레고리 _314

제21장 밀란의 암브로스 _319
예기치 못한 선출 _319
감독과 왕좌 _324

제22장 존 크리소스톰 _329
광야에서 외치는 소리 _330
광야로 돌아가다 _333

제23장 제롬 _341

제24장 힙포의 어거스틴 _351
신앙으로의 길고 험한 여정 _351
서방교회의 목회자요 신학자 _360

제25장 제국의 국경을 넘어 _371

제26장 한 시대의 종말 _381

연대표 I _384
연대표 II _389
참고문헌 _391
색인 _394

제1장
서 론

그 때에 가이사 아구스도가 영을 내려 천하로 다 호적하라 하였으니. —누가복음 2:1—

처음부터 기독교의 메시지는 인간 역사에 뿌리박고 있었다. 수세기를 두고 기독교인들이 외친 복음이란 하나님께서 우리의 구원을 위하여 예수 그리스도 안에서 특별한 방법으로 인간의 역사에 참여하셨다는 것이다. 따라서 예수의 생애뿐만 아니라 성경 메시지 전체를 이해하는 데 있어서 역사는 중요한 의미를 지닌다. 구약의 대부분은 역사적 사실의 기록이다. 성경은 하나님의 백성의 삶과 역사 속에 나타난 하나님의 계시에 관한 말씀을 전한다. 이러한 이야기 없이 계시를 이해하는 것은 불가능하다.

신약성경 기자들은 이 문제에 대해 명백한 입장을 보여 주었다. 누가복음은 예수의 탄생이 가이사 아구스도의 재위 기간 중 "구레뇨가 수리아 총독이 되었을 때에"(눅 2:2) 발생했다고 전한다. 같은 복음서에서 이 이야기가 "유대 왕 헤롯 때에"(눅 1:5) 팔레스타인 역사를 배경으로 이루어졌다고 기록한다. 마태복음도 예수를 이스라엘의 역사와 소망의 토대에 두는 족보를 서두에 두며 예수의 탄생을 "헤롯 왕 때"(마 2:1)라고 기록한다. 마가복음은 상세한 연대를 사용하지는 않으나 예수님의 사역이 세례 요한 시대에 시작되었음을 전한다(막 1:9). 요한복음 기자도 이러한 사건들을 등한시하지 않는다. 그리하여 인간의 역사 속에서 육신이 되신 말씀이(요 1:14) 태초에 하나님과 함께 계셨던 말씀임을 주장한다(요 1:2). 마지막으로 요한일서도 같은 시각으로 시작한다: "태초부터 있는 생명의 말씀에 관하여는 우리가 들은 바요 눈으로 본 바요 자세히 보고 우리의 손으로 만진 바라"(요일 1:1).

  누가는 그의 복음서를 완성한 후 사도행전을 통해 기독교회의 이야기를 계속한다. 그는 단지 고전학에 관심을 가진 교양인의 호기심으로서가 아니라 주요한 신학적 관점에서 그 작업을 수행한다. 누가 및 다른 신약 기자들에 의하면 우리 가운데 거하시는 하나님의 임재는 예수의 승천과 함께 종료된 것이 아니었다. 예수님은 자기를 따르는 이들을 홀로 두지 않고 다른 보혜사를 보내겠다고 약속하셨다(요 14:16-26). 사도행전 서두에서 예수님은 승천 직전에 제자들이 성령의 능력을 받을 것이며 이를 통하여 세상 끝까지 그의 증인이 되리라고 하셨다(행 1:8). 그 후에 교회의 증언하는 삶의 시작이 되는 오순절 역사가 따른다. 따라서 사도행전이라는 책은 사도들의 사역에 초점을 두는 것이 아니라 사도들-그리고 또 다른 이들-을 통한 성령의 역사를 다루고 있다. 누가는 두 책을 남겨 주었으니 첫째는 예수의 사역에 관한 것이요, 둘째는 성령의 사역에 관한 것이다.

그런데 누가의 두 번째 책에는 결론부가 없다. 그 마지막 부분에 보면 바울은 아직 로마에서 설교하고 있으며 그와 교회가 어떻게 되었는지 말해 주지 않는다. 누가는 이에 관해 신학적 이유를 가지고 있었다. 즉 그가 전하는 이야기는 역사가 종료되기 전에는 끝날 수 없기 때문이었다.

누가의 신앙에 참여하는 이들이 볼 때 이것은 곧 교회사는 인류의 역사가 갖는 모든 특징들을 보여 주면서 동시에 한 기관이나 한 운동의 역사 이상의 것을 의미한다. 그것은 이러한 신앙에 따라 살고자 한 사람들을 통해서, 그리고 그들 속에서 역사하셨던 성령 사역의 역사이다.

역사의 진행 과정에 나타난 사건들 속에서 성령의 작용을 찾아보기 어려울 때가 많다. 이 책에서 우리는 교회와 신앙을 이용하여 금전적 이익을 얻으려 한 사람들, 또는 개인 권력을 추구한 사람들의 모습을 발견할 수 있을 것이다. 또 가장 큰 계명인 사랑을 망각하거나 오염시킨 사람들도 있으며, 예수의 이름을 이용하여 적들을 박해한 사람들도 찾아볼 수 있다. 어떤 경우에는 교회가 성경적 신앙을 저버린 것처럼 보일 때도 있고, 과연 이러한 교회를 "기독교회"라 부를 수 있을지 의문을 갖는 이들도 있을 것이다. 이러한 경우에는 다음과 같은 두 가지를 기억해야 한다.

첫째는 이 이야기가 성령의 사역의 역사인 동시에 그 사역이 우리와 동일한 죄인들을 통하여 이루어졌다는 점이다. 이것은 베드로와 바울을 비롯한 신자들이 신앙인인 동시에 죄인으로 묘사된 신약 시대의 모습을 살펴보아도 명백하다. 만약 이러한 예로 충분치 않다면, 바울이 고린도 교회에 보낸 첫 번째 편지에서 지칭한 "성도들"의 모습을 살펴보면 충분할 것이다.

두 번째는 그러한 죄인들을 통하여, 그리고 그 교회를 통하여-오직 그들만 통하여-성경의 메시지가 우리에게 전달되었다는 점이다. 교회 생활의 암흑기에도 이곳에는 항상 성경을 사랑하고 연구하고 보존하고 필사하는 신자들이 있었으며, 그들을 통해서 성경과 그 가르침이 우리에게 전해져왔다.

이러한 선배 신자들이 우리에게 남겨준 것은 성경 본문 이상의 것이다. 이들은 다양한 상황에서 어떻게 충실한 증인이 되고자 노력했는가 하는 기록을 남겨주었다. 박해가 심했던 시기에 어떤 이들은 피로써, 어떤 이들은 저술로써 신앙을 증언했으며, 어떤 이들은 복음을 떠났다가 후에 회개한 사람들을 사랑으로 받아들임으로써 복음을 증언했다. 교회의 세력이 강했을 때 어떤 이들은 그 세력을 이용했고, 다른 이들은 그 사용에 의문을 제기했다. 침략과 혼란과 기근의 시대에도 질서를 유지하기 위해 집 없는 이들에게 쉴 곳을 주고 배고픈 이들에게 음식을 마련해준 이들이 있었다. 전에 알려지지 않았던 광대한 대지가 유럽의 기독교 신자들에게 전개되었을 때 많은 신자들이 신앙의 메시지를 전하기 위해 고향과 집을 떠났다. 수세기 동안 어떤 이들은 말이나 문서를 통하여 복음을 증언했고, 어떤 이들은 기도와 금욕 생활을 통하여, 또 다른 이들은 무력과 종교 재판을 통하여 같은 목적을 수행하려 했다.

좋아하든지 좋아하지 않든지 우리는 결국 이처럼 다양하고 서로 상충되는 증인들의 후손이다. 이러한 행동들 중 어떤 것은 우리에게 영감을 주고, 어떤 것은 실망을 준다. 그러나 그것들은 우리의 역사를 구성하는 요소들이다. 우리가 존경하는 이들만 아니라 멸시하는 자들이 우리를 오늘의 이 위치에까지 이끌어온 것이다.

과거는 아직도 우리 안에 살아 있어서 우리에게 영향을 미치고 기독교 메시지를 이해하는 내용을 결정지으므로, 과거를 이해함이 없이 우리 자신을 이해할 수 없다. 예를 들어 우리가 "의인은 믿음으로 말미암아 살리라"는 구절을 읽을 때 마르틴 루터는 우리의 귀에 이 단어들을 어떻게 해석해야 할지 속삭여준다. 마르틴 루터의 이름조차 들어보지 않은 이들에게도 마찬가지이다. 또 우리가 "그리스도가 우리의 죄를 위해 돌아가셨다"는 말씀을 들을 때 캔터베리의 안셀름(Anselm of Canterbury)은 우리와 함께 회중석에 앉아 있다. 안셀름이 누구인지 알지 못하는 사람에게도 이 사실은 적용된다. 우리가 교회 안에 서있거나 앉아있거나 무릎을 꿇거나 찬송을 부르거나 신경을 암송하거나 혹은 암송하기를 거부할 때, 그리고 교회를 세우거나 설교할 때에도 우리가 의식하지 못하는 과거가 우리 행동의 요인으로 개입되어 있다. 우리가 전통의 영향을 받지 않고 신약성경을 초대 기독교인들과 동일하게 믿고 해석할 수 있다는 주장은 환상에 불과하다. 왜냐하면 이러한 생각은 우리의 해석을 절대화하여 하나님의 말씀과 혼란시키기 때문이다.

이러한 위험을 피하는 한 가지 방법은 우리의 시야를 채색하고 있는 과거를 이해하는 것이다. 색안경을 끼고 있는 사람이 온 세계가 색안경의 색깔이라는 결론을 피하려면 색안경의 색깔을 의식해야 한다. 마찬가지로 우리가 전통에 사로잡히는 것을 방지하려면 그 전통이 어떤 것인지 이해해야 한다. 우리가 어떻게 현시점에 위치하게 되었는지, 과거의 어떤 구체적 요인들이 현재 우리의 시야를 채색하고 있는지를 아는 것이다. 그때 비로소 과거와 현재의 어떤 요인들을 받아들이고 거부할 것인가를 선택할 수 있다.

이것의 반대도 성립된다. 현재에 대한 우리의 시야는 역사에 의해 채색되어 있지만 우리의 역사관 역시 현재 및 우리가 꿈꾸는 미래에 의해 채색되어 있다. 본서를 과거의 교회사와 비교해보면, 몇 가지 차이점이 드러날 것이다. 예를 들어 본서에서는 교회생활 전체에서의 여성들의 역할을 이전의 역사서들과는 다른 방식으로 인정하려 한다. 이는 저자가 다른 사람들이 갖지 않는 특별한 통찰을 가지고 있기 때문이 아니라, 단지 우리 시대가 모든 분야, 특히 교회생활에 여성들이 기여한 중요한 면들을 훨씬 더 많이 의식하고 있기 때문이다. 마찬가지로 본서에서 내가 북대서양 지역 교회를 극찬하려는 것이 아님도 드러날 것이다. 이는 저자의 특별한 시각에 기인한 것이 아니라 과거 2세기 동안 발생한 놀라운 사건들 때문이다. 지난 2세기 동안 기독교는 처음으로 진정한 보편적 종교가 되었으며, 그 후 점차 북대서양의 지배를 받지 않는 종교가 되었다. 그것은 과거 수십 년 동안의 통계를 보면 분명히 알 수 있는 결론이다. "개체 교회들(mother churches)보다 과거의 "선교 현장들"(mission fields)에 더 많은 신자들이 있는 시대에는 이전 시대에 필요치 않았던 세계적인 방식으로 교회사를 기술해야 한다. 따라서 교회사 안에는 오늘 우리에게 매우 중요한 듯이 보이지만 50년 전의 역사가들에게는 부차적인 것에 불과했던 요소들이 존재한다.

이 시점에서 역사하기(doing history)와 역사 만들기(making history)가 연결된다. 과거 세대들의 삶과 사역을 연구하고 해석하는 것이 역사를 하는(doing) 작업이다. 그러나 우리가 현재에 비추어 과거를 이해하고 있다는 것과 미래 세대들도 우리 시대를 과거의 역사로서 읽을 것임을 기억해야 한다. 이런 의미에서 볼 때 원하든 원하지 않든 우리는 자신의 행동과 무위(無爲)에 의해 역사를 만들어간다(making history). 그것은 신나는 기회인 동시에 엄청난 책임이다. 역사를 보다 충실하게 만들기 위해서 역사하기가 필요하다. 교회의 모든 부흥, 역사 속에서 모든 위대했던 시대들은 새로운 역사 이해에 기초하고 있다. 21세기를 준비함에 있어서도 같은 사실이 적용된다.

어느 시대에나 그렇듯이 21세기 기독교인들은 예기치 못한 새로운 도전들에 직면한다. 그러한 도전에 순종하려 할 때 우리는 신자들이 비슷한 상황에 처했던 과거라는 상황을 의지할 수 있다. 초대교회를 무시하거나 상이하게 여긴 문화에 대처한 반응은 서구사회에서 비슷한 태도가 성행하고 있는 시대에 하나의 지침을 제공해줄 수 있을 것이다. 4, 5세기에 교회가 전체 국가들의 이주에 대해 반응한 방식은 우리 시대의 인구학적 격변을 해석하고 그에 반응하는 방법에 대한 통찰을 제공해줄 수도 있다. 중세 스콜라 신학자들과 개신교 종교개혁자들의 헌신은 신예 학자들과 신학자들에게 영적 자극이 될 수 있을 것이다. 19세기 선교의 역사는 교회가 문화적·사회적 경계를 건널 때에 직면하는 위험을 알리는 경고가 될 수 있다. 이 모든 일에 있어서 과거는 현재를 조명해줄 것이다.

그러나 이것의 역도 성립된다. 우리는 우리 시대와 자신의 관심사와 희망을 통해서 과거 및 그 시대의 사건들을 바라본다. 역사는 순수한 과거가 아니다. 역사는 역사가의 현재에 입각하여 해석된 과거이다. 따라서 초대 시대의 순교자들과 이단자들, 수도사들과 목회자들, 십자군들과 학자들 등에 대한 우리의 이해 및 과거의 일상적인 기독교적 삶에 대한 이해는 현재라는 렌즈에 의해 측정되고 풍성해질 것이다.

제1부 · 초대교회

제2장
때가 차매

때가 차매 하나님이 그 아들을 보내사 여자에게서
나게 하시고 율법 아래에 나게 하신 것은.
-갈라디아서 4:4-

초기 기독교인들은 예수 탄생의 시기와 장소를 우연한 것이라고 생각하지 않았다. 이들은 탄생 이전의 모든 사건들을 통하여, 그리고 일체의 역사적 환경들을 통하여 역사하시는 하나님의 손길을 발견했다. 예수의 사역에 의해 이루어진 교회의 탄생에 대해서도 같은 말을 할 수 있다. 하나님은 제자들이 성령의 능력을 받은 후 예루살렘과 유대와 사마리아와 땅 끝에 이르기까지 증인이 될 수 있도록 그 길을 미리 준비하셨다(행 1:8).

따라서 교회는 주위 세계와 단절된 적이 없었다. 처음 기독교 신자들은 1세기 유대인들이었으며, 그들은 이러한 상태에서 메시지를 듣고 받아들였다. 그 후 신앙이 전파되었는데 먼저는 다른 유대인들에게, 그리고 마지막에는 로마제국 안과 국경 너머의 이방인들에게 전파되었다. 따라서 처음 몇 세기 동안의 기독교 역사를 이해하려면 기독교가 발전된 세계를 살펴볼 필요가 있다.

팔레스타인의 유대교

기독교가 처음 출현한 팔레스타인은 오랫동안 고난과 투쟁을 경험했다. 고대에는 특히 이집트와 메소포타미아, 그리고 소아시아와 아라비아를 연결하는 주요 교역로의 교차점에 있었다는 지정학적 위치 때문에 그리했다. 구약성경을 읽어보면 알 수 있듯이 이 근처에서 흥왕한 대제국들은 이 지역에 눈독을 들였다. 이런 까닭에 주민들은 거듭 침략과 속박과 유배생활을 겪었다. B.C. 4세기에 알렉산더 대왕이 거느린 마케도니아의 군대가 새로운 세력으로 이곳에 출현했다. 알렉산더는 페르시아

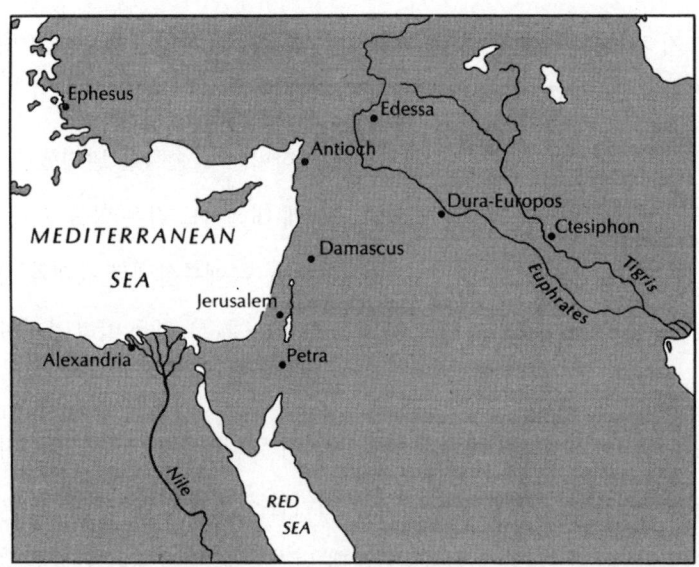

팔레스타인: 기독교의 발상지

제국을 패배시킴으로써 팔레스타인의 주인이 되었다. 그러나 얼마 후 그가 사망함으로써 그의 거대한 제국은 분열되었다. 그리하여 이집트와 시리아에 등장한 두 왕국은 오랫동안 팔레스타인의 소유권을 두고 대결했다. 그 결과 또 다른 정치적 불안정의 시대가 야기되었다.

알렉산더의 정복은 이념 위에 기초했다. 그는 세계를 정복할 뿐만 아니라 헬라 문명으로 통일하려 했다. 그 결과 정도는 달랐으나 각 지역에 따라서 헬레니즘이 나타났다. 헬레니즘으로 형성된 통일성은 그 후 로마의 정복, 그리고 복음의 전파를 위한 길을 열었다.

그러나 헬레니즘을 축복으로 받아들이지 않는 많은 유대인들이 있었다. 헬라 이념은 서로 다른 국가들의 신들을 동일시하여 혼합하려는 경향을 띠고 있었으므로, 헬레니즘은 유일신을 신봉하는 이스라엘인들의 신앙에 대한 위협으로 간주되었다. 어떤 면에서 볼 때 알렉산더의 정복에서부터 A.D. 70년 예루살렘 멸망에 이르는 팔레스타인의 역사는, 한 편으로는 헬라화의 압력과 다른 한 편

유다 마카비의 지도 아래 유대인들은 정치적 자유를 누렸다. 15세기 이탈리아의 화가 타데오 디 바르톨로가 그린 이 그림에 마카비가 묘사되어 있다.

제2장_ 때가 차매 25

으로는 자기들의 하나님과 전통에 대한 유대인들의 충실성 사이의 끊임 없는 대결로 보일 수도 있다.

유대 반란의 절정은 2세기 마카비(Maccabees) 가문이 주도한 투쟁이었다. 마카비 가문은 한때 종교적·정치적 독립을 유지했지만, 그들의 후계자들은 결국 시리아에서 알렉산더를 계승한 셀레우코스(Seleucid) 왕조의 헬라화 압력에 굴복했다. 이때 일부 과격한 유대인들이 항거하여 처형되었다. 그 결과 로마가 개입했다. B.C. 63년 폼페이(Pompey)가 이 지역을 점령하고 마카비 가문의 마지막 지도자인 아리스토불루스 2세(Aristobulus II)를 퇴위시켰다.

과거에 알렉산더가 행했던 것처럼, 로마인들은 이데올로기에 의해 정복을 정당화했다. 그들은 주위 세계를 교화하는 것을 소명으로 여겼는데, 이것은 도시들을 로마처럼 세우고 미화하는 것, 그리고 그들 모두를 로마의 통치와 지도 아래 두는 것을 의미했다. 그들은 도시가 없는 곳에 새 도시들을 세웠다. 옛 도시가 있는 곳에는 로마의 양식으로 공공건물을 세우고 장식했다.

일반적으로 피정복민의 관습과 종교에 대한 로마 정책은 온건했다. 정복 직후 로마 정부는 마카비 후손들에게 많은 권위를 부여하고, 이 지역을 통치하는 데 이들을 이용했다. 그들에게는 대제사장, 분봉왕 등의 칭호가 주어졌다. B.C. 40년 로마인들에 의해 유대 왕에 임명된 헤롯 대왕(Herod the Great)은 마카비 가의 여인과 결혼했으므로 마카비와의 혈연을 주장할 수 있었다.

그러나 로마인들은 유일신 신앙을 고집하며 이에 대한 작은 위협에도 지나치게 반발하는 유대인들의 고집을 이해할 수 없었다. 헤롯은 나라를 헬라화하기 위해 로마와 아우구스투스(Augustus)를 기념하여 사마리아와 가이사랴에 신전들을 지었다. 그가 성전 입구에 로마의 상징인 독수리 상을 세웠을 때 반란이 일어났는데, 그는 이를 무력으로 진압했다. 그의 후계자들도 유사한 정책을 수행하여 새 도시들을 건축하고 이방인들의 이주를 장려했다.

이 때문에 유대인들은 계속 반란을 일으켰다. 예수님이 소년이었을 때 헤롯의 아들 아르켈라우스(Archelaus)에 대항한 반란이 있었고, 아르켈라우스는 로마 군대의 개입을 요청했다. 로마인들은 나사렛 근처 갈릴리의 한 도시를 파괴하고 이천 명의 유대인들을 십자가에 못 박았다. 사도행전 5장 37절에서 가말리엘이 쓸데없는 반란의 예로 언급한 것이 이 사건이다. 로마의 통치에 완강하게 반대한 급진파 혹은 열심당은 로마의 잔인함에도 불구하고 수그러들지 않았으며 A.D. 66년의 대반란에서 중요한 역할을 했다. 또다시 로마의 군단들이 예루살렘으로 소집되었고, A.D. 70년에 그들은 예루살렘을 함락하고 성전을 파괴했다. 몇 년 후 유대인들의 마지막 영웅적 반란의 거점인 마사다(Massada) 요새가 함락되었다.

이러한 고난과 변화 속에서 유대교는 서로 다른 형태를 띠게 되었으며, 몇 개의 당파가 출현했다. 복음서에 거듭 등장할 뿐만 아니라 후기 유대교 발전의 근원인 가장 유명한 당파는 바리새파이다. 바리새파는 로마 통치와 헬라 문명이 주는 물질적 유익을 누리지 못한 일반 대중의 당이었다. 이들에게는 율법을 충실하게 지키는 것이 중요했기 때문에 어떻게 하면 일상생활의 모든 경우에 율법이 적용될 수 있는지 연구하고 토론했다. 이 때문에 그들은 율법주의라는 비난을 받았는데, 거기에는 일말의 진실이 섞여 있다. 그러나 이들이 일상의 모든 상황, 그리고 로마의 통치와 헬라주의 위협 아래의 새로운 환경에서 이스라엘의 고유 신앙이 적용되도록 노력했다는 점을 잊어서는 안 된다. 그 외에도 이들은 보수적 유대인들이 상상력의 발로라고 주장한 최후의 부활과 천사의 존재들을 믿었다.

보다 보수적인 유대인들은 사두개파였다. 이들은 유대 귀족층에 속했으며, 정치와 종교 양면에 있어서 보수적이었다. 종교 문제에 있어서 이들은 로마인들의 후원을 통해 유지된 성전에 관심을 두었다. 로마인들은 사두개인들의 정치적 보수주의를 선호할 수밖에 없었다. 사두개인들은 바리새인들의 많은 교리들을 근거 없는 조작으로 여겨 거부했다.

예수를 비롯한 초기 기독교인들과 바리새인들 사이의 마찰의 가장 큰 원인은 그들의 견해들의 차이보다는 유사성에 기인했다. 일반인들과 동행한 예수님과 그 추종자들은 사두개인들보다는 바리새인들과 어울릴 기회가 더 많았다.

1세기 유대교 내에는 다른 분파들과 집단들이 많았다. 열심당에 대해서는 이미 언급한 바 있다. 또 다른 주요한 집단은 흔히 사해사본의 보존으로 잘 알려진 금욕주의적 에세네파(Essenes)이다. 이들은 사회로부터 격리되어 율법에 순종하기를 추구했으며, 세상의 종말이 가깝다는 강한 기대를 품고 있었다.

이러한 경향들과 분파들과 집단들의 다양성 때문에 유대인들이 공통적으로 가지고 있던 두 가지 기본적인 믿음을 무시해서는 안 된다. 그것은 곧 윤리적 유일신 신앙이며 종말론적 소망이다. 윤리적 유일신 신앙이란 하나님은 한 분이시며 이 하나님이 바른 예배뿐만 아니라 인간들 사이의 바른 관계를 요구하신다는 것이다. 여러 집단과 분파들은 이러한 관계의 정확한 모습에 대하여 서로 의견을 달리할 수 있으나 삶 전반에 걸쳐 유일하신 하나님을 숭앙해야 할 필요성에 대해서는 일치했다.

이스라엘의 신앙에 있어서 종말론적 소망은 또 다른 공통적 신념이다. 사두개인들로부터 바리새인들에 이르기까지 이들은 모두 메시아를 대망했고, 하나님이 이스라엘을 재건하시고 평화와 정의의 나라를 이루시겠다는 약속이 성취될 것을 확신했다. 어떤 이들은 무력을 사용하여 이러한 왕국의 도래를 돕고자 했고, 또 다른 이들은 이러한 문제들을 완전히 하나님의 손에 맡겨야 한다고 생각했다. 어쨌든 모두 하나님의 약속이 성취될 미래를 대망하고 있었다.

이 집단들 중에서 성전 멸망 후에도 생존할 수 있는 요소를 갖춘 것은 바리새파였다. 이들의 기원은 바벨론 포로 시대, 즉 예루살렘에서 예배 드리는 것이 불가능하여 부득이 종교생활의 중심을 율법에 중심을 두었던 시기로 거슬러 올라간다. 수백만 명의 유대인들이 여러 나라에 흩어져 살았던 1세기의 상황도 이와 비슷했다. 그들은 정기적으로 성전 예배에 참석할 수 없었기 때문에 회당을 발전시켰다. 분산된 유대인들은 회당에서 율법과 이스라엘의 전통을 연구하고 공동체를 경험하고, 비록 흩어져 있지만 하나님의 신실한 백성으로서 살려는 결심을 굳게 했다. A.D. 70년 성전이 파괴되자 사두개파는 치명적 타격을 받았다. 한편 바리새파의 신학적 전통은 계속 활발히 유지되어 현대 유대교로 이어졌다.

디아스포라 유대교

예수님 탄생 몇 세기 전부터 팔레스타인 외부에 거주하는 유대인들은 계속 증가했다. 구약시대부터 페르시아와 메소포타미아 지방에 많은 유대인들이 거주했다. 이집트에서는 B.C. 7세기에 성전이 건축되었고, 5세기 후에 또 다른 성전이 건축되었다. 예수님 시대에는 로마 제국 내의 모든 대도시에 꽤 큰 규모의 유대인 공동체들이 있었다. 이처럼 널리 흩어져 있으나 조상들의 땅과 강한 감정적 · 종교적 유대감을 간직한 유대인들이 "디아스포라"(Diaspora) 혹은 "분산"(Dispersion) 유대인들이다.

일곱 촛대를 묘사한 이 모자이크는 튀니지에서 발견된 것으로서 디아스포라 시대의 유물 중 하나이다.

디아스포라 유대교는 기독교 역사상 중요한 의미를 지닌다. 왜냐하면 이를 통하여 로마제국 전역에 새로운 신앙이 전파되었기 때문이다. 게다가 디아스포라 유대교는 부지중에 기독교 전파를 위해 가장 유용한 수단을 제공했으니, 즉 구약성경의 헬라어 번역이다.

디아스포라 유대교의 고민 중 하나는 그들 중 많은 사람들이 조상들의 언어를 잊었다는 것이었다. 이런 까닭에 히브리어 경전을 그들이 이해하는 언어로 번역하는 것이 필요했다. 즉 동방에서는 아람어로, 서방에서는 헬라어로 번역해야 했다. 알렉산더의 정복 후 지중해 연안에서는 헬라어가 통용되었다. 이집트인, 유대인, 구레네인, 그리고 로마인들도 헬라어를 사용했다. 그러므로 디아스포라 유대인들이 경전을 헬라어로 번역한 것은 당연하다.

이집트의 중요한 도시 알렉산드리아에서 이루어진 이 번역은 셉투아진트(Septuagint, 70인역)라고 불린다. 그 이유는 번역을 맡은 유대교 학자들의 수효에 관한 전설 때문이다. 이들은 각기 개별적으로 번역한 후에 서로의 번역이 동일함을 발견했다고 한다. 이러한 전설이 생긴 것은 이 번역이 신적 영감을 받았음을 주장하기 위해서일 것이다.

어쨌든 70인역은 초대교회를 위해 큰 중요성을 지닌다. 이 번역본이 신약성경 기자들에 의해 인용되었으므로 초대교회의 용어들이 형성되는 데 큰 영향을 미쳤다. "그리스도"(Christ)라는 명칭은 "기름부음을 받은 자"(Anointed One) 혹은 "메시아"(Messiah)를 가리키는 70인역의 용어이다. 초대 신자들은 선교 활동 중 이방인들에게 메시지를 전하기 위해 70인역을 사용했다. 이 때문에, 그리고 또 다른 이유들로 인하여 유대인 공동체는 기독교인들이 쓰기에 부적합한 다른 번역본들을 만들어 냈으므로 결과적으로 교회가 70인역을 독점하게 되었다.

디아스포라 때문에 유대교는 팔레스타인에서는 용인될 수 없는 방식으로 헬레니즘과 타협하지 않을 수 없었다. 특히 알렉산드리아에서는 유대인들 사이에 그들의 고유 신앙과 헬라 문화의 가장 뛰어난 부분이 상응함을 증명하려는 운동이 있었다. B.C. 3세기경 이스라엘 역사를 헬라적 역사 기술 방식에 의해 다시 진술하려는 시도가 행해졌다. 이러한 전통의 진수는 알렉산드리아의 필로(Philo of Alexandria)의 작품에 나타난다. 필로는 예수님과 동시대인으로서 이교 철학의 정수가 히브리 성경과 일치함을 증명하려 했다. 그는 히브리 선지자들이 헬라 철학자들보다 먼저 살았으므로 후자가 전자의 지혜를 빌려왔다고 주장했다. 필로에 의하면 양자 사이에는 많은 일치점들이 존재한다. 왜냐하면 궁극적으로 철학자들의 교훈이 성경의 교훈과 일치하기 때문이다. 양자의 차이란 성경이 상징적으로 말한다는 데 있다. 이는 성경이 풍유적 해석에 의해 이해되어야 함을 의미한다. 이러한 해석을 통하여 필로는 성경의 하나님이 곧 철학자들의 신과 동일하며, 히브리인들의 도덕적 가르침이 기본적으로는 헬라 철학자들 중 최고의 가르침과 동일하다는 것을 증명하려 했다. 이런 식의 논거는 자기들의 신앙이 믿을 만한 것임을 이방세계에 보여주려 한 초기 기독교인들이 사용할 수 있는 풍부한 정보들을 제공했다.

그레코-로마 세계

로마 제국은 지중해 연안에서 볼 수 없었던 통일성을 제공했다. 각 지역은 고대로부터의 관습과 법률 중 일부를 간직했으나, 제국의 일반적 방침은 지나친 폭력을 쓰지 않는 한도 내에서 제국 전체의 통일성을 추구하는 것이었다. 이 점에서 그들은 알렉산더의 예를 따른 것이다. 알렉산더와 로마 제국은 모두 상당한 성공을 거두었으므로 초대 교회는 로마 법률과 헬라 문화를 배경으로 형성되었다.

로마 제국이 이룬 정치적 통일 때문에 초대 기독교 신자들은 산적들이나 지역 분쟁의 위험 없이 여행할 수 있었다. 바울의 여행기를 읽어보면 당시 해로 여행의 가장 큰 위험은 악천후였음을 알 수 있다. 수십 년 전

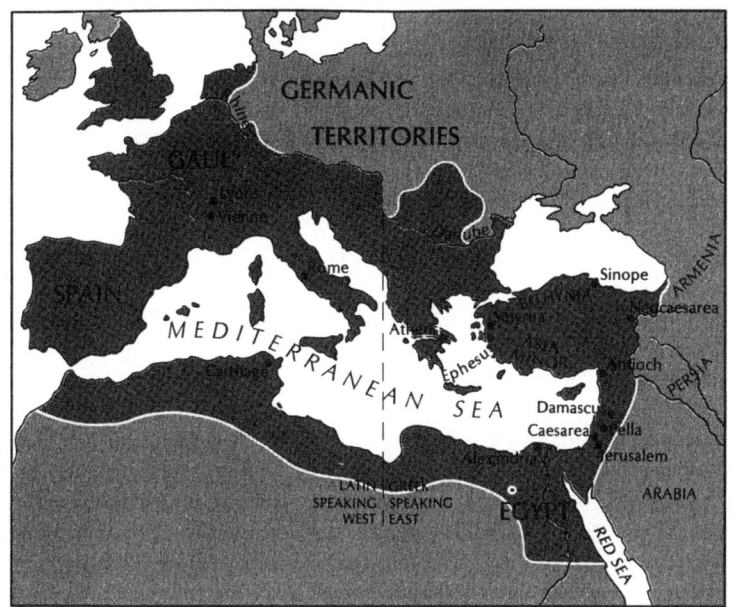

로마제국

사람들은 폭풍보다 해적들을 두려워했다. 1세기에는 잘 포장되고 정비된 도로들로 말미암아 먼 지방들이 서로 연결되었다. 상업이 성했고 여행객들이 끊이지 않았다. 따라서 기독교는 선교사들과 전도자들을 통해서 뿐만 아니라 상인들, 노예들, 기타 여행자들을 통하여 새로운 지역에 진출했다. 이러한 의미에서 당시의 정치 상황은 기독교 전파에 유익했다.

그러나 일부 상황은 초기 신자들에게 위협이요 도전이었다. 제국은 완전한 통일을 위하여 두 가지 방면에서 종교적 통합을 추구했다. 하나는 여러 종교의 요소들을 무차별 혼합하는 혼합주의요, 다른 하나는 황제 숭배였다.

로마 정부는 서로 다른 이름들을 가진 각 지방의 신들이 동일한 신들이라고 가르쳤다. 따라서 로마의 만신전(Pantheon)에는 각 지방에서 올라온 많은 신들이 계속 첨가되었다. 기독교 확장을 위해 이용되는 도로들과 해로들을 통하여 각양각색의 신앙과 전통을 가진 자들이 여행했다. 이들은 도시의 광장과 시장에서 함께 섞였으므로 결국 원래의 모습을 상실하게 되었다. 혼합절충주의(syncretism)는 당시의 유행이었다. 이러한 환경에서 유일한 하나님만 예배하기를 주장하는 유대인들과 기독교인들은 고집 센 광신자들로 보였을 것이다. 이들은 사회의 안녕을 위해 제거되어야 할 암적 존재들이었다.

로마제국은 도로망이 잘 연결되어 있었지만, 대부분의 장거리 교역과 여행은 해로를 통해 이루어졌다. 고대 로마의 항구인 오스티아의 폐허에서 발견된 이 모자이크에서는 해로 여행에 사용된 선박이 묘사되어 있다.

당시의 혼합주의의 양상은 오늘날 역사가들이 "신비종교"(mistery religion)라 부르는 것에서 찾아볼 수 있다. 이 신앙들은 고대 올림푸스 산의 신들이 아닌 훨씬 더 인격적으로 여겨질 수 있는 존재들을 중심한 것들이었다. 그 이전 시대 사람들은 일반적으로 출생지의 종교를 추종했다. 그러나 알렉산더와 로마의 정복 이후 사람들은 자신이 섬길 신을 선택하게 되었다. 따라서 그들은 출생에 의해서가 아니라 입문을 통해서 신비종교에 속했다. 이러한 종교들 대부분은 우주의 기원과 생명의 보존, 그리고 신들의 생활에 관한 신화들 위에 기초하고 있었다. 이집트로부터는 나일 강 및 생식(生殖)을 기반으로 하는 이시스(Isis)와 오시리스(Osiris)의 신화가 도입되었다. 그리스인들은 옛날부터 아테네 근처에서 행해지던 종교 의식을 제공했다. 인도-이란에서 생겨난 미스라(Mithra)교는 특히 군인들 가운데 성행했다. 셈족으로부터 기원된 대모신

키벨레(Cybele)라고 알려진 대모신은 소아시아로부터 그리스와 로마에 유입되었다.)

(the Great Mother)을 섬기는 이들도 있었다. 이러한 종교들이 혼합되었기 때문에 오늘날 역사가들은 어느 교리와 어떤 의식이 어떤 집단으로부터 기원했는지 갈피를 잡기 어려울 때가 많다. 이러한 신비 종교들의 신들은 유대교나 기독교의 하나님처럼 배타적이지 않았기 때문에 이러한 종교에 입문한 많은 이들은 다양한 사교들의 요소들을 도입했다.

그러나 박해의 이유가 된 것은 로마 종교의 또 다른 요소인 황제숭배

였다. 로마 당국은 이것을 통일과 충성의 방법 및 수단으로 생각했다. 황제의 상 앞에 분향하기를 거부하는 것은 반역 혹은 불충의 증거였다. 기독교인들은 자기들의 신앙의 증언으로서 황제의 상 앞에 분향하기를 거부했는데, 당국은 이들을 불충하고 반역적인 인간들로 몰아붙였다.

기독교인들은 헬라 문화 속에서 자기들의 신앙을 전파하기 위해 특별히 플라톤주의와 스토아주의라는 두 가지 철학적 전통이 유익하고 매력적이라고 생각했다.

플라톤의 스승 소크라테스(Socrates)는 젊은이들을 오염시킨다는 이유로 사형에 처해졌다. 플라톤은 스승을 변증하기 위하여 많은 작품들을 남겼는데, 이 때문에 1세기경 소크라테스는 인류가 낳은 가장 뛰어난 철인들 중 하나로 숭상되었다. 소크라테스와 플라톤 및 많은 철학자들은 고대의 신들을 비평하고, 완전하고 불변하는 지존의 존재에 관하여 가르쳤다. 뿐만 아니라 소크라테스와 플라톤은 영혼불멸을 믿었다. 플라톤은 이 세상의 모든 유전하는 사물들을 뛰어넘어 영원한 진리의 세계가 있다고 주장했다. 초기 기독교 신자들은 이러한 가르침에 매력을 느꼈으며, 자기들이 무식하고 비종교적이라는 비판에 대응하기 위해 이러한 이론들을 사용했다. 처음에는 이러한 철학적 전통들이 신앙을 국외자들에게 이해시키는 데 사용되었으나, 곧 기독교인들이 자신의 신앙을 이해하는 방법에 영향을 미쳤으며, 이것은 결국 격렬한 신학 논쟁을 초래하게 된다.

스토아주의와의 관계도 이와 비슷했다. 플라톤주의보다 약간 후대에 생긴 이 학파는 고상한 윤리적 기준을 주장했다. B.C. 3세기경 초기 스토아 학자들은 만물이 불로부터 기인되었다는 물질주의자들이었으며,

인간이 할 수 있는 일이란 세상의 모든 사건들을 주관하는 불변의 법칙에 순응하는 것이라고 확신한 결정론자들이었다. 그러나 기독교가 등장할 즈음에는 스토아주의가 변질하여 종교적 색채를 띠었다. 스토아 철학자들 중 일부는 자기들의 지혜를 이용하여 사건 전개의 방향과 진로를 바꾸기를 주장하고 있었다. 어쨌든 모든 스토아주의자들은 철학의 목적이 자연의 법칙을 이해하고 이에 순종할 수 있도록 적응하는 것이라고 믿었다. 따라서 현명한 인간이란 많이 아는 자가 아니라 이성에 의해 주관되는 보편적 법칙에 조화되고 화합된 정신의 소유자였다. 이러한 경지에 이를 때 비로소 정념들이 사라지며, 철학자는 정념들로부터 자유로운 삶, 즉 아파테이아(apatheia)의 이상에 도달한다. 인간이 개발해야 할 덕목은 도덕적 통찰력, 용기, 극기, 정의 등 네 가지이다. 그런데 이것들은 지혜로운 생활의 서로 다른 측면들에 지나지 않으므로 그 중 하나에 실패하는 것은 곧 모든 것에 실패하는 것이다. 또한 스토아주의자들은 당시의 종교에 대해 비판적이었다. 왜냐하면 신들은 인간을 고결한 생활로 이끄는 것이 아니라 자기들의 욕망을 충족시키려 한다고 보았기 때문이다. 이들은 헬라 문화의 전통적인 수구성을 배제하고 이성 법칙의 보편성을 주장하여 스스로를 세계의 시민이라 불렀다.

당시 종교와 도덕에 비판적인 입장을 취한 기독교 신자들에게 이것은 매우 매력적이었다. 세계의 모든 인종들로 구성되었으므로 스스로를 가리켜 "새로운 인종"이라고 부른 기독교인들의 교회는 인류의 보편적 통일성을 보여주는 살아있는 증거였다. 또 자연법이 지혜에의 지침이라고 주장하는 스토아 개념은 기독교 변증가들과 윤리학자들에 의해 채택되었다. 이들은 기독교인들의 생활을 이러한 법칙에 순응하는 생활이라고 주장했다. 편견과 야유 그리고 박해에 대한 반응으로 스토아적 아파테이아의 이상은 신자들에게 견인(堅忍)을 요구했다. 또 많은 스토아 철학자들이 당시의 신들에 대해 사용한 비판들이 기독교인들에 의해 수용되었다.

이것이 기독교가 탄생한 세계였다. 로마제국과 헬라 문명은 새로운 신앙의 선포를 위한 통로들을 제공했지만 방해물과 위험도 함께 가져왔다. 다음 장에서 어떻게 초대 기독교인들이 그러한 방해물을 극복하고 위험에 대면하여 주어진 통로들을 행진해 나갔는지 살펴보겠다.

제3장
예루살렘 교회

사도들이 큰 권능으로 주 예수의 부활을 증언하니
무리가 큰 은혜를 받아. —사도행전 4:33—

    사도행전을 보면 처음에 예루살렘에 강력한 교회가 있었음을 알 수 있다. 그러나 사도행전은 곧 다른 사건들을 취급하면서 이곳의 기독교 공동체의 후기 역사에 대해서는 거의 기록하지 않고 있다. 신약성경의 다른 부분에서 이에 관한 약간의 정보를 얻을 수 있지만, 그것들 역시 주로 제국의 다른 지역에 있던 교회들의 생활을 다루고 있다. 여러 작가들에 의해 기록된 신약성경의 기록들을 종합해 보면, 기독교 최초 공동체의 생활에 관해 그런대로 명확한 모습을 추측할 수 있다.

통일성과 다양성

    최초의 기독교 공동체는 이상화된 모습으로 나타난다. 오순절에 보여준 베드로의 용기와 웅변은 새로운 이방인 신자들에 대한 조처를 확실히 취하지 못한 그의 모습을 가려준다. 이상적으로 보인 공동소유도 여러 집단들 사이의 긴장을 해소하지 못했다. 왜냐하면 "헬라파 유대인들이 자기의 과부들이 매일의 구제에 빠지므로 히브리파 사람을 원망"했기 때문이다(행 6:1).

그때까지는 교회 안에 이방인들이 없었으므로 이 긴장 상태가 유대인들과 이방인들 사이의 것은 아니었다. 그것은 조상들의 관습과 언어를 고수하는 유대인들과 헬라 영향에 개방적인 유대인들 사이의 대결이었다. 사도행전에서는 전자를 히브리파, 후자를 헬라파라고 부른다. 이 위기에 대응하여 열두 사도들은 일곱 사람을 "음식을 제공하도록" 임명했다. 이것이 의미하는 것이 명확하지는 않지만, 일반적으로 이들이 행정이나 관리 기능을 담당하고 열두 사도들은 설교와 가르침에 전념했음은 의심할 바가 없다. 어쨌든 이 일곱 명은 모두 헬라 이름을 가지고 있으

오순절 직후 예루살렘의 기독교인들은 자체의 다양성에 대처해야 했다.

므로 헬라파였음이 분명하다. 따라서 일곱 명을 특별히 지명한 것은 교회 내에 헬라파의 발언권을 강화하기 위한 조처였음이 거의 확실하다. 한편 히브리파인 열두 사도들은 교사요 설교자로 존속했을 것이다.

　사도행전 7장에는 일곱 명 중 하나인 스데반의 이야기가 기록되어 있다. 성전에 대한 그의 태도가 완전히 적극적이지는 않았다는 암시가 있다(행 7:47-48). 어쨌든 대부분 반헬라파 유대인들로 구성되어 있던 유대 공회는 그의 말에 격분하여 그를 사형에 처했다. 이 행위는 태형을 받은 후 석방되어 설교를 금지당한 베드로와 요한에 대한 처분과 대조를 이룬다. 그뿐 아니라 그 후 박해가 일어나 기독교인들이 도망해야 했을 때에도 사도들은 예루살렘에 남아있을 수 있었다. 사울이 도망친 기독교인들을 체포하기 위하여 다메섹에 갔을 때에도 사도들은 예루살렘에 남아있었지만, 사울은 이들을 무시한 듯하다. 이 일련의 사건들은 최초의 박해가 주로 헬라파 기독교인들을 향한 것이었으며, 히브리파는 이들만큼 큰 어려움을 겪지 않았음을 보여주는 듯하다. 사도행전 12장에서야 (공회가 아닌) 헤롯이 야고보의 죽음을 명하고 베드로를 체포했다.

　사도행전은 스데반이 죽은 직후 일곱 명 중 하나인 빌립이 사마리아에 교회를 세운 이야기를 기록한다. 그 후 베드로와 요한이 그곳으로 보내져 새 공동체의 운영을 감독했다. 그리하여 교회가 유대 지경 밖에서 탄생했다. 그 교회가 사도들에 의해 설립되지는 않았으나 그들의 권위를 인정했다. 이것은 새로운 지역에 교회가 설립되면서 반복된 형태이다.

　사도행전은 9장에 이르기까지 바울에게 관심을 기울이며 대조적으로 예루살렘 교회는 등한시되기 시작한다. 즉 헬라파 유대인 기독교인들이 이방 세계를 향한 다리를 놓았으며, 많은 이방인들이 교회에 들어와 초기 유대 기독교 공동체를 능가하게 된 것이다. 이런 까닭에 교회사는 주로 이방 기독교를 취급하게 된다. 그 면모를 확실히 알 수는 없으나 최초의 교회들을 망각해서는 안 된다.

종교생활

　최초의 기독교인들은 스스로를 새로운 종교의 추종자라고 생각하지 않았다. 이들은 평생 유대교인으로 남아 있었다. 열두 사도와 일곱 집사 그리고 바울에 관해서도 같은 이야기를 할 수 있다. 이들의 신앙은 유대교의 부정이 아니라 메시아의 시대가 도래했다는 확신이었다. 따라서 바울은 자신이 이스라엘의 소망을 인하여 핍박받는다고 외쳤다(행 28:20). 최초의 기독교인들은 유대교를 부정하지 않았고, 자기들의 신앙이 오랫동안 고대해온 메시아에 대한 약속의 성취라고 확신했다.

　이것이 예루살렘의 기독교인들로 하여금 계속 안식일을 지키고 성전에 참석하게 한 이유였다. 그들은 여기에 예수님의 부활을 기념하기 위해 모인 주일의 첫날을 추가했다. 초대 교회의 성찬식은 주님의 고난이 아니라 새로운 시대의 여명을 가져온 그의 승리에 중심을 두었다. 수세기가 지난 후 기독교 예배의 초점이 예수님의 죽음에 맞춰지게 된다. 최초의 기독교 공동체는 예수의 부활을 기념하기 위해 "기쁨과 순전한 마음으로"(행 2:46) 음식을 먹었다. 여기에서 "순전한"이라는 단어는 음식을 나누어먹는 것을 언급한다.

　자신의 죄를 위하여 특별히 구별한 시간도 있었다. 유대인들의 관습에서 채택한 것으로 보이는 주간 이틀 동안의 금식이 그것이다. 그러나 처음부터 기독교인들은 유대인들처럼 월요일과 목요일이 아닌 수요일과 금요일에 금식했다. 이 변화는 예수님의 배반당하심과 십자가에 달리심을 기념하기 위한 것으로 보인다.

초대 교회에서는 주로 열두 사도에게 권위가 주어졌다(일부 학자들은 이러한 사도들의 권위 강조가 얼마 후에는 교회 내의 권위 체제를 강화하기 위한 노력으로 발전했다고 주장한다). 사도들 중에서 베드로와 요한이 가장 탁월했던 듯하다. 이는 사도행전에서도 이를 찾아볼 수 있을 뿐만 아니

A.D. 400년경 이집트의 사도행전 사본. 십자가 위의 원은 "생명"을 의미하는 고대 상형문자이다.

라 바울이 갈라디아서 2장 9절에서 "기둥들"이라고 부르는 두 사람이 이들이기 때문이다.

셋째 "기둥"은 열두 사도 중 하나가 아닌 주님의 형제 야고보였다. 바울에 의하면(고전 15:7) 부활하신 예수님은 야고보에게 나타나셨다. 예수님의 친형제였기 때문인지 다른 이유에서였는지는 알 수 없으나 야고보는 얼마 후 예루살렘 교회의 지도자가 되었다. 그 후 교회 지도자들에게 "감독"(bishop)이라는 칭호가 주어졌을 때 야고보가 예루살렘의 초대 감

독이었다고 한다. 이 칭호는 잘못된 것이지만, 야고보가 예루살렘의 지도자였음은 사실일 것이다.

유대인 교회의 쇠퇴

얼마 후 박해가 더 심하고 대규모적으로 행해졌다. 헤롯 대왕의 손자인 헤롯 아그립바는 요한의 형제 야고보-예수의 형제요 공동체의 지도자였던 야고보와 혼동되어서는 안 된다-를 죽였다. 헤롯은 국민들이 이를 좋아하는 것을 보고 베드로를 체포했지만, 그는 탈출했다. A.D. 62년에 일부 바리새인들의 반대에도 불구하고 대제사장의 명령에 의하여 예수의 형제 야고보가 살해되었다.

얼마 후 예루살렘에 있던 기독교 공동체의 지도자들은 요단강 건너편의 펠라(Pella)로 옮겨가기로 결정했는데, 그곳 주민들은 대부분 이방인들이었다. 이 이동은 유대인들의 박해 때문만 아니라 이 새 종교 운동의 정체를 의심한 로마인들을 피하기 위해서였던 것으로 보인다. 당시 유대인들의 민족주의가 극도에 달하여 A.D. 66년에 반란이 일어났고, 결국 이 때문에 4년 후 로마 군대는 예루살렘을 멸망시키게 된다. 기독교인들은 다윗왕의 후손으로서 유대인의 왕이라고 주장했기에 로마 당국에 의해 십자가에 달려 죽은 지도자의 추종자로 알려져 있었다. 그 후 야고보가 그들을 지도했고, 야고보가 죽은 후에는 예수님의 또 다른 형제 시므온이 그들을 이끌었다. 이러한 점에서 야기된 의심을 피하기 위하여 교회는 펠라로 이동했다. 그럼에도 불구하고 의심은 계속되었고, 결국 시므온은 로마인들에 의해 처형되었다. 기독교 신앙 때문이었는지 다윗의 후손이었기 때문인지는 분명하지 않다. 어쨌든 이 모든 사건의 결과 유대인들과 이방인들에 의해 배척당한 옛 유대인 교회는 점차 고립되었다. A.D. 135년에 많은 유대인 신자들이 예루살렘으로 귀환했으나 나머지 기독교 신자들과의 관계가 거의 끊어진 상태였고, 주도권은 이방인 신자들에게 넘어갔다.

요단강 건너의 고립된 지역의 유대인 기독교는 정통 유대교를 버린 다양한 집단들과 연결되었다. 유대인 기독교 공동체는 나머지 교회들과의 연결이 절단되었으므로 독자노선을 걸었고, 주위의 여러 분파들의 영향을 받았다. 수세기 후 이방인 기독교인들은 이 잊혀진 공동체에 관하여 기록하면서 그들의 이단 학설과 괴상한 관습을 기록할 수밖에 없었다. 5세기에 역사에서 사라진 이 교회에 관하여 거의 긍정적인 기록을 남길 수 없었다. 2세기에 이레네우스는 에비온파(Ebionites)—율법의 규정에 순종하여 할례를 행했으며 유대교의 영향을 크게 받아 예루살렘을 하나님이 거하시는 곳으로 여겨 예배한 사람들—에 대해 저술하면서 그들 중 일부에 대해 언급했다.

한편 이방인들의 지배를 받게 된 교회는 계속 로마제국 전역의 유대인들에게 호소했다. 그 교회는 자체의 신앙이 유대교의 완성이요 또 그렇기 때문에 유대인들이 기독교를 받아들여야 한다고 주장했다. 동시에 이방인 신자들을 포함한 일부 기

유대전쟁 첫해에 사용된 은화

독교인들에게는 교회의 지도자들이 부적절하다고 간주하는 방식으로 유대교 근원으로 돌아가려는 경향이 있었다. 게다가 유대인 집단들 역시 이방인들을 개종시키려 함으로써 간접적으로 교회와 경쟁했다. 그 결과 교회가 이방인 신자들의 주도 아래 놓이고 나서 오랜 후에도 유대교와 기독교간의 논쟁이 계속되었다. 많은 신자들은 유대교를 대적하는 논문을 저술하고 설교했다. 그것들 중 다수는 실제로 유대인들을 향한 것이 아니라 유대교에 매력을 느끼고 있을 수 있는 기독교인들을 향한 것이었다. 그러나 이 논문들과 설교들은 기독교인들 사이에서 후일 비도덕적인 결과를 취하게 되는 반유대적 태도를 촉진했다.

제4장
이방 선교

> 내가 복음을 부끄러워하지 아니하노니 이 복음은 모든 믿는 자에게 구원을 주시는 하나님의 능력이 됨이라 먼저는 유대인에게요 그리고 헬라인에게로다. —로마서 1:16—

사도행전에서 헬라파라고 묘사되는 기독교인들은 유대인이면서 헬라 문화에 대해 개방적인 태도를 취했다. 이들은 예루살렘에서 우선적으로 박해의 대상이 되었으므로 인근 도시로 흩어질 수밖에 없었으며, 그리하여 그 지역에 최초로 기독교 메시지를 전파하게 되었다.

선교의 규모

사도행전 8장 1절에 따르면 이 신자들은 유대와 사마리아에 널리 퍼졌다. 사도행전 9장 32-42절은 베드로가 룻다, 사론, 욥바 등 유대 지방에 있는 기독교 공동체를 방문했다고 기록한다. 사도행전 8장에는 사마리아에서의 빌립의 사역, 마술사 시몬의 회심, 베드로와 요한의 방문 등이 기록되어 있다. 사도행전 9장에서는 기독교인들이 유대 지방을 넘어 다마스커스(다메섹)로 도주했다고 언급한다. 또 사도행전 11장 19절에는 스데반 때문에 발생한 핍박으로 인해 흩어진 신자들이 페니키아(베니게), 사이프러스(구브로)와 안디옥에까지 흩어졌다고 기록되어 있다. 이것이 이방인 사역을 의미하는 것은 아니다. 왜냐하면 사도행전에 기록된 대로 당시 신자들은 유대인들에게만 복음을 전했기 때문이었다.

빌립의 사마리아 사역과 에티오피아 내시의 회심은 비유대인들을 기꺼이 받아들이려는 교회의 태도를 보여주는 최초의 증거이다. 이 문제는 10장에 기록된 베드로와 고넬료의 이야기에서 취급되었다. 놀랍게도 이 때문에 예루살렘 교회는 하나님께서 이방인들에게도 생명을 얻는 회개를 허락하셨음을 발견했다(행 11:18). 이 사건 직후 안디옥에서 비슷한 사건이 발생하여 예루살렘 교회가 바나바를 파견했고, 바나바는 그곳에서 "하나님의 은혜를 보고 기뻐하였다"(행 11:23). 이 여러 사건들은 최초의 기독교 확장이 주로 예루살렘을 떠나 피신해야 했던 헬라파 유대인 신자들의 사역에 힘입었지만 동시에 모교회가 이 헬라파 유대인 사회와 이방인 사회에서의 사역을 인정했음을 보여준다.

이로 인해 문제들이 모두 해결된 것은 아니다. 이는 이방인 개종자들이 이스라엘의 율법을 지켜야 하는가 하는 질문 때문이었다. 약간의 주저 끝에 예루살렘 교회는 이들을 받아들이고 "성령과 우리는 이 요긴한 것들 외에는 아무 짐도 너희에게 지우지 아니하는 것이 옳은 줄 알았노니 우상의 제물과 피와 목매어 죽인 것과 음행을 멀리할지니라 이에 스스로 삼가면 잘되리라 평안함을 원하노라"(행 15:28-29)고 선포했다. 그러나 문제가 종식된 것은 아니었다. 바울의 서신에는 엄격한 율법의 준행

오순절을 묘사한 중세의 채식(彩飾)된 사본. 성령이 불의 혀로 사도들에게 임하고 있다.

을 고집한 사람들이 있었다는 증거가 가득하다.

게다가 최초의 이방인 개종자들의 대부분이 유대교에 대해 완전히 이질적이지는 않았음에 주목해야 한다. 그들은 유대인들이 종종 "하나님을 경외하는 자들"이라고 부른 사람들, 즉 하나님과 이스라엘의 윤리적 가르침들을 믿게 되었으나 어떤 이유에서 "개종자"가 되어 이스라엘의 지위에 합류하지 않은 사람들이었다. 사도행전에서 에티오피아 내시와 고넬료가 하나님을 경외한 사람들이었다. 또 비시디아의 안디옥에서 유대인 공동체가 바울과 바나바를 영접함으로써 그들이 "하나님을 경외하는 사람들"(행 13장)을 하나님의 백성의 지위에 받아들여질 준비가 되었음이 증명되었다.

바울의 사역

사도행전에 기록된 바울의 여행기를 여기서 반복할 필요는 없다. 알려지지 않은 이유로 바나바는 바울을 찾아 다소(Tarsus)로 갔으며, 이들은 함께 안디옥에서 1년을 지냈는데, 여기서 예수님의 추종자들은 최초로 "그리스도인"이라는 칭호를 얻었다. 바울은 그 후 세 차례의 전도 여행을 통하여 구브로와 소아시아의 몇 도시, 그리고 헬라와 로마, 또 확인할 수 없는 전설에 의하면 스페인에까지 복음을 전했다.

그러나 바울이 그 지역들에 복음을 전했다는 것이 곧 그가 그 지역에 복음을 전한 최초의 인물이었음을 의미하지는 않는다. 로마서를 보면 바울이 도착하기 전에 제국의 수도에 이미 교회가 있었다. 이탈리아에서의 기독교의 전파도 그러했으니, 바울이 이탈리아의 작은 항구 보디올(Puteoli)에 도착했을 때 그곳에는 이미 신자들이 있었다.

따라서 초기 기독교 전파에서 바울의 중요성을 과장해서는 안 된다. 신약성경은 바울과 그의 전도 여행에 대해 많이 다루지만, 바울 외에도 여러 지역에서 사역한 이들이 있었다. 바나바와 마가는 구브로로 갔다. 알렉산드리아 출신 유대인 아볼로는 에베소와 고린도에서 복음을 전했다. 또 바울은 어떤 사람들이 시기하고 다투면서 경쟁심으로, 곧 불순한

바울은 종종 자신의 서신을 들고 있는 모습으로 묘사된다.

동기에서 그리스도를 전하지만 어떤 식으로 하든지 결국 그리스도가 전해지므로 기뻐한다고 말한다(빌 1:17-18).

초대 기독교 형성에 기여한 바울의 가장 큰 공헌은 교회들을 세운 것이 아니라 그러한 사역에 관련하여 남긴 서신들이 기독교 정경의 일부가 됨으로써 기독교회의 생활과 사상에 계속 결정적인 영향을 미친 것일 수도 있다.

선교 사역은 바울과 바나바, 마가 등 이름이 알려진 사람들뿐만 아니라 이름 없는 많은 사람들에 의해 수행되었다. 그 중 일부는 바울과 같은 순회 선교사였지만, 대부분은 상인들, 노예들, 기타 여러 가지 이유로 여행한 무명의 신자들이었다. 그들은 여행을 기독교 메시지 전파의 기회로 사용했다.

마지막으로 바울이 이방인들에게 복음을 전할 사명을 의식하고 있었지만 일반적으로 새 도시에 도착하면 먼저 회당과 유대인 공동체를 찾았음을 지적해야 한다. 그는 자신이 새로운 종교를 전파한다고 여기지 않았고, 오히려 이스라엘에게 주어진 약속의 완성을 전한다고 이해했다. 그의 메시지는 이스라엘이 하나님에 의해 포기된 것이 아니라 예수님의 부활을 통하여 메시아 시대의 여명이 왔으므로 이방인들이 하나님의 백성이 되는 길이 열렸다는 것이었다. 이 메시지는 이제 할례를 받고 이스라엘의 음식규정을 따르지 않고서도 하나님의 백성이 될 수 있음을 발견한 하나님을 경외하는 사람들에게 호소력이 컸다.

이방인 교회의 성장으로 특히 예배 생활에 많은 변화가 초래되었다. 거짓 유대인으로 간주되어 회당에서 쫓겨난 기독교인들은 개인집에 모여 일요일에 떡을 떼었고, 적대적인 세상에서 기독교인으로서 살아가는 어려운 일을 서로 돕고 가르침을 받았다. 대부분의 개종자들이 유대인과 하나님을 경외하는 사람들이었을 때 교회는 그들이 이미 기독교 신앙과 윤리의 근본요소들-유일하신 하나님 예배, 이 하나님이 만물을 창조하셨음, 순결, 정직 등-을 알고 있다고 여겼다. 그러나 점차 많은 이방인들이 교회에 들어오기를 원함에 따라, 교회는 그들에게 세례를 주어 교회에 받아들이기 전에 가르치고 훈련하는 기간을 마련해야 할 필요를 느꼈다. 그리하여 세례준비교육이 시작되었다. 이 과정에서 예배는 "말씀예배"와 "성찬예배"로 나뉘었다. 말씀예배에서는 이미 세례를 받은 사람들을 인도하기 위해서, 그리고 세례준비자들을 가르치기 위해서 방대한 양의 성경구절을 낭독하고 해석했다. 그 후에 세례 받지 않은 사람들이 퇴장한 후 나머지 회중은 성찬예배를 위해 나아갔다. 이 과정이 꽤 일찍 발생하고 있었다는 증거가 있지만, 이 과정은 1-3세기 내내 계속되었으므로, 이 장에서는 초기 기독교 예배를 더 상세히 살펴보려 한다.

사도들: 사실과 전설

신약성경은 대부분의 사도들의 생애가 어떻게 되었는지 가르쳐주지 않는다. 사도행전에는 요한의 형제 야고보의 죽음이 기록되어 있다. 그러나 사도행전 역시 바울의 행적을 수년간 기록한 후에 그가 재판을 기다리며 로마에서 복음을 전하는 데서 갑자기 끝난다. 그렇다면 바울과 베드로, 기타 사도들의 운명은 어떻게 되었을까? 기독교 초기 시절부터 이들이 특정 지역에서 복음을 전했다든지, 어떠한 방법으로 순교했다든지 하는 전설이 형성되었다. 이러한 전설들 대부분은 특정 도시 교회의 사도적 기원을 주장하려 한 열망의 결과에 불과하지만 믿음직한 것들도 있다.

이 전설들 중 가장 신빙성 있는 것은 베드로가 로마에 있었고 네로의 박해 때 순교했다는 것이다. 이 점에 관하여는 1, 2세기 저술가들 중 몇이 동의한다. 어떤 전설에 의하면 그는 십자가에 거꾸로 달려 죽었는데, 그것은 요한복음 21장 18-19절과 일치하는 듯하다.

바울의 경우는 더 복잡하다. 사도행전은 그가 로마에서 설교하는 데서 끝난다. 많은 고대 저자들은 그가 로마 시민으로서의 혜택을 입어서 네로 시대에 로마에서 참수되어 죽었다는 데 동의한다. 그러나 또 다른 이들은 그가 사도행전에 기록되지 않은 또 다른 전도 여행을 떠났는데, 거기에는 스페인도 포함된다고 했다. 어떤 이들은 바울이 사도행전의 끝과 네로 박해 사이의 시기에 스페인까지 갔다고 주장함으로써 이 두 전설을 연결하려 한다. 그러나 이 설명은 연대의 계산상 문제가 있다. 사도행전의 종료와 네로 시대의 바울의 죽음 사이에는 확실히 알려진 것이 없다.

요한의 이름은 초기 기록에 등장하기 때문에 그의 생애를 재구성하기가 더욱 복잡하다. 어떤 전설에 의하면 요한이 끓는 기름 가마 속에서 죽었다고 한다. 그러나 요한계시록은 비슷한 시기에 요한이 밧모 섬에 있었음을 밝힌다. 믿을 만한 또 다른 전설은 요한이 에베소에서 가르치다가 A.D. 100년경 사망했다고 전한다. 이 기록들은 같은 이름을 지닌 인물이 최소한 두 명 있었는데, 나중에 등장한 전설이 이들을 혼동했음을 암시한다. 2세기의 기독교 저술가인 히에라폴리스의 파피아스(Papias of Hierapolis)는 초대교회에 요한이라는 이름을 가진 인물이 둘 있었다고 기록한다. 하나는 사도 요한이요, 또 하나는 밧모 섬에서 환상을 본 에베소의 장로이다. 헬라어를 사용하는 데 있어 큰 차이가 있음을 고려하면, 계시록의 요한이 요한복음을 기록하지 않았음이 분명하다. 어쨌든 1세기 말경 에베소에 요한이라는 이름의 기독교 지도자가 있었고 그의 권위는 소아시아의 모든 교회에 깊이 미치고 있었다.

사도들에 대한 많은 전승들 중 하나에 의하면 베드로는 스페인에 복음을 전하기 위해 일곱 집사를 파견했다. 이것은 아빌라 대성당 내의 얕은 돋을새김 조각이다.

역사가들이 사도들의 후기 생애를 연구하는 데 크게 방해가 될 만한 현상이 2세기 말에 생겨났다. 즉 중요한 도시의 교회들이 사도들의 권위를 주장하기 시작한 것이다. 로마와 안디옥과 경쟁한 알렉산드리아 교회는 그 창시자가 사도와 관련이 있음을 주장해야 할 필요를 느꼈으므로 마가가 그곳에 교회를 세웠다는 전설이 등장했다. 콘스탄티노플이 제국의 수도가 되었을 때 이곳의 교회 역시 사도적 기원이 필요하게 되었으므로 빌립이 후일 콘스탄티노플이 된 옛 비잔티움에서 설교했다고 주장했다.

역사적 근거는 없지만 후대의 역사에 미친 중요성 때문에 언급할 가치가 있는 전통들도 있다. 특히 스페인과 인도의 기독교 기원에 관한 전설들이 그러하다. 스페인의 신자들은 자기 나라가 바울뿐만 아니라 베드로와 야고보가 보낸 일곱 명의 사자들에 의해 복음화 되었다고 주장한다. 스페인에 보낸 베드로의 사자들에 관한 전설은 5세기에 생겨났다. 그러나 그보다 3세기 뒤에 생긴 야고보의 전설이 더 유명하다. 그 전설에 의하면 야고보는 갈리시아(Galicia)와 사라고사(Saragossa)에서 복음을 전했으나 큰 성과를 얻지 못했다. 실망하여 돌아가는 길에 성모가 기둥 위에 선 모습으로 나타나 그를 격려했다. 이것이 지금도 스페인 신자들이 숭배하는 "기둥 위의 성모"(Virgen del Pilar) 전설이다. 야고보는 예루살렘에 돌아가 헤롯에 의해 목이 잘렸는데, 제자들이 스승의 시체를 스페인의 콤포스텔라(Compostela)로 가져가 매장했다. 오늘날도 이곳에 그의 무덤이 있다고 전해진다.

이 전설은 그 후 스페인의 역사에서 큰 중요성을 지니게 되었다. 왜냐하면 야고보(스페인어로 Santiago)가 이 나라의 수호성인이 되었기 때문이다. "산티아고"는 무어 족을 대항한 전쟁 때에 소왕국들의 구호로 사용되었다. 동시에 콤포스텔라(Compostela)에 있는 야고보의 성지로의 순례도 유럽인들의 종교성과 북부 스페인의 통일에 기여했다. 성 야고보 종단(Order of Saint James)도 스페인 역사에 중요한 역할을 했다. 따라서 야고보가 스페인에 관심을 두었을 가능성이 없지만, 그가 이곳을 방문했다는 전설들은 이 나라의 역사에 큰 영향을 미쳤다.

도마가 인도를 방문했다는 전승은 역사가들의 고민거리이다. 이 기록은 2세기 말에 기록된 것으로 보이는 도마행전(Acts of Thomas)에 처음 등장한다. 그러나 이야기가 너무 꾸며져 있기 때문에 의심스럽다. 이 복음에 의하면 당시 인도의 왕 곤도파레스(Gondophares)가 궁전을 지을 건축가를 찾고 있었는데, 건축가도 아닌 도마가 자원했다. 왕은 도마가 왕궁의 건축 기금을 가난한 사람들에게 나누어 주고 있음을 발견하고 그를 투옥시켰다. 그런데 이때 곤도파레스의 형제 가드(Gad)가 죽었다가 살아났다. 그는 왕에게 자기가 천국에서 본 장려한 궁전에 관해 말해주었는데, 그 궁전은 도마가 가난한 사람들에게 나누어준 비용을 통해 지어졌다는 것이다. 그리하여 왕과 그의 형제는 회심하고 세례를 받았으며, 도마는 그 후 순교할 때까지 인도의 다른 지방에서 복음을 전했다.

이 전설은 진정성이 의심스럽고 역사에는 곤도파레스 및 이러한 사건들이 기록되어 있지 않았으므로 역사가들은 이를 상상의 결과로 여겨 무시해왔다. 그런데 최근 실제로 이러한 이름의 왕이 있었으며, 그 왕에게 가드라는 형제가 있었음을 증명하는 동전들이 발견되었다. 또한 인도에 기독교가 매우 일찍 전파되었으며 당시 인도와 근동 사이에는 교역 관계가 있었으므로 도마가 이 나라를 방문했을 가능성 자체를 무시할 수 없게 되었다. 도마의 방문에 그 후 온갖 화려한 이야기들이 덧붙여져 장식되었는지도 모른다. 어쨌든 비교적 일찍부터 인도에 교회가 있었는데, 이 교회는 도마를 자기의 설립자로 주장한다.

결론적으로 일부 사도들, 특히 베드로와 요한, 바울이 여행하면서 복음을 전하고 자신이나 다른 사람들이 세운 각처의 교회들을 감독했다. 도마와 같은 다른 사도들도 같은 일을 했을 것이다. 그러나 사도들에 관한 대부분의 전설들은 후대에 나타난 것이다. 즉 사도들이 당시의 세계를 자기들끼리 나누었다고 믿어졌을 때, 그리고 각국 혹은 각 도시의 교회들이 사도적 기원을 주장하기 시작했을 때였다. 실제로 대부분의 선교 사역은 사도들이 아니라 박해, 사업, 혹은 선교의 소명 등 여러 가지 이유로 각처를 여행한 이름 없는 신자들에 의해 이루어졌다.

제5장
최초의 국가와의 대결

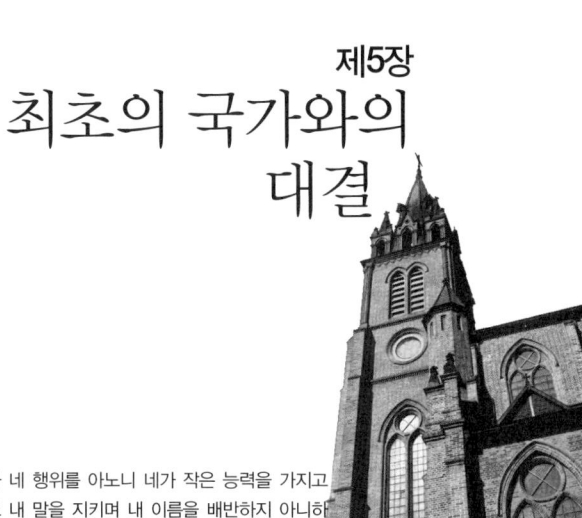

내가 네 행위를 아노니 네가 작은 능력을 가지고서도 내 말을 지키며 내 이름을 배반하지 아니하였도다. -요한계시록 3:8 후반절-

기독교 신앙을 갖는 것은 처음부터 쉬운 일이 아니었다. 기독교인들이 따르던 주님은 죄인으로 정죄되어 십자가에서 돌아가셨다. 얼마 후 스데반이 유대인들의 공회 앞에서 증언한 후에 돌에 맞아 죽었고, 헤롯 아그립바의 명령으로 야고보가 죽었다. 그 후 우리 시대에 이르기까지 피로써 신앙을 증언한 사람들이 끊이지 않고 있다.

그러나 박해의 이유와 방법은 시대에 따라 달랐다. 초대교회 때부터 이 문제에 있어서 변화가 있었다.

새로운 유대교 분파

초대 교인들은 자기들이 새 종교를 따른다고 생각하지 않았다. 그들은 여전히 유대인들이었지만 유대교와 가장 크게 다른 점은 다른 유대인들이 아직도 메시아의 도래를 기다리고 있었는데 반해 그들은 메시아가 이미 세상에 오셨다고 확신한 데 있었다. 따라서 유대인들을 향한 기독교의 메시지는 그들의 고유한 유대성을 버려야 한다는 것이 아니라 메시아의 시대가 시작되었으므로 더 나은 유대인이 되어야 한다는 것이었다. 마찬가지로 이방인들에 대한 이들의 복음 전파 역시 새로운 종교를 받아들이라는 것이 아니라 아브라함과 그 후손에게 주어진 약속에 참여하라는 것이었다. 이방인들은 육신적으로 아브라함의 자손이 될 수 없었으므로 신앙을 통해 그 자리를 차지하도록 초대되었다. 이러한 초대가 가능했던 이유가 선지자 시대부터 유대교에는 메시아의 도래를 통하여 모든 민족과 국가들이 시온으로 모일 것이라는 믿음이 있었기 때문이었다. 초대 기독교인들에 있어서 유대교는 기독교에 대항하는 종교가 아니라 동일한 신앙이었다. 그들은 유대교 신봉자들이 이미 예언이 성취되었음을 깨닫거나 믿지 못한다는 것을 안타깝게 생각했다.

　기독교를 배척한 유대인들도 상황을 비슷하게 이해했다. 기독교는 새로운 종교가 아니라 유대교 안에 존재하는 이단적 분파였다. 이미 살펴본 바와 같이 1세기의 유대교는 단일한 조직체가 아니라 그 안에 다양한 분파와 이론들을 포함하고 있었다. 따라서 기독교가 등장했을 때 유대인들은 이를 또 하나의 분파로 간주했다.

　유대인들과 입장을 바꾸어 생각하면 기독교에 대한 유대인들의 태도를 이해하기 쉽다. 그들은 자기들의 관점에서 기독교를 바라보고, 새로운 이단 종파가 각처로 돌아다니면서 훌륭한 유대인들을 종용하여 이단이 되게 한다고 보았다. 그뿐 아니라 많은 유대인들은 자기들이 독립을 상실한 이유가 조상의 전통에 충실하지 못했기 때문이라고 생각했다. 따라서 이 새로운 이단의 출현으로 말미암아 하나님의 분노가 다시 이스라엘에 임하게 될 것을 두려워했다.

이러한 이유들 때문에 신약성경의 대부분에서 유대인들은 기독교인들을 박해했고, 기독교인들은 로마 당국의 보호를 받고자 했다. 예를 들어 고린도의 유대인들은 바울을 갈리오 총독에게 고소하면서 "이 사람이 율법을 어기면서 하나님을 경외하라고 사람들을 권한다"라고 주장했는데, 갈리오는 "너희 유대인들아 만일 이것이 무슨 부정한 일이나 불량한 행동이었으면 내가 너희 말을 들어 주는 것이 옳거니와 만일 문제가 언어와 명칭과 너희 법에 관한 것이면 너희가 스스로 처리하라 나는 이러한 일에 재판장 되기를 원하지 아니하노라"(행 18:14-15)고 응답했다. 후에 바울이 이방인을 성전에 데리고 들어왔다는 주장으로 폭동이 일어나 일부 유대인들이 사도 바울을 살해하고자 했을 때 바울을 구한 것은 로마인들이었다.

따라서 로마인들과 유대인들과 기독교인들은 당시의 문제가 유대인들 사이의 내분이라는 데 동의하고 있었다. 로마인들은 문제가 그리 심각하지 않은 한 개입하지 않았지만, 폭동과 난동이 발생할 때에는 질서를 회복하고 난동의 주모자를 처벌하기 위하여 개입했다.

이 정책을 잘 보여주는 좋은 예가 A.D. 51년경 클라우디우스(Claudius, 글라우디오) 황제가 로마에서 유대인들을 축출한 사건이다. 사도행전 18장 2절은 이 사건을 언급하지만 그 이유를 설명하지 않는다. 로마의 역사가 수에토니우스(Suetonius)는 유대인들이 "크레스투스"(Chrestus) 때문에 발생한 난동으로 수도에서 축출되었다고 기록했다. 대부분의 역사가들은 이 "크레스투스"가 "크리스투스"(Christus)이며 당시 로마에서 발생한 사건은 기독교 복음 전파가 유대인 사회에 많은 폭동을 초래했으므로 황제가 이들을 축출하기로 결정했다는 데 동의한다. 당시 로마는 기독교인들과 유대인들 사이의 갈등을 유대교의 내부 문제로 여겼다.

그러나 이방인 개종자가 증가함에 따라 기독교와 유대교의 구분이 명확해졌고, 유대인 그리스도인들의 비율은 감소되었다. 또 유대 민족주의가 증가하여 로마에 대항한 반란으로 이어짐에 따라 기독교 신자들, 특히 이방인 신자들은 이러한 독립 운동과 거리를 두려 했다. 그 결과 로마 당국은 기독교가 유대교와는 판이한 종교임을 깨닫기 시작했다.

네로 시절부터 콘스탄틴의 회심에 이르는 2세기 반 동안 로마제국의 기독교 박해의 근저에는 기독교가 독립된 종교라는 이 새로운 의식이 놓여 있다. 로마 당국자들은 오랫동안 유대인들을 다룬 결과 대부분의 유대인들이 황제와 신들 예배를 거부한 것이 기존의 당국자들에 대한 반역 행위가 아니라는 것, 그리고 기존의 당국자들이 유대인들에게 자기들의 신들을 섬기라고 강요할 때에만 발생하리라는 것을 이해하게 되었고, 결과적으로 유대인들이 황제를 숭배할 것이라는 기대를 버렸다. 따라서 기독교를 유대교의 변종이라고 여기는 한, 그 신자들에게 황제숭배를 요구하지 않으며, 그들의 황제숭배 거부가 반역이나 불순종 행위가 아니라 종교적 신념의 문제로 간주되었다. 그러나 기독교인들 모두가 유대인이 아님이 분명해지자 당국자들은 기독교인들에게도 다른 제국의 신민들과 마찬가지로 황제숭배에 의해 충성심을 보여줄 것을 요구하곤 했다.

초기 기독교 시대에 유대교와 기독교의 관계는 숙명적 결과들을 초래한다. 기독교가 유대교 내의 이단적 분파로 등장하는 동안 유대교는 이를 탄압하려 했는데, 그것은 유대인 기독교인들에 의해 기록된 신약성경 곳곳에서 찾아볼 수 있다. 그러나 유대인들이 기독교인들을 박해할 수 없는 위치에 서게 되자 반대 현상이 일어났다. 기독교가 로마 제국의 공식 종교가 되자 기독교 신자들 중에는 유대인들을 버림받은 인종으로 선포하고 박해하고, 심지어 집단 학살한 사람들이 있었다. 자신이 "이스라엘의 소망으로 말미암아" 박해받는다고 선언한 바울은 이러한 태도를 이해하지 못했을 것이다.

네로 시대의 박해

네로는 어머니의 음모 덕분에 54년 10월 로마 황제가 되었다. 그는 처음에는 이성적인 통치자였으며, 가난한 자들을 위한 법령을 마련하여 로마 시민들에게 상당한 인기를 얻었으므로 전적으로 인기가 없지는 않았다. 그러나 그는 점차 과대망상과 쾌락을 추구하기 시작하여 비위에 맞는 인사들로 궁정을 채우기 시작했다. 제위에 오른 지 10년 후 그는 국민들의 멸시를 받았다. 특히 시인들과 예술가들은 예술인이라고 자처한 그를 혐오했다. 곧 그가 미쳤다는 소문이 나

네로는 처음에는 이성적인 통치자였으나 점차 국민들의 신망을 잃었고, 결국 미쳤다는 소문이 퍼졌다.

제5장_ 최초의 국가와의 대결 63

돌기 시작했다.

A.D. 64년 6월 18일 로마에 대화재가 발생했다. 당시 몇 마일 떨어진 안티움(Antium) 궁전에 있던 네로는 화재 소식을 듣자마자 로마로 달려와 화재 진압을 추진한 듯하다. 그는 공공건물뿐만 아니라 자기 궁전의 정원을 이재민들에게 개방했다. 그럼에도 불구하고 미쳤다는 의심을 받고 있던 그가 도시에 불을 지르라고 명령했다는 소문이 돌기 시작했다. 화재는 일주일 동안 계속되었으며, 불길이 잡힌 후에도 사흘 동안 더 타올랐다. 도시의 14구역 중 10구역이 소실되었다. 이러한 고난 속에서 시민들은 정의를 부르짖었다. 곧 네로가 자기의 구상대로 다시 짓기 위해 로마를 파괴했다는 소문이 돌기 시작했다. 많은 역사서들이 이것을 사실로 받아들이고 있다. 당시 현장에 있었던 것으로 보이는 로마의 역사가 타키투스(Tacitus)는 당시의 소문들을 기록하지만, 타키투스 자신은 기름 창고에서 우연히 화재가 시작되었다고 여겼다.

어쨌든 황제를 의심하는 시민들이 증가했다. 화재가 계속되는 동안 황제가 배우처럼 분장하고 궁정의 첨탑 위에 서서 칠현금을 뜯으며 트로이의 파괴를 노래했다는 소문이 돌기 시작했다. 즉 그가 시인으로서의 영감을 얻기 위해 도시에 불을 질렀다는 것이다. 네로는 이러한 소문들을 억누르려 했지만, 범인이 잡히지 않는 한 의심을 피할 수 없음이 명백해졌다. 그런데 화재를 면한 두 구역에 유대인들과 기독교인들이 많이 살고 있었다. 따라서 황제는 기독교인들에게 혐의를 씌우기로 작정했다.

타키투스는 다음과 같이 기록한다.

"황제의 거듭된 부인과 신들에게 바쳐진 희생에도 불구하고 황제가 화재를 명령했다는 의심은 그치지 않았다. 그리하여 이 소문을 없애기 위해 네로는 배덕 행위로 시민들의 증오를 받고 있던 기독교 신자들에게 혐의를 씌워 처벌하기로 결정했다. 이들이 따르는 소위 그리스도는 디베료(Tiberius) 황제 때에 본디오 빌라도에 의해 처형된 인물이다. 이 미신은 한동안 주춤했으나 곧 그 악의 발원지인 유대뿐만 아니라 세계의 모든 사교들이 모여 들었던 로마에 다시 출현했다. 그리하여 스스로 기독교인임을 고백한 자들이 체포되었고 그들의 증언에 의하여 더 많은 신자들이 정죄되었다. 그 이유는 화재 자체 때문이라기보다 그들이 인류를 증오했기 때문이다."[1]

이 타키투스의 기록은 이교도들이 기독교 신자들을 어떻게 간주했는지를 보여주는 가장 오래된 기록들 중 하나라는 점에서 귀중하다. 이 기록을 보면 타키투스는 로마 화재의 범인이 기독교인들이라고 믿지 않았다. 게다가 그는 네로의 "세련된 잔인성"에 찬성하지 않았다. 그러나 교양과 지식과 학식을 겸비한 이 로마인은 기독교 신자들의 "배덕 행위"와 "인류를 향한 증오"에 대한 소문을 믿었다. 타키투스 및 동시대의 저자들은 이 "배덕 행위들"이 무엇이었는지 상세히 기록하지 않았다. 2세기의 저자들이 이에 대해 보다 자세하게 기록할 것이다. 그러나 어쨌든 타키투스는 소문을 믿었고 기독교인들이 인류를 증오한다고 생각했다. 당시의 극장, 군대, 고전문학, 운동경기 등 모든 사회활동이 이교의 우

---

1) *Annals* 15.44.

상승배와 밀접하게 관련되어 있었기 때문에 대부분의 기독교인들이 여기에 참여하지 않았음을 염두에 둔다면, 왜 이러한 비난이 생겼는지 짐작할 수 있다. 따라서 로마 문화와 사회를 사랑한 타키투스와 같은 로마 시민이 볼 때 기독교 신자들을 인류를 미워하는 사람들이었다.

타키투스는 계속 기록한다:

"네로는 기독교인들을 죽이기 전에 시민들을 위한 오락에 이용했다. 일부 신자들에게 털옷을 덮어 씌워 개들이 찢어 죽이게 했고, 또 다른 신자들은 십자가형에 처했다. 또 다른 신자들을 불태워 밤에 등불처럼 밝히게 했다. 네로는 자기의 정원을 열어 이러한 쇼를 연출했고, 그는 원형 경기장에서 마치 전차 경주자처럼 옷을 입고 전차를 타고 돌아다녔다. 이 때문에 시민들은 벌을 받아 마땅한 이 사람들을 불쌍히 여기기도 했다. 왜냐하면 이들은 일반인들의 선을 위해서가 아니라 한 인간의 잔인성을 만족시키기 위해 죽어갔기 때문이다."[2]

이 이교도 역사가는 한편으로는 기독교인들에게 자비심도 보이지 않으면서, 이들을 박해한 것은 정의가 아닌 황제의 변덕을 만족시켜 주기 위해서라고 밝힌다. 이를 통해서 초기 순교자들에게 가해진 잔인한 고문의 모습을 살펴볼 수 있다.

네로의 박해가 얼마나 광범위하게 미쳤는지는 확실치 않다. 1세기 후반과 2세기 초의 기독교 저술가들은 당시의 참혹상을 기록했다. 네로 시

---

2) Ibid.

대의 순교자들 속에 베드로와 바울이 포함되어 있었을 가능성이 크다. 반면에 로마 시 밖에서의 박해는 언급되지 않는다. 따라서 이 박해는 극도로 잔인했지만 제국의 수도에 국한되어 있었다고 추론할 수 있다.

처음에 기독교 신자들은 방화 혐의를 받았으나 곧 단순히 기독교인이라는 사실 때문에 박해를 받았다. 고대 저술가들은 네로가 기독교 신자들을 향해 칙령을 발했다고 전한다. 설사 이러한 칙령이 존재했더라도 현존하지 않고 있다.

네로는 68년 로마 원로원의 지원을 받은 반란에 의해 퇴위되어 자살했다. 네로가 기독교인을 대상으로 마련한 법령들은 취소되지 않았으나 박해는 중지되었다. 곧이어 정치적 불안정이 계속되었는데, 특히 A.D. 69년은 "네 황제의 해"라고 불린다. 결국 베스파시안(Vespasian)이 정권을 잡았으며, 그와 그의 아들 티투스(Titus) 시대에 기독교인들은 잠시 평화를 누렸다.

도미티안 시대의 박해

티투스의 뒤를 이어 황제가 된 도미티안은 처음에는 기독교인들에게 관심을 갖지 않았다. 그가 기독교인들을 박해하기 시작한 이유는 확실하지 않다. 그는 로마 전통들을 사랑하고 존경하여 복원하려 했다. 로마의 신들과 많은 전통들을 거부한 기독교인들이 도미티안의 비위를 거스르게 되었고, 결국 이 때문에 박해를 받게 되었는지도 모른다.

유대인들도 도미티안 시대에 곤란을 겪었다. A.D. 70년 성전이 파괴되었으므로 도미티안은 유대인들이 매년 예루살렘에 보내던 헌금을 황제에게 바치도록 결정했다. 일부 유대인들은 반항했고, 다른 유대인들은 돈은 바치면서도 로마가 예루살렘을 대신할 수 없음을 분명히 했다. 이에 대한 반응으로 도미티안은 유대교에 대항한 엄한 법률들을 만들고 더욱 극심한 처분을 주장했다.

기독교인들은 콜로세움에서 개최되는 이교도들의 경기와 활동에 참여하지 않았기 때문에 사회의 적으로 간주되었다.

당시 로마 당국자들은 유대인과 기독교 신자들을 분명히 구분하지 못했으므로 제국 관리들은 "유대 풍습"을 따르는 사람들을 모두 박해하기 시작했다. 그리하여 유대교 신자와 기독교 신자를 가리지 않는 새로운 박해가 시작되었다.

네로 시대의 박해처럼 이 박해도 제국 전역에서 심했던 것 같지는 않다. 실제로 로마와 소아시아에서의 박해에 관한 기록만 남아 있다.

로마에서는 황제와 인척관계였던 것으로 보이는 플라비우스 클레멘스(Flavius Clemens)와 그의 아내 플라비아 도미틸라(Flavia Domitilla)가 처형되었는데, 이들의 죄목은 "무신론"과 "유대 관습"이었다. 기독교인들은 보이지 않는 하나님을 예배했으므로 이교도들은 신자들을 무신론자들이라고 주장했다. 따라서 플라비우스 클레멘스와 도미틸라는 기독교 신자였기 때문에 처형되었을 가능성이 크다. 그렇다면 이들은 이름이 알려진 유일한 로마인 순교자들이다. 그러나 고대 저술가들은 당시 많은 순교자들이 있었다고 기록했으며, 로마 교회가 고린도인들에게 보낸 편지인 『클레멘스의 첫째 편지』(First Clement)에서는 "계속적이고 예기치 못한 악행이 우리에게 가해졌다"라고 호소했다.

소아시아에서는 이 박해 때문에 밧모 섬에 유배된 저자에 의하여 요한계시록이 저술되었다. 이때 많은 신자들이 살해되었다. 소아시아 일대의 교회들은 그 후 여러 세대에 걸쳐 도미티안의 재위 기간을 시련의 시대로 기억했다.

박해 속에서 요한계시록은 신약성경의 다른 책들보다 더 로마에 대하여 부정적인 태도를 나타낸다. 바울은 로마의 기독교인들에게 정부에 복종하라고 부탁하면서 정부는 하나님에 의하여 세워진 것이라고 설명했다. 그러나 밧모 섬의 선지자는 로마를 가리켜 "성도들의 피와 예수의 증인들의 피에 취한…큰 음녀"라고 묘사했다(계 17:1, 6). 게다가 계시록에서 발견된 거룩한 새 예루살렘의 소망은 현재의 세속 도시와 대응관계를 이룬다. 기독교인들은 로마 시, "큰 성 바벨론" 혹은 "큰 음녀"와 대조하여 하늘로부터 올 새 예루살렘, 하나님이 신자들의 눈물을 씻어 주실 곳을 바라보아야 한다.

다행히 박해가 발생했을 때 도미티안의 통치는 거의 끝나가고 있었다. 네로와 마찬가지로 도미티안도 폭군이라고 간주되었다. 정적들은 음모를 꾸며 궁전에서 그를 암살했다. 로마 원로원은 모든 기록에서 그 이름을 지워 아무도 그를 기억하지 못하도록 결정했다. 역사적으로 도미티안은 신적 존재로 인정될 것과 권력을 탐한 광인으로 간주해왔다는 점에서 도미티안의 정적들은 이 일에 성공했다. 기독교 역사가들도 여기에 공헌했다. 왜냐하면 그들은 기독교인들을 박해한 사람은 누구든 폭군이요 광인이었다고 확신해왔기 때문이다. 오늘날 역사가들은 도미티안이 비교적 선한 통치자였다고 옹호한다. 도미티안의 몰락 이후 아무도 기독교 신자들에게 관심을 기울인 것 같지 않다. 그리하여 그들은 몇 년 동안 평화를 누렸다.

제6장
2세기의 박해

> 나는 이제 예수님의 제자이다.…불과 십자가와 짐승도 두렵지 않다. 내가 예수 그리스도를 따르는 한 뼈가 부러지고 수족이 잘려도 상관하지 않을 것이다. —안디옥의 이그나티우스—

    로마제국의 기독교 박해는 네로 시대부터 시작되었으나 1세기에는 박해의 세부 기록이 거의 남아있지 않다. 그러나 2세기부터는 박해 문제를 다룬 기록들이 증가하며, 기독교인들의 순교 태도에 대해서도 구체적으로 기록되기 시작한다. 그중에서 가장 극적인 것은 순교자들의 체포와 재판과 죽음의 과정을 기록한 『순교자 행전』(Acts of the Martyrs)이다. 그중 일부는 재판에 관한 신빙성 있는 세부 사항을 포함하고 있으므로, 최소한 일부 자료는 공식적 재판 기록에서 취해진 것으로 보인다. 또 어떤 경우에는 저자가 직접 순교자의 재판과 죽음의 현장에 있었음을 주장하는데, 많은 역사가들이 이 사실을 받아들이고 있다. 반면 많은 『순교자 행전』들의 내용 일부는 후대에 부연된 것이 확실하므로 역사적 사실성을 의심할 수밖에 없다. 어쨌든 진정한 "순교자들의 행전들"은 가장 소중하고 영감을 주는 초대 기독교의 유산이다. 두 우리는 또 다른 기독교 저술들을 통하여 순교에 관한 기독교 신자들의 태도를 알 수 있다. 그중 가장 귀중한 것은 늙은 안디옥 감독 이그나티우스(Ignatius)가 형장으로 이송되어가면서 남긴 일곱 개의 서신일 것이다. 마지막으로 2세기의 기록들은 새로운 신앙에 대한 로마 당국의 태도를 보여준다. 이러한 맥락에서 플리니(Pliny)와 트라얀(Trajan)이 교류한 서신은 중요한 의미를 지닌다.

플리니와 트라얀이 주고 받은 서신

A.D. 111년 소-플리니(Pliny the Younger)는 오늘날 터키 북부 해안에 위치한 비티니아(Bithynia) 총독에 임명되었다. 여러 자료들을 보면, 플리니는 로마의 법과 전통을 존중한 의로운 사람이었다. 비티니아에 도착한 그는 예기치 못한 문제에 봉착했다. 플리니가 전하는 바에 의하면, 당시 그 지역에는 많은 기독교인들이 살고 있었고 이교 신전들은 거의 유기되었고 신전에 바칠 제물을 사는 사람이 별로 없었다. 어떤 사람이 기독교인들의 명단을 이 새 총독에게 보냈는데, 이미 기독교가 불법임을 알고 있던 플리니는 조사에 착수했다.

총독은 피고들을 직접 심문하여 기독교 신자들의 신조와 생활을 파악하기 시작했다. 많은 피고들은 자신이 기독교인이 아니라고 주장했으며, 얼마동안 이 새 신앙을 따르다가 버렸다고 주장하는 사람도 있었다. 플리니는 이 사람들에게 로마의 신들에게 기도하고 황제의 상 앞에 분향하고 그리스도를 저주하라고 요구했을 뿐이다. 이는 그가 참 기독교인들은 이러한 행위를 못한다는 말을 들었기 때문이다. 그는 이 요구사항을 충족시킨 사람들을 석방했다.

신앙을 고수하는 신자들의 경우는 달랐다. 플리니는 이들을 사형에 처하겠다고 위협하면서 세 번 개심할 기회를 주었다. 계속 고집하는 사람들을 처형했는데, 기독교 신자라는 이유보다는 그들의 고집 때문이었다. 그들이 로마 시민일 경우에는 법에 따라 로마로 이송했다.

그러나 플리니는 스스로를 의로운 사람이라고 생각했으므로 이러한 고집 외에 기독교 신자들이 실제로 범한 죄가 무엇인지 알아내려 했다. 그가 알게 된 것은 기독교 신자들이 동이 트기 전 함께 모여 "마치 신에게 하듯이" 그리스도를 찬양하며 절도와 간음 등 부도덕한 범죄를 범치 않기로 맹세한다는 것 정도였다. 이들은 과거에 공동 식사를 위해 모이곤 했지만 당국이 비밀집회를 금한 후로는 이 모임조차 중지하고 있었다. 이것들이 사실의 전부라고 믿을 수 없었던 플리니는 두 명의 여성 기독교 사역자들을 고문했지만 새로운 사실을 알아낼 수 없었다.

플리니가 당면한 문제는 기독교인들에게 뚜렷한 범죄 사실이 있을 때에만 처벌해야 하는지, 아니면 "기독교인"이라는 사실 자체가 범죄를 구성하는지의 여부였다. 문제를 어떻게 해결해야 할지 알기 위해 플리니는 모든 법적 절차를 중지시키고 트라얀 황제에게 지시를 받기 위해 서신을 보냈다.

황제의 답변은 간단했다. 기독교인들의 처벌에 관하여는 모든 상황에 적용될 수 있는 일반적 규칙이 아직 정립되지 않았으며, 그들의 죄의 성격으로 볼 때 국가가 시간과 정력을 낭비하여 색출해야 할 만큼 흉악한 것은 아니라는 것이었다. 고발된 후에도 뉘우치지 않는 자들을 처벌하며, 로마의 신들에게 기꺼이 예배하고자 하는 자들을 처벌 없이 용서하도록 했다. 마지막으로 익명의 고발은 받아들이지 말라고 했다. 왜냐하면 그것은 법적으로 볼 때에 고발이 성립되지 않으며 로마법이 추구하는 정의의 원칙에 어긋나기 때문이라고 했다.

약 백 년 후 북아프리카 출신의 기독교인 터툴리안(Tertullian)은 그러한 칙령의 부당성에 관하여 다음과 같이 항의했는데, 그 칙령은 그 때까지도 구속력이 있었다:

"로마의 정책은 얼마나 일관성 없는 것인가? 로마법은 기독교인들이 무죄한 줄 알기에 일부러 색출해 내지 않는 동시에 이들을 유죄로 규정하여 처벌하려 한다. 이는 용서하지만 한편으로는 잔인한 조처이다. 이들은 기독교 신자들을 무시하면서도 처벌하려 한다. 왜 이처럼 일관성이 없는가? 당신들이 정죄한다면 왜 수사하지 않는가? 또 수사하지 않는다면 왜 무죄임을 선포하지 않는가?"[1]

트라얀의 결정에 논리성이 결여된 듯 하지만 정치적 지혜가 부족한 것은 아니었다. 그는 플리니의 고민을 이해했다. 즉 기독교 신앙 자체는 사회나 국가에 대한 범죄를 구성하지 않으므로 국가가 기독교인들을 색출하기 위해 정력을 낭비할 필요가 없었다. 그러나 체포된 기독교인은 제국의 신들을 예배해야 하며 거부할 경우에는 처벌해야 한다는 것이었다. 그렇지 않으면 제국의 사법제도가 권위를 상실할 것이기 때문이다.

---

1) *Apology* 1.2.

다시 말해 기독교인이 처벌되는 것은 법원에 소환되기 전에 범한 범죄 때문이 아니라 로마 법원에 대한 모독 때문이라는 것이다. 공개적으로 로마의 신들과 황제에 대한 예절을 거부하는 자는 처벌되어야 한다. 첫째는 법원의 권위가 이를 요구하기 때문이며, 둘째는 황제에 대한 예배를 거부함으로써 그의 통치 자체를 거부하는 듯이 보이기 때문이다.

플리니에게 보낸 답신에 윤곽이 드러난 트라얀의 정책들은 비티니아의 경계를 넘어서, 그리고 트라얀의 사후에도 시행되었다. 2세기, 그리고 3세기 일부에 이르기까지 제국 전역에서 기독교인들을 색출하지는 않았지만 일단 당국에 소환되었을 때에는 이들을 처벌한다는 것이 제국의 공식적 정책이었다. 또한 플리니와 트라얀의 서신 왕래 이전 이그나티우스의 일곱 서신에서 찾아볼 수 있는 제국의 정책이 이와 상응했다.

안디옥의 이그나티우스, 하나님의 사자

A.D. 107년경 제국은 늙은 이그나티우스 감독에게 사형 선고를 내렸다. 당시 로마에서는 군사적 승리를 기념하기 위한 대대적인 축제가 계획되고 있었으므로 그는 시민들의 오락 대상으로서 로마로 호송되었다. 이그나티우스는 순교의 자리를 향해 가면서 일곱 개의 서신을 남겼는데, 그것은 초기 기독교의 역사를 알 수 있는 가장 중요한 기록이다.

이그나티우스는 A.D. 30년 혹은 35년경에 태어난 듯하며, 순교 당시 70세가 훨씬 넘었을 것으로 추정된다. 그는 편지에서 자신을 거듭 "하나님의 사자"라고 부르는데, 그것은 당시 그를 존경한 신자들이 붙여준 칭호인 듯하다. 후일 사람들은 그의 서신의 헬라어 원문을 약간 수정하여 그를 "하나님에 의해 태어난 자"라고 불렀다. 그리하여 그가 어렸을 때

안디옥을 묘사한 6세기의 모자이크

예수께서 그들 들어 제자들 가운데 두셨다는 전설이 생겼다. 어쨌든 2세기 초 이그나티우스는 전체 기독교 공동체에서 탁월한 존경과 특권을 누렸는데, 이는 그가 가장 오래된 교회들 중 하나인 안디옥 교회에서 사도들의 바로 뒤를 이은 감독이었기 때문이다.

이그나티우스의 체포와 재판에 대해서는 거의 알려져 있지 않으며, 누가 그를 고발했는지도 분명치 않다. 그러나 그의 편지들을 살펴보면 안디옥 교회 내에 몇 개의 분파가 있었고, 감독은 이단적이라 생각한 교리들을 반대했다. 따라서 그가 이교도들에 의해 고발되었는지, 그를 파멸시키려 한 분파의 기독교인에 의해 고발되었는지 확실치 않다. 어쨌든 이그나티우스는 체포되어 유죄 판결을 받아 로마에서 사형에 처해졌다.

이그나티우스와 그를 로마로 호송하는 병사들은 소아시아 지방을 통과했다. 그 지역 신자들이 그를 방문했고, 이그나티우스는 그들을 만나 대화했다. 그는 자신이 구술하는 편지를 받아 쓸 기독교인 필사자를 대동할 수 있었다. 이그나티우스가 자신과 동일한 죄를 범한 사람들의 면회를 받을 수 있었음을 고려해보면, 당시 제국 전역에서 전반적인 기독교 박해가 이루어진 것이 아니며 법정에 소환된 사람들만 재판받았음을 알 수 있다.

이그나티우스의 일곱 편지들은 이러한 면회들의 결과였다. 그는 마그네시아(Magnesia) 교회로부터 온 감독과 두 장로들, 그리고 한 집사를 만났다. 트랄레스(Tralles) 교회에서는 폴리비우스(Polybius) 감독이 찾아왔다. 에베소 교회는 오네시무스(Onessimus, 오네시모) 감독이 이끄는 사절들을 보냈는데, 오네시무스는 바울이 빌레몬에게 보낸 편지에서 언급했던 사람과 동일인일 가능성이 매우 높다. 이그나티우스는 서머나(Smyrna)에서 이 교회들에게 편지를 보냈다. 그 후 그는 트로아에서 세 개의 편지를 더 썼다. 하나는 서머나 교회에, 또 하나는 그 교회의 감독 폴리갑에게, 그리고 세 번째는 필라델피아(Philadelpia) 교회에 보내는 것이었다. 그 중 2세기의 박해와 순교의 특성을 가장 잘 나타내는 것은 이그나티우스가 서머나에서 로마교회에 보낸 편지이다.

어떤 경로를 통해서인지 이그나티우스는 로마의 기독교인들이 그를 죽음에서 구출할 수 있는 가능성에 대하여 고려하고 있다는 소식을 들었다. 그는 이 계획을 지지하지 않았다. 그는 피로써 자기의 증언을 인칠 준비를 하고 있었는데, 로마에 있는 기독교인들 측에서 행하는 일들이 그의 목적에 방해가 될 수 있기 때문이었다. 따라서 그는 그들에게 편지를 보냈다.

"나는 당신들의 친절을 두려워하는데, 그 친절이 오히려 나를 해할 수도 있기 때문입니다. 당신들은 계획한 것을 이룰 수 있을 것입니다. 그러나 만일 당신들이 나의 요청을 무시한다면, 내가 하나님께 도달하기 어려울 것입니다."

이그나티우스는 자기의 목적은 하나님, 즉 예수 그리스도의 고난을 본받는 것이라고 했다. 이그나티우스는 이러한 궁극적 희생을 통하여 진정한 제자가 되기 시작하는 것이라 믿었다. 따라서 그가 로마 신자들에게 원한 것은 그를 구출하는 것이 아니라, 그가 용감하게 이 시련을 견딜 수 있도록 기도해 달라는 것이었다.

"…내가 단지 기독교 신자라 불릴 뿐만 아니라 신자답게 행동할 수 있도록 해주십시오.…내 사랑이신 분이 십자가에 돌아가셨습니다.…나는 썩을 양식을 탐하지 않습니다.…나는 하나님의 떡인 예수 그리스도의 몸을 맛보기를 원합니다.…또 영원히 목마르지 않게 할 그의 보혈을 마시기를 원합니다.…나는 고난을 당할 때 예수 그리스도 안에서 자유할 것이며 그와 함께 부활할 것입니다.…나는 그리스도의 순수한 떡으로 바쳐질 수 있도록 맹수들의 이빨에 의해 제분되어야 하는 하나님의 밀입니다."

이그나티우스가 이처럼 용감하게 죽음을 대면할 수 있는 이유는 이를 통하여 증인이 될 것이기 때문이었다.

"만약 당신들이 나를 위해 침묵을 지킨다면 나는 하나님의 말씀이 될 것입니다. 그러나 당신들이 나의 육신에 연연한 사랑에 의해 흔들린다면 나는 단지 인간의 목소리에 불과하게 될 것입니다."[2]

---

2) Ignatius, *Romans* 1.2-2.1.

얼마 후 서머나의 폴리갑 감독은 빌립보 교인들에게 이그나티우스의 소식을 묻는 편지를 보냈다. 빌립보 교회의 서신은 남아있지 않으나 이그나티우스는 원했던 대로 로마에 도착한 직후 순교한 듯하다.

폴리갑의 순교

이그나티우스의 순교에 관하여는 거의 알려진 것이 없지만, 약 반 세기 후에 발생한 그의 젊은 친구 폴리갑의 순교에 관하여는 자세한 기록이 남아있다. 155년 플리니에게 내린 트라얀의 지시가 유효하여 기독교 신자들을 색출하지는 않았으나 일단 고발되고 로마의 신들을 예배하기를 거부할 경우에는 처벌했다.

당시의 상황을 목격했다는 저술가를 통해서 서머나에서 발생한 사건들을 알 수 있다. 당시 체포된 신자들이 로마의 신들을 예배하기를 거부했다. 그들은 "그리스도 안에 피신처를 구하여 이 세상의 고통을 비웃었기" 때문에 고문을 견뎌냈다. 늙은 게르마니쿠스(Germanicus)가 재판정에 섰을 때 재판관은 그의 노령을 생각하여 고문과 죽음을 당하느니 개심하라고 권했다. 그는 자신이 방금 목격한 불의와 잔인한 폭행이 행해지는 이 세상에 더 이상 살고 싶지 않다고 대답했다. 그는 자신의 진실성을 증명하기 위하여 짐승들에게 와서 자기를 죽이라고 소리쳤다. 이러한 태도는 폭도들의 분노를 자극했다. 그들은 "무신론자들에게 죽음을!"(이 말의 의미는 눈으로 볼 수 있는 신들을 섬기지 않았다는 뜻이다). 폴리갑을 데려오라"고 소리치기 시작했다.

이 늙은 감독은 당국에서 자기를 수색하고 있다는 것을 알고서 신자들의 충고에 따라 며칠 동안 숨어 지냈다. 그러나 다른 곳으로 피신처를 옮겼음에도 불구하고 그 장소가 발각되었을 때에는 체포되는 것이 하나님의 뜻이라 생각하여 피신하기를 거부하고 그를 체포하러 온 사람들을 조용히 기다렸다.

재판을 주관한 총독은 그를 훈계하며 노령을 고려하여 황제를 예배하라고 종용했다. 폴리갑이 거부했을 때 재판장은 그에게 "무신론자들은 물러가라"고 소리치라고 명했다. 이에 폴리갑은 주위에 있는 군중들을 가리키면서 "그렇소, 무신론자들은 물러가시오!"라고 말했다. 재판관은 폴리갑에게 황제를 두고 맹세하고 그리스도를 저주하면 석방하겠다고 약속했다. 그러나 폴리갑은 "내가 86년 동안 그분을 섬겼으나 그분은 나에게 악을 행하신 적이 없습니다. 어떻게 나를 구원하신 나의 왕을 저주할 수 있겠습니까?"라고 응답했다.

이들의 문답은 계속되었다. 재판관이 그를 산 채로 태워 죽이겠다고 위협했는데, 폴리갑은 재판관이 붙인 불은 순간적인 것이지만 지옥의 영원한 불은 꺼지지 않는다고 대답했다. 마지막으로 우리가 들은 것은 그가 화형용 장작더미 속에서 기둥에 묶인 후 하늘을 우러러 다음과 같이 크게 기도한 것이다: "전능하신 주 하나님,…주님께서 저를 이러한 순간에 참예하기에 합당한 자로 여겨주심을 감사합니다. 다른 순교자들과 함께 그리스도의 잔에 참예할 수 있게 하여 주셔서 감사합니다.…이를 위해 당신을 찬양하며 영광을 돌립니다. 아멘."[3]

오래 전 안디옥의 이그나티우스는 자기보다 어린 폴리갑에게 감독의 의무를 다하고 신앙을 굳게 지키라고 권면했었는데, 이제 폴리갑은 자신

---

3) *Martyrdom of Polycarp* 14.

이 이그나티우스의 기대와 모범을 따르기에 충분한 인물임을 증명했다.

폴리갑의 순교에 관하여 특기할 만한 사실은 폴리갑 자신이 수배되고 있음을 알았을 때 도망쳐 숨었다는 것이다. 또한 우리는 동일한 기사로부터 퀸투스(Quintus)라는 어떤 사람이 그 자신을 하나의 순교자로 드렸다가 마지막 순간에 연약해져서 믿음을 포기했다는 것을 알 수 있다. 이것은 순교가 인간이 선택하는 것이 아니라 하나님에 의해 선택된 사람에게만 주어지는 특권이라고 믿었던 초대 신자들에게 중요한 의미를 지닌다. 이처럼 하나님의 택함을 받은 자들은 자기들과 함께 고통을 나누시는 그리스도의 힘에 의하여 용기와 격려를 얻기 때문에 마지막 순간까지 굳건히 서 있을 수 있었다고 믿었다. 따라서 그들의 견고함은 그들 자신들의 것이 아니라 하나님께서 특별히 주신 것이었다. 반면 "순교 자원자"로서 재판정에 나아가 순교의 기회를 찾으려 한 사람들은 거짓 순교자들로서 그리스도께서 그들을 버리셨을 것이다.

그러나 모든 신자들이 『폴리갑 순교』(Martyrdom of Polycarp)의 저자에게 동의하는 것이 아니다. 박해 기간 내내 두 "순교 자원자들"이 있었는데, 이들은 끝까지 신앙을 지켜 사람들의 칭송을 받았다. 이것은 같은 시대의 문서인 순교자 저스틴(Justin Martyr)의 『변증』(Apololgy)에서 찾아볼 수 있다. 이 기록에 의하면, 어느 신자가 재판받을 때 다른 두 사람이 그를 변호하여 결국 세 사람 모두 순교의 길을 걸었다. 저스틴은 이 사건을 기록하면서 두 순교 자원자의 순교가 처음 사람의 그것보다 못한 것이라고는 생각지 않는다.

마르쿠스 아우렐리우스 시대의 박해

A.D. 161년 황제 위에 오른 마르쿠스 아우렐리우스는 그 시대의 가장 계몽된 지성의 소유자 중 하나였다. 그는 네로와 도미티안과는 달리 권력과 허영에 사로잡힌 인물도 아니었다. 그는 그들과는 달리 자신의 수양을 위해 『명상록』(Meditations)을 남겼는데, 이것은 오늘날까지 당대의 문학적 걸작으로 남아 있다. 그는 이 책에서 자기가 거대한 제국을 통치하면서 가지려 했던 마음가짐을 다음과 같이 밝힌다:

"로마인으로서, 그리고 인간으로서 내게 맡겨진 사명을 완전하고도 단순한 기쁨과 자애심과 자유와 정의로 수행하도록 항상 주의하라. 그 밖의 모든 것을 잊도록 노력하라. 인생의 모든 작업을 이 땅에서 해야 할 최후의 작업으로 생각하고, 위선과 이기심과 자신의 운명에 관한 불만을 마음에서 축출하고 이성의 명령에 순종한다면, 이 작업을 수행할 수 있을 것이다."[4]

이 황제 시대에 기독교인들이 평화를 누릴 수 있었으리라고 기대할 수 있을 것이다. 그러나 자기 정부를 위해 고상한 이상을 표현한 이 황제도 기독교 신자들의 박해를 명령했다. 황제는 그의 『명상록』에서 단 한 번 기독교를 언급하면서 목숨에 연연하지 않고 기꺼이 포기하는 영혼들을 찬양하고 있다. 그러나 그는 "기독교인들처럼 고집에 의해서가 아닌" 이성의 결과일 때만 이러한 태도가 찬양받을 가치가 있다고 했다.

또 이 학식과 교양 있는 황제 역시 그 시대의 산물이었기에 미신을 버

---

[4] *Meditations* 2.5.

리지 못했다. 그는 점술가들의 권고를 찾았고, 중요한 행사 전에는 반드시 제물을 바쳤다. 그의 재위 초기에 침략과 홍수와 전염병 및 자연 재해가 잇달아 발생했는데, 그 책임이 기독교인들에게 있다는 설명이 등장했다. 즉 그들이 제국을 지키는 신들의 진노를 초래했기 때문이라는 것이다. 황제가 이 설명을 믿었을지는 알 수 없다. 어쨌든 그는 박해를 지원했으며 옛 종교의 부흥을 위해 노력했다. 그도 플리니처럼 기독교인들의 완고함을 미워했는지도 모른다.

당시의 상황을 알려 주는 기록들 중에 과부 펠리시타스(Felicitas)와 일곱 아들의 순교기가 있다. 펠리시타스는 교회에 의해 특별히 구별된 과부였으니, 이것은 그녀가 교회를 위해 모든 시간을 바쳤고 교회는 그녀의 생활을 지원했음을 의미한다. 그녀가 교회를 위해 열심이었으므로 이교 사제들은 그녀를 당국에 고발했다. 시장은 각종 회유와 협박으로 그녀를 종용했으나 시간만 허비했으니, 그녀는 "나는 살아있는 동안 당신에게 승리할 것이며, 나를 죽인다면 죽음을 통하여 더욱더 승리를 거둘 것입니다"라고 대답했다. 총독은 그녀의 아들들을 설득하려 했다. 그러나 그녀는 아들들에게 강건하라고 격려했고 아들들은 어떤 협박에도 굴하지 않았다. 결국 심문 기록이 마르쿠스 아우렐리우스에게 보내졌으며, 황제는 이들을 각각 그 도시(로마)의 서로 다른 구역에서 처형하도록 명령했다. 아마 여러 신들의 비위를 맞추기 위해서였는지도 모른다.

이 박해 때 순교한 사람들 중에 그 시대에 가장 훌륭한 기독교 학자인 순교자 저스틴(Justin Martyr)이 있다. 그는 로마에 학교를 세우고 "참된 철학"(true philosophy), 즉 기독교를 가르쳤다. 그는 공개 토론에서 유명한 이교도 철학자를 물리친 바 있는데, 그 철학자가 그를 고발했다는 암시들이 있다. 어쨌든 저스틴은 로마에서 순교했다. 그러나 오랜 세월이 흐른 후에 작성된 그의 순교 기록의 세부 사항에 관하여서는 의심의 여지가 있다.

고울 지방의 리용(Lyons)과 비엔느(Vienne) 교회가 브리기아와 소아시아의 기독교인들에게 보낸 편지를 통해 박해의 상황을 더 잘 알 수 있다. 그곳의 박해는 기독교인들의 공공장소 출입을 금한 것으로 시작된 듯하다. 그 후 폭도들은 거리에서 이들을 추격하고 욕설을 퍼붓고 돌을 던지기 시작했다. 일부 신자들이 체포되어 총독에게 보내졌다. 그 때 폭도들 중에서 베티우스 에파가투스(Vetius Epagathus)라는 사람이 나와서 기독교인들을 보호해 주겠다고 자청했다. 그는 기독교인들 중 하나냐는 질문을 받았을 때 그렇다고 대답하여 피고가 되었다.

편지의 저자들은 이 박해가 "번개처럼" 갑자기 일어났기 때문에 많은 이들이 마음의 준비를 하지 못했다고 밝혔다. 그들 중 일부는 마음이 약해져 "마치 유산된 태아처럼 교회라는 모태를 떠났다."

그러나 나머지는 신앙을 지켰기 때문에 총독과 폭도들의 분노가 증가했다. 고문이 시작되었다. 쌍투스(Sanctus)라는 소년은 고문을 당하면서 "나는 기독교인입니다"라고 대답했다. 그는 계속 이 말만 되풀이했다. 신앙을 부인했던 몇 사람이 이 광경 및 다른 사람들의 용기를 보고 감동을 받아 뉘우치고 돌아와 신앙을 고백한 후 순교자의 최후를 맞았다. 이 때 얼마나 죽었는지는 알 수 없으나 편지에 의하면 기독교인들이 갇혀 있던 장소가 꽉 찼기 때문에 일부는 사형집행자들이 이르기 전에 질식하여 죽었다.

이것들은 소위 계몽군주인 마르쿠스 아우렐리우스 시대의 순교 기록의 일부에 불과하다. 또 다른 기록들이 지금까지도 남아있다. 남아있는 기록들 역시 로마뿐만 아니라 제국 전체에서 발생한 사건들 중 일부만 전함을 기억해야 할 것이다.

2세기 말

마르쿠스 아우렐리우스는 A.D. 180년에 사망했고, 8년 전 공동 통치를 시작한 콤모두스(Commodus)가 그 뒤를 이었다. 콤모두스가 박해를 금하는 칙령을 내린 일은 없지만 그의 재위 기간 중 박해는 잠잠해졌으며 순교자들도 비교적 적었다. 콤모두스의 사후에 내란이 계속되었는데, 이 때문에 기독교인들에 대한 박해도 잠잠해졌다. A.D. 193년 셉티미우스 세베루스가 황제가 되었다. 그의 통치 초기에 신자들은 평화를 누릴 수 있었지만, 결국 그도 박해자들의 명단에 이름을 기록하게 된다. 이 사건은 3세기 초의 일이므로 다른 장에서 다룰 것이다.

요약해보면 2세기 내내 기독교인들은 위험한 상태에 있었다. 비록 제국 전역에서 계속 핍박을 받지는 않았지만, 그들의 신앙생활은 항상 위험을 동반한 것이었다. 기독교에 대한 제국의 일반적인 정책은 트라얀의 정책을 따랐으므로, 신자들은 이웃과 좋은 관계를 유지해야 했다. 누구든지 신자들에 대한 악한 소문을 믿게 되면, 신자들은 곧 고발당하고 박해가 시작되었다. 따라서 소문이 허위임을 증명하고 이교도들에게 올바른 기독교의 모습을 이해시켜야 했는데, 그것이 변증가들의 임무였다.

일반적으로 가장 악한 황제들이 기독교인들을 박해한 것이 아니며 때로는 일부 선한 황제들이 기독교인들을 박해했음에 주목해야 한다. 이것은 3세기를 다루면서 더 분명해질 것이며, 박해가 부패한 당국자들이

나 악하고 서툰 통치자들 때문이었다는 관념이 거짓임이 증명될 것이다. 여러 가지 이유로 당국자들은 기독교 안에서 반역적 경향을 지닌 운동을 보았고, 그렇기 때문에 그것을 진압하려 했다. 이는 그들이 부패하거나 제대로 알지 못했기 때문이 아니라 국가의 통일을 지키려는 정책적인 문제였기 때문이다.

세바스테에서 얼어 죽은 사십 명의 순교자의 전설을 묘사한 모자이크

제7장
신앙의 수호

> 우리는 당신들에게 아부하지 않는다.…정당하고 치밀한 수사에 기초를 두고 재판할 것을 요구한다.
> ―순교자 저스틴―

    2세기부터 3세기에 이르기까지 기독교인들에 대한 조직적 박해는 없었다. 기독교 신앙을 갖는 것은 불법이었으나 당국은 적극적으로 신자들을 색출하지 않았다. 박해와 순교는 각 지방의 상황, 특히 이웃들의 의도에 따라 좌우되었다. 왜냐하면 기독교인을 해치려면 고발장을 제출하기만 하면 되었기 때문이다. 자신의 적인 크레센티우스에 의해 고발된 것으로 보이는 저스틴이 이런 경우이다. 또 리용과 비엔느에서처럼 기독교에 관한 헛소문을 듣고 격분한 폭도들이 신자들의 체포와 처벌을 요구했다.

    이러한 상황에서 기독교인들은 자기들의 신앙과 생활에 관한 헛소문과 오해에 대해 해명해야 할 필요를 느꼈다. 그들의 논거에 의해 사람들이 기독교 신앙을 받아들이지는 않더라도 헛소문을 불식시킬 수 있다면 다행이었다. 이것이 "변증가들", 즉 신앙의 수호자들이라 알려진 유능한 기독교 사상가와 저술가들의 임무였다. 이들의 주장들 중 일부는 그 후 수세기 동안 사용되었다.

더러운 소문과 고상한 비판

 변증가들이 허위임을 증명하려 한 소문들은 대부분 기독교인들의 신앙과 생활에 관한 오해에서 생긴 것이었다. 예를 들어 기독교인들은 매주 애찬(love feast)을 위한 모임을 가졌다. 그것은 믿는 자들(예를 들어 세례를 받은 자들)만 참여한 가운데 행해졌다. 그뿐 아니라 기독교인들은 서로 "형제"와 "자매"라고 불렀으며, 많은 신자들이 배우자에게 이 호칭을 사용했다. 사람들은 이러한 사실들에 기초를 두고 상상력을 동원하여 기독교인들의 예배를 신자들이 비밀리에 모여 먹고 마시고 방탕하고 불을 끈 후에 근친상간도 가리지 않는 혼음을 벌인다고 생각했다.

 성찬식 때문에 또 다른 소문이 생겼다. 신자들은 그리스도의 몸과 피를 먹는다고 말했는데, 그를 아기로 표현하기도 했기 때문에 일부 이교도들은 기독교인들이 새 신자의 입문식 때에 유아를 커다란 빵 속에 감추어 두고 입문자에게 빵을 자르라고 명령한다고 생각했다. 그 후에 아직 따뜻한 유아의 살을 함께 먹는다는 것이다. 부지중에 죄를 짓게 된 새로운 개종자는 침묵을 지키고 기독교 안에 머물 수밖에 없다는 논리였다. 기독교인들이 버려진 아기를 발견하면 안아서 집으로 데려간다고 알려졌기 때문에 이러한 소문을 믿을 수 있었다.

 어떤 이들은 기독교 신자들이 나귀를 예배한다고 주장했다. 이것은 옛날 유대교에 관한 소문에 기독교인들이 포함된 것으로서, 이 때문에 신자들은 조소의 대상이 되었다. 이것을 묘사하는 벽화가 발견되었다. 그것은 나귀 머리의 인간이 십자가에 못 박혀 있는 그림이다. 이 그림 아래에는 "알렉스메노스(Alexmenos)가 자기 신을 숭배하다"라는 문구가 새겨져 있다.

이러한 관념들은 비교적 논박하기 쉬웠다. 왜냐하면 기독교인들이 이러한 헛된 망상들과 부합될 수 없는 생활을 유지함을 보여주면 되었기 때문이다. 논박하기 어려운 것은 기독교를 연구하여 지적으로 그르다는 결론을 내린 유식한 이교도들의 비판이었다. 그들은 기독교를 여러 면에서 공격했으나, 요점은 기독교인들이 무식한 대중으로서 그들의 교리가 지혜의 허울을 쓰고 있지만 어리석은 자기모순으로 가득 차 있다는 것이었다. 기독교인들을 상대할 수 없는 쓰레기들처럼 생각한 유식한 귀족층에서 이러한 태도를 찾아볼 수 있었다.

마르쿠스 아우렐리우스 황제 때 이러한 지식인들 중 하나인 켈수스(Celsus)가 『진정한 말씀』(The True Word)이라는 제목으로 기독교에 대한 반박문을 저술했다. 그는 그 글에서 자기처럼 교양 있고 세련된 인물들의 느낌을 다음과 같이 표현했다.

"개인 가정에는 양털과 옷을 가지고 일하는 자들, 그리고 돌팔이들, 즉 무식하고 교양 없는 자들이 있다. 그들은 가장 앞에서는 아무 말도 하지 못면서도 기회만 있으면 어린아이들과 무지한 여인들에게 황당한 이야기를 한다.…따라서 네가 진리를 알기 원한다면 스승들과 아버지를 떠나서 여인들과 아이들을 따라 여자들이 모이는 곳이나 돌팔이 장사치의 가게나 무두

질장이에게 가라. 거기서 완전한 생활의 지혜를 배울 수 있을 것이다. 이것이 기독교인들이 자기들을 따르는 자들을 기만하는 방법이다."[1]

거의 같은 시기에 이교도인 코넬리우스 프론토(Cornelius Fronto)가 기독교인들에 대항한 논문을 작성했는데, 그 내용은 전해지고 있지 않다. 기독교 저술가 미누키우스 펠릭스(Minucius Felix)가 이교도의 입을 빌려 말한 다음과 같은 대사는 프론토를 인용한 것일지도 모른다.

"당신에게 아직 지혜나 염치가 있다면 천상계의 신비와 우주의 종착지나 비밀을 탐구하기를 멈추라. 당신이 걷고 있는 발 앞을 바라보는 것만으로 충분하다. 특히 당신처럼 교양과 문화가 부족하고 무지하고 무식한 인간에게 있어서는 더욱 그러하다."[2]

따라서 교양 있는 지식층 이교도들이 기독교를 미워한 것은 순전한 지적 문제가 아니라 계층 간의 편견에 깊이 뿌리박고 있었다. 소위 지식 있고 교양 있는 자들은 기독교인들이 진리를 소유하고 있다고 믿을 수 없었다. 이들의 가장 큰 반대 이유는 기독교가 헬라나 로마인들이 아닌 유대인들에게서 교훈을 끌어온 야만인들의 종교라는 것이었다. 그들이 볼 때 유대인들은 최고의 스승들조차 그리스 철학자들의 수준에까지 올라본 적이 없는 원시적인 인간들이었다. 혹시 유대교 경전에 선한 것이 있다면, 그것은 유대인들이 헬라인들로부터 베껴왔기 때문이라고 그들

---

1) Origen, *Against Celsus* 3.55.
2) *Octavius* 12.

은 주장했다.

그들은 유대교와 기독교의 하나님을 우스꽝스러운 존재라고 주장했다. 그들은 한편으로 하나님이 전능하시며 모든 피조물 위에 존재하신다고 주장하면서, 다른 한편으로 모든 인간 문제에 계속 관여하여 모든 가정들을 방문하시며 모든 대화에 귀를 기울이시고 심지어 부엌의 음식물에까지 신경을 쓰고 계시다고 묘사하는 것을 모순이요 이해할 수 없는 교리라고 여겼다.

어쨌든 이 하나님을 예배하는 것은 사회의 기초를 파괴하는 행위였다. 왜냐하면 이 신앙을 따르는 사람들은 대부분의 사회 활동을 우상숭배에 해당한다고 하여 참여하지 않았기 때문이다. 만약 우상들이 가짜라면, 그토록 두려워할 이유가 있는가? 우상들의 존재를 믿지 않더라도 최소한 다른 교양인들처럼 제사에 참여해야 하지 않는가? 따라서 이교도들은 기독교인들이 우상을 허위라고 주장하는 동시에 그것들을 멀리하고 두려워하는 것을 모순이라고 여겼다.

예수에 관하여는 그가 로마 당국에 의해 처형된 범죄자라는 사실을 상기하는 것만으로 충분하다. 켈수스는 예수님이 마리아와 로마 병사 사이에 태어난 사생아라고 주장했다. 만약 그가 참 하나님의 아들이라면 왜 십자가에 달렸겠는가? 왜 모든 적들을 멸망시키지 않았는가? 혹시 기독교 신자들이 이러한 질문들에 대답할 수 있다 해도, 켈수스는 다음과 같이 질문한다.

"하나님이 세상을 방문한 목적은 무엇인가? 인간 세상에서 일어나는 것을 알아보기 위해서였을까? 그렇다면 그가 모든 것을 알고 계시지 못하단

말인가? 그렇지도 않다면 그가 아시기는 하지만 직접 내려오시기 전에는 세상에서 벌어지는 악행을 처리하실 수 없기 때문이었을까?"[3]

기독교인들은 죽은 후에 다시 부활할 것을 믿고 가르친다. 그들은 이러한 신앙의 기초 위에서 믿을 수 없을 정도로 고집스럽게 죽음을 맞는다. 그러나 불확실한 내세를 위하여 확실한 현세를 포기하는 것은 비논리적이다. 게다가 기독교의 최후의 부활이라는 교리는 터무니없는 생각에 불과하다. 인간이 부활한다면 불에 타거나 짐승 또는 물고기 등에게 먹혀 버린 시체들은 어떻게 될 것인가? 하나님은 각 시체의 조각조각을 찾으러 온 세상을 헤맬 것인가? 하나의 시신보다 더 많은 시신들에 속했던 신체의 부분들의 문제를 하나님은 어떻게 해결할 것인가? 첫 번째 속했던 자에게 줄 것인가? 나중에 소유했던 자들에게는 부활한 몸에 다 채워지지 않은 구멍이 남을 것인가?

이러한 반론들은 단순히 부인함으로써 해결될 문제가 아니었다. 근거 있는 반박이 필요했다. 그것이 변증가들의 임무였다.

주요 변증가들

2세기에 이러한 비판에 대해 반박하는 과정을 통하여 중요한 신학 작품들이 형성되었으며, 이러한 현상은 그 후 오랫동안 계속되었다. 여기서는 2세기와 3세기 초의 변증가들을 살펴보기로 하자.

현존하는 작품 중 가장 오래된 변증서는 『디오그네투스에게 보낸 편

---

3) Origen, *Against Celsus* 4.3.

지』(Letter to Diognetus)인 듯하다. 저자는 알려지지 않았지만, 고대 역사가들이 언급한 쿼드라투스(Quadratus)일 가능성이 크다. 그는 2세기 초에 살았던 듯하다. 그 후 A.D. 138년 이전에 아리스티데스(Aristides)가 최근 발견된 변증서를 썼다. 초기 변증가들 중 가장 유명한 사람은 저스틴으로서 그의 순교에 관해서는 전장에서 언급한 바 있다. 저스틴은 "진정한 철학"(true philosophy)이라고 부른 기독교에서 진리와 마음의 평안을 찾기까지 여러 학파들을 찾는 정신적 순례를 계속했었다. 그의 작품들 중 세 권이 남아있다: 두 권의 변증론—이것들은 사실은 한 작품의 두 부분이다—과 유대인 랍비였던 『트리포와의 대화』(Dialogue with Tripho)이다. 저스틴의 제자 타티안(Tatian)은 『헬라인들을 향한 연설』(An Address to the Greeks)을 저술했고, 비슷한 시기에 아테나고라스(Athenagoras)는 『그리스도인을 위한 탄원』(Plea for the Christians)과 『죽은 자들의 부활에 관하여』(On the Resurrection of the Dead)를 저술했다. 2세기 말 안디옥 감독 테오필루스(Theophilus)가 『아우톨리쿠스에게 드리는 세 권의 책』(Three Books to Autolycus)을 저술했는데, 거기서 신론과 성경해석과 기독교인의 삶을 취급했다. 이 2세기의 변증서들은 헬라어로 기록되었으며, 3세기에 오리겐이 저술한 『켈수스를 논박함』(Against Celsus)도 마찬가지이다.

라틴어로 저술된 가장 오래된 변증서는 미누키우스 펠릭스(Minucius Felix)의 『옥타비우스』(Octabius)와 터툴리안(Tertullian)의 『변증』(Apology)이다. 오늘날까지도 학자들은 둘 중 어느 것이 먼저 저술되었는지 결정하지 못하고 있다. 어쨌든 둘 중 나중에 저술된 작품이 먼저 저술된 작품에 크게 의존하고 있음이 분명하다.

이 모든 변증서들을 읽음으로써 역사가들은 이교도들이 기독교에 대해 제기한 주요한 혐오감이 무엇이었는지, 더 나아가 교회의 가장 교양 있는 구성원들이 그 혐오감에 대하여 어떻게 대응했는지에 대한 방식, 그리고 이방인들의 혐오감에 대응하는 과정에서 어떻게 그리스도교 신학이 발전했는지를 알 수 있다.

기독교 신앙과 이교 문화

교양 없는 야만인이라는 비판을 받고 있던 기독교인들은 불가불 자기들의 신앙과 이교 문화의 관계라는 문제를 다루어야 했다. 기독교인들은 로마 신들을 예배하는 것 및 그와 관련된 모든 것을 거부해야 한다는 데 동의했다. 이런 까닭에 그들은 신들에게 제물을 바치고 맹세해야 하는 국가의식에 불참했다. 이러한 이유 및 평화주의 신념들 때문에 신자들은 군인이 될 수 없다는 결론에 달했다. 이는 군인들은 황제와 신들에게 제물을 바쳐야 했기 때문이었다. 마찬가지로 많은 신자들이 고전문학 연구에 반대했다. 그 이유는 고전문학에서 신들이 중요한 역할을 하며 온갖 부도덕을 저지르기 때문이었다. 기독교 신자가 되기 위해서는 하나님만 예배해야 하며, 이러한 태도에서 어긋나는 행위는 예수 그리스도를 부인하는 것이며, 최후 심판 때에 예수 그리스도는 자기를 부인한 배교자를 부인하실 것이다.

기독교인들은 우상숭배를 거부하는 데는 합의했지만, 고전 이교 문화에 대해 어떤 태도를 취할 것인지에 대해서는 의견이 일치하지 않았다. 여기에는 플라톤, 아리스토텔레스, 스토아 철학자들 등 오늘날까지 존경받고 있는 지혜로운 철학자들의 사상과 작품들이 포함되어 있었다. 이 모든 것들을 거부하는 것은 인간의 지성이 이룩한 최고의 업적들의 일부를 무시하는 것이 될 것이며, 그것을 받아들이는 것은 이교주의를 용인하는 것이요 교회 안에 우상숭배를 끌어들이는 것으로 볼 수 있었다.

따라서 고전문화의 가치에 관하여 기독교인들은 상반되는 극적인 입장을 취했다. 어떤 사람은 기독교 신앙과 이교 문화가 근본적으로 상반된다고 주장했다. 그 대표적인 예는 다음과 같은 유명한 말을 남긴 터툴리안이다: "아테네와 예루살렘이 무슨 상관이 있는가? 학교가 교회와 무슨 관련이 있는가?"[4]

터툴리안이 확신을 갖고 이러한 기록을 남긴 것은 당시 성행하던 이단들을 이교 철학과 기독교 교리를 결합하려는 시도의 결과라고 믿었기 때문이었다.

이단의 가능성이라는 문제를 떠나 고전문화와 철학에 비교하여 기독교의 "야만적" 기원을 자랑스럽게 생각하는 사람도 있었다. 순교자 저스틴의 제자 타티안이 그 예이다. 그가 저술한 『헬라인들을 향한 연설』(Address to the Greeks)은 헬라인들이 귀중하게 생각한 모든 것에 대한 정면공격인 동시에 "야만적인" 기독교인들을 위한 변호였다. 당시 헬라인들은 자기들과 다른 언어를 사용하는 사람들을 "야만인들"이라 일컬었는데, 타티안은 헬라어 자체도 지역에 따라 다른 방언이 있음을 지적하는 것으로 시작했다. 뿐만 아니라 타티안은 그 민족이 자기들의 언어를 인류의 발명품 중 가장 위대한 것이라고 주장하면서 또한 가장 많은 값을 지불하는 자에게 언어를 매매함으로써 거짓과 부정을 변호하는 수사

---

4) *Prescription against Heretics* 1.7.

학을 창안했음을 지적했다.

타티안은 헬라인들이 가진 것들 중 가치가 있는 것은 모두 야만인에게서 취한 것이라고 말했다. 그들은 바빌로니아인들에게서 천문학을, 이집트인들에게서 기하학을, 페니키아인들에게서 문자를 배웠다. 철학과 종교에 대해서도 같은 이야기를 할 수 있다. 왜냐하면 모세의 저술이 플라톤과 호머(Homer)의 글보다 더 오래되었기 때문이다. 따라서 소위 헬라 문화와 야만인인 히브리인들의 종교 및 기독교 사이에 존재하는 공통점은 헬라인들이 야만인들에게서 지혜를 배운 결과였다. 설상가상으로 헬라인은 "야만인들"의 지혜를 잘못 이해하여 히브리인들이 알고 있던 진리를 왜곡했다. 따라서 소위 헬라인들의 지혜는 모세가 알고 있었고 그리스도인들이 전하는 진리의 희미한 반영이요 묘사에 불과하다.

타티안이 고전문화의 정수에 관하여 이렇게 말했다면, 이교 신들에 대해서 어떻게 말할지 상상할 수 있을 것이다. 호머를 비롯한 헬라 시인들은 이교 신들에 관하여 간음, 근친상간, 유아살해 등 수치스런 말로 설명하고 있다. 우리가 어떻게 우리보다 열등한 이런 신들을 섬길 수 있겠는가? 타티안은 마지막으로 이교도들이 섬기는 조상(statues)들은 조각가들이 모델로 사용한 창녀들의 모습임을 잊지 말라고 말했다. 따라서 그리스도인들을 하류 사회 계층에 속한다고 말했던 이교도들이야말로 사실은 낮은 계급들에 속한 사람들을 예배하고 있었던 것이다!

그러나 모든 기독교인들이 같은 입장을 취한 것은 아니었다. 저스틴은 기독교인이 되면서 철학자의 직분을 포기한 것이 아니라 진정한 "기독교 철학"(Christian philosophy)의 과업을 취했고, 이 작업의 중요한 부분은 기독교와 고전적 지혜의 관계를 증명하고 설명하는 것이라고 생각했다. 따라서 그는 철학에 대한 타티안의 부정적 견해에 동의하지 않았다. 그러나 이것은 그가 신앙적으로 타협했다거나 그에게 확신이 부

학교를 묘사한 그리스 작가 두리스의 화병

족했음을 의미하지 않는다. 그는 신앙을 위해 일어서야 할 순간이 왔을 때 용감하게 죽음에 맞섰으므로 순교자 저스틴(Justin Martyr)이라고 알려졌다.

저스틴은 기독교와 이교 철학 사이에 몇 가지 접촉점이 있다고 주장했다. 예를 들어 가장 우수한 철학자들은 모든 존재들이 그 존재 자체를 파생받은 지존의 존재(a supreme being)에 관해 말했다. 소크라테스와 플라톤은 육체의 죽음 너머에 생명이 있음을 인정했고, 소크라테스는 자신의 죽는 태도로 이러한 신념을 보여주었다. 플라톤은 현 세상의 존재들 너머에 실재들이 있음을 알았고, 그리하여 영원한 실재들의 또 다른 세계를 단정했다. 저스틴은 철학자들이 이러한 진리들을 이해한 방법과

태도에 전적으로 동의하지 않았지만 이러한 결론 자체들은 기본적으로 정확하다고 보았다. 예를 들어 철학자들과는 달리 기독교인들의 소망은 영혼의 불멸이 아니라 육체의 부활에 기초하고 있다. 그러나 이러한 차이점들에도 불구하고 저스틴은 우연의 일치라고 볼 수 없는 진리의 편린들이 철학자들에게 있음을 인정했다.

그렇다면 철학자들과 기독교 사이의 이러한 부분적 일치를 어떻게 설명할 수 있는가? 저스틴은 그 대답을 로고스(Logos)의 교리에서 찾으려 했다. 로고스는 "말"(word)과 "이성"(reason)을 동시에 의미하는 헬라 단어이다. 헬라 철학에서 오랫동안 견지해 온 전통에 의하면, 인간의 지성은 모든 실재 세계를 떠받치고 있는 로고스 혹은 우주적 이성에 참여하고 있기 때문에 실재를 이해할 수 있다. 예를 들어 만약 우리가 2+2=4 임을 이해할 수 있다면, 그 이유는 우리의 지성과 우주 속에 2+2=4로 만드는 이성 혹은 질서인 로고스가 존재하기 때문이다. 제4복음서는 로고스 혹은 말씀이 예수님 안에서 "육신"이 되었다고 한다. 따라서 저스틴에 의하면 성육신에서 발생한 사건은 우주를 떠받치고 있는 이성(reason), 로고스(Logos) 혹은 하나님의 말씀(Word of God)이 육신이 된 것이다.

제4복음서에 의하면, 이 로고스는 모든 이들을 비추는 참 빛이시다. 이것은 그가 성육신 이전에 이미 모든 참 지식의 근원이셨음을 의미한다. 바울은 고대 히브리인들의 신앙이 그리스도에 기초하고 있었는데, 그리스도는 성육신 이전에 그들에게 계시되셨다고 말했다(고전 10:1-4). 저스틴은 이교도들 중에 희미하게나마 로고스를 알고 있는 사람들이 있었다고 첨가했다. 즉 플라톤의 저술에 진리가 포함되어 있다면 그 진리는 하나님의 로고스에 의해 허락된 것이며, 그 로고스는 예수님 안에 성육하신 로고스이다. 어떤 면에서 볼 때 고대의 소크라테스나 플라톤 등의 현인들은 "그리스도인들"이었다. 이는 그들의 지혜가 결국 그리스도에게서 비롯된 것이기 때문이다. 그러나 이것이 성육신이 불필요했음을 의미하는 것은 아니었다. 왜냐하면 옛날 이러한 철학자들은 "부분적으로" 로고스를 알았는 데 반해 성육신을 통해 그를 본 사람들은 그를 "온전히" 알기 때문이다.

따라서 저스틴의 업적은 비록 이교도들에 의해 생성된 것이라 할지라도 고전 문화의 풍부한 광맥에서 발견되는 선은 기독교에 속한 것이라고 주장하는 길을 열어 놓은 것이었다. 곧이어 그의 감화를 받아 그들의 신앙과 고대 문화를 잇는 다리를 놓고자 하는 기독교인들이 나타났다. 그들의 업적 및 그 안에 내재하는 위험들에 대해서는 다른 곳에서 언급하게 될 것이다.

변증가들의 논거

기독교인들은 저스틴이 기초를 닦은 로고스 교리에 의하여 고전 문화 속에서 원하는 바를 찾아 기독교의 것으로 주장할 수 있게 되었다. 그러나 여전히 기독교에 대한 각종 비판에 대한 반박이 필요했다. 이 반박들을 다 열거할 수 없으므로 몇 가지 예를 들어 당시 변증가들의 이론이 흘러가는 일반적인 모습을 알 수 있을 것이다.

보이는 신들을 갖고 있지 않으므로 무신론자들이라는 비난을 받은 기독교인들은 많은 철학자들과 시인들도 무신론자였다고 반박했다. 이러한 주장을 뒷받침하기 위해 신들이란 인간들의 조작에 지나지 않으며,

신들의 악덕이야말로 그들을 숭상하는 이들의 그것보다 더 추악하다고 기록한 옛 저자들을 인용하는 것으로 충분했다. 아리스티데스는 이러한 신들이 인간의 악덕을 통솔하는 방법으로 발명되었다고 주장했다. 또 기독교인들은 금, 은 혹은 보석으로 만들어진 이러한 우상들을 보호하고 경비하는 것이 필요하다는 데 착안했다. 도둑들로부터 자신을 제대로 보호하지 못하는 주제에 어떻게 인간들을 보호할 수 있겠는가? 인간의 손으로 만들어진 신이 어떻게 인간보다 우월할 수 있겠는가? 이 점에 관해 정통 기독교는 그 배경인 유대교에서 취한 유일신 신앙과 신적 창조 교리를 고수했다.

최후의 부활에 대한 비판에 대해 변증가들은 하나님의 전능(divine omnipotence)에 의해 응답했다. 하나님께서 무에서 만물을 만드셨다면 동일한 하나님께서 왜 이들을 다시 만들지 못하시겠는가? 혹시 이들이 생명을 잃고 흩어졌을 때 재창조하는 것이 어려울 리 있겠는가?

기독교인들이 부도덕하다는 고발에 대해 변증가들은 그것이 사실이 아니며 부도덕한 사람들은 오히려 이교도들이라고 응답했다. 이런 맥락에서 순교자 저스틴은 기독교 예배에 대한 최초의 묘사를 제공한다. 기독교인들의 생활 태도에 의하면, 마음으로도 악을 생각 못하는데 어떻게 그들의 예배가 혼음이며 근친상간이라고 믿을 수 있겠는가? 이교도들이야말로 이러한 불륜을 예사로 행하는 신들을 섬기며, 예배라는 허울 아래 이들을 실행하고 있지 않은가? 또 기독교 신자들이 일체의 유혈을 반대하는데도 불구하고 어떻게 아이들을 잡아먹는다고 할 수 있는가? 오히려 자기 자녀들을 유기하여 아사하고 동사하게 만드는 것은 이교도들이 아닌가?

최종적으로 기독교 신자들이 황제 예배를 거부함으로써 사회 안전을 파괴한다는 죄목에 관하여 응답할 필요가 있었다. 변증가들은 기독교인들이 황제나 기타 일체의 피조물에 대한 예배를 거부함을 인정했다. 그럼에도 불구하고 그리스도인들은 제국의 충성스러운 신민들이었다. 그들은 황제에게 필요한 것은 예배를 받는 것이 아니라 섬김을 받는 것이며, 그를 가장 잘 섬기는 자들은 유일하시고 진실하신 하나님께 그를 위하여 기도하고 제국을 위하여 기도하는 사람들이라고 말했다.

여기서 기독교 변증가들이 켈수스와 같은 사람들의 반박의 깊이를 이해하지 못했다고 느끼는 사람이 있을 것이다. 켈수스의 관점에서 볼 때, 기독교인들이 황제와 제국에 충성한다고 생각하지만 실제로는 시민으로서의 주요한 기능과 종교적 기능을 악하고 정당하지 못한 것처럼 여겨 회피함으로써 사회구조를 뒤엎고 있었다. 게다가 국가에 의해 조직되지 않은 모임과 사회들이 의심받고 있는 시기에 교회는 특히 주교들 및 그들의 관계를 통해서 전국적인 네트워크를 만들고 있었다. 기독교의 가르침과 관습의 체제 전복적인 경향들이 2, 3세기에 발생한 유능한 황제들의 지속적인 박해의 기초가 되었으며, 로마 제국 관리들이 기독교 박해를 제대로 이해함에 따라 박해가 더 심해진 사실을 설명해준다.

결론적으로 변증가들의 저술은 초기 기독교인들이 처했던 상황의 갈등을 증언하고 있다. 이들은 각종 이교를 거부하는 동시에 이러한 이교를 통해 귀중한 문화가 생성되었다는 사실을 인정해야 했다. 이들은 철학자들을 통해 진리를 찾을 수 있음을 인정하는 동시에 기독교 계시가 이보다 우월함을 주장했다. 황제 숭배를 거부하고, 이 때문에 당국에 의해 박해를 받는 동안에도 신자들은 계속 황제를 위해 기도하고 로마 제국의 탁월함을 존중했다. 이러한 긴장과 갈등은 『디오그네투스에게』 (Address to Diognetus)라는 변증문에 잘 표현되어 있다.

"기독교인들은 국적과 언어와 관습에 있어서 다른 이들과 다른 점이 없다…. 그들은 자기들의 고국에 살고 있으나 나그네들이다. 그들은 시민으로서의 모든 의무를 다하고 있으나 외국인처럼 박해를 받고 있다. 그들은 어디에 가든지 그곳을 고국으로 삼지만, 동시에 그들의 모국은 어느 곳에도 존재하지 않는다…. 그들은 육신을 입고 있으나 육신에 따라 살지 않는다. 그들은 지상에 살고 있으나 천국 시민들이다. 그들은 모든 법률들을 지키지만 법률에 의해 요구되는 것보다 한층 더 높은 차원에서 살고 있다. 그들은 모든 인간을 사랑하지만 모든 인간에 의해 박해받고 있다."[5]

---

5) *To Diognetus* 5.1-11.

제8장
신앙의 결정 結晶

> 오류는 발각되지 않으려 하므로 결코 적나라한 실체를 드러내지 않는다. 그것은 우아한 옷을 입고 나타므로 어리석은 자들은 오류가 진리 자체보다도 더욱 참되다고 믿게 된다. —리용의 이레네우스—

초대교회에 들어온 많은 개종자들은 광범위하고 다양한 배경을 가지고 있었다. 이 다양성은 교회를 풍요롭게 했으며, 교회가 전하는 메시지의 보편성을 증언했다. 그러나 결과적으로 그 메시지에 대한 다양한 해석이 등장했는데, 그러한 다양한 해석에 놀랄 필요가 없다. 왜냐하면 당시 기독교에 대한 설명이 불분명했으므로 복수형으로 "기독교들"이라고 말하는 편이 나을 수도 있었기 때문이다. 신약성경을 읽을 때, 예를 들어 마가복음을 요한복음과 로마서와 계시록 등과 비교해보면 알 수 있듯이, 초대교회 안에는 다양한 견해와 강조점이 있었다. 현존하는 견해들과 해석들이 모두 동등하게 유효하며 받아들일 수 있는 것이었을까? 아직 정의되지 않은 기독교의 범위 안에 기독교의 통일성을 위협할 해석들이 존재하고 있을 위험이 없었을까? 이러한 위험은 당시의 혼합주의, 즉 하나의 교리 체계에 충실한 것이 아니라 다양한 체계로부터 서로 다른 요소들을 종합하여 진리를 찾고자 하는 움직임 때문에 증가되었다. 그 결과 많은 이들이 그리스도의 이름을 주장했지만, 어떤 이들이 그 이름을 해석하는 방식은 사람들로 하여금 그의 메시지의 핵심을 오염시키거나 부인한다고 느끼게 만들었다. 이러한 위협들에 대한 반응으로 장차 정통 기독교라고 알려질 기독교는 자체를 정의하기 시작하여 창조의 교리, 피조세계의 긍정적인 가치, 역사를 다스리시는 하나님, 바리새파에서 유래된 교리인 몸의 부활, 하나님의 최후의 통치의 도래 등 유대교에서 기원된 요소들을 재확인했다. 이러한 교리들을 재확인하기 위해서 신조, 성경의 정경, 사도전승 등 정설의 범위를 설정하며 오랫동안 기독교의 삶과 가르침의 중심 주제가 될 일련의 도구들을 계발했다. 그리하여 전반적으로 교회가 거부하는 견해를 가지고 있어 이단자로 알려진 사람들은 교회 및 교회가 스스로를 이해하는 방식에 큰 영향을 미쳤다.

영지주의

기독교에 대한 많은 해석들 중에서 영지주의(Gnosticism)만큼 위험한 것이 없었고, 또 자웅을 겨룬 것도 없었다. 이것은 교회와 경쟁하는 명확한 조직이 아니라 교회 안팎에 존재한 것으로서 확실한 형태가 없는 방대한 운동이었다. 유대교 내에서는 70년에 발생한 예루살렘 함락과 성전 멸망에 대한 반응으로 몇 사람이 영지주의 사상을 받아들였고, 그럼으로써 하나님의 창조와 피조세계의 선함과 관련하여 전통적인 유대교 가르침과 상충되는 영지주의적 유대교가 탄생했다. 또 영지주의는 그리스도의 이름 및 유대-기독교 전통에서 취한 요소들을 자체의 체계와 결합한 방식은 다른 기독교 신자들로 하여금 자신의 신앙의 중요한 요소들이 부인되고 있다는 느낌을 갖게 했다.

몇 세기 동안 역사가들이 기독교적 영지주의 연구에 사용한 유일한 전거는 이단 연구자들, 즉 영지주의 및 그 교리들에 대한 반대 논리를 편 기독교인 저술가들의 기술들이었다. 현존하는 극소수의 영지주의 저술 단편들로는 이단 연구자들이 말한 것을 평가하거나 바로잡을 수 없다. 1945년 이집트의 낙 함마디(Nag Hammadi)에서 영지주의 저술들이 발견되었다. 여기에는 비교적 초기의 문서인 『도마 복음』(The Gospel of Thomas), 그리고 보다 후기의 영지주의자 지도자인 발렌티누스의 『진리의 복음』(The Gospel of Truth)이 포함되어 있었다. 이단 연구자들은 발렌티누스의 가르침들을 묘사하고 어느 정도 왜곡했다. 여러 가지 이유로 이 문서들은 1970년대에 비로소 대중들과 학자들에게 일반적으로 알려지고 이용할 수 있게 되었다. 2006년에 출판된 『유다 복음서』(Gospel of Judas)를 포함하여 이 문서들은 이단 연구자들이 우리에게 말했던 것 중 많은 부분을 바로잡고 보강해주었다.

"영지주의"(Gnosticism)라는 명칭은 "지식"을 의미하는 헬라어(gnosis)에서 파생된 것이다. 영지주의자들의 주장에 의하면 그들은 특별하고도 신비로운 지식을 소유하고 있었는데, 그것은 진정한 이해를 가지고 있는 사람들을 위하여 구별된 것이었다. 이 지식은 구원에 이르는 비밀의 열쇠였다.

이단 연구자들의 저술들은 영지주의가 영적인 것과 물질적인 것 등 만물의 기원에 대한 쓸모없는 추측들의 집합이었다는 인상을 주지만, 영지주의자들의 주된 관심은 추측이 아닌 구원에 있었다. 이들은 몇 가지 사상들로부터 추출하여 모든 물질은 악한 것이며, 최소한 실재하지 않는 것이라는 결론에 도달했다. 인간은 어떤 경로로 몸 안에 갇힌 영원한 영 (혹은 영원한 영의 일부)이다. 몸은 영의 감옥이며 우리의 참 본성을 오도하기 때문에 악하다. 그러므로 영지주의자의 최종 목표는 몸 및 우리가 유배되어 있는 곳인 물질세계에서 탈출하는 것이다. 영지주의에서 유배라는 이미지는 중요한 의미를 가진다. 이 세상은 우리의 참 본향이 아니며 영의 구원에 방해물이다. 이것은 정통 기독교가 공식적으로 거부했으나 종종 그 일부로 존재해온 견해이다.

그렇다면 세상과 몸의 기원은 어떻게 설명되어야 할까? 영지주의는 원래 모든 실체가 영적인 것이라고 주장했다. 지존의 존재는 물질세계가 아니라 영적 세계만 창조하려 했다. 그리하여 많은 영적 존재들이 발생되었다. 이때 이단 연구자들이 묘사하는 바 "끝없는 족보들"이 다양한 영지주의 체계 안에 자리잡았다. 원래의 영적 "심연"과 현재의 세계 앞에 서 있는 영적 존재들의 정확한 수에 대해

뱀과 비밀문자를 새겨 넣은 영지주의 활자. 영지주의자들은 뱀을 악한 창조의 신에 반대되는 상징으로 여겼다.

서는 의견이 일치하지 않으나, 어떤 체계에서는 이러한 영적인 존재들 혹은 "이온들"(eons)의 수를 365개로 제시했다. 어쨌든 이 이온들 중 하나가 지존의 존재로부터 멀리 고립되어 오류에 빠졌고, 그리하여 결국 물질세계를 창조했다. 예를 들어 영지주의의 한 체계를 따르면, 이온들 중의 하나인 "지혜"(Wisdom)는 스스로 무엇인가를 생산하기 원했는데, 결과적으로 "유산"(流産, abortion)한 것이 세상이다. 그것이 영지주의에서 세상을 파악한 것이니, 즉 신의 창조물이 아닌 영의 유산이었다.

그러나 이 세상은 영적 존재에 의해 만들어졌으므로 그 안에는 영의 "불꽃들" 혹은 "조각들"이 들어 있다. 인간의 몸 안에 갇혀있는 이것들이 영지를 통해 해방되어야 한다는 것이다.

이 해방을 이루려면 우리를 꿈이나 영적 혼동에서 깨워야 하는데, 이를 위해서 위로부터 누군가가 와서 우리가 진정으로 어떤 존재인지 상기시키며 유폐상태(incarceration)를 대항해 싸우도록 일깨워 주어야 한다. 이 메신저가 영지, 즉 구원에 필요한 은밀한 지식과 영감을 가져온다. 우리 위에는 천상계가 있는데, 각 계층은 우리의 영적 영역으로의 전진을 방해하려는 목적을 가진 악한 세력의 다스림을 받는다. 영적 "충만"(fullness, pleroma)에 도달하려면 이 계층들을 돌파해야 한다. 이것을 이룰 수 있는 유일한 방법은 그 길을 여는 비밀의 지식을 갖는 것인데, 그것은 영적인 암호와 같다. 우리에게 이 지식을 주기 위해 천상의 메신저가 보내졌으며, 이 지식 없이 구원이 있을 수 없다.

기독교적 영지주의에서-비기독교적 영지주의들도 많이 존재하고 있었다-이 메신저는 그리스도였다. 따라서 그리스도는 우리의 천상의 기원을 상기시켜 주며, 우리의 본래 영적 저택에 귀환하는 데 필수적인 지식을 전달해 주기 위해 세상에 오셨다.

몸과 물질은 악한 것이므로 대부분의 기독교적 영지주의자들은 천상의 메신저이신 그리스도가 우리와 같은 몸을 가지고 있었다는 사실을 부인했다. 어떤 이들은 그의 몸이 유령에 지나지 않을 뿐이며 기적적으로 진짜 몸처럼 보였을 뿐이라고 주장했다. 많은 영지주의자들은 천상적 "그리스도"와 지상적 "예수"를 구분했다. 어떤 경우에는 예수가 몸을 가지고 있지만 우리의 몸과 다른 "영체"라고 주장했다. 이들 대부분은 예수님의 탄생을 부인했다. 왜냐하면 예수님이 인간처럼 탄생하셨을 경우 물질계의 세력 하에 들어가기 때문이다. 이러한 관념들은 당시 교회에서 "가현설(docetism)"-"처럼 보인다"라는 의미를 가진 헬라어에서 파생된 명칭-이라 불린 이단과 비슷한 경향을 지닌다. 가현설이란 예수님의 몸이 인간의 몸처럼 보이지만 사실은 아니라는 것이다.

일부 영지주의 교사들은 모든 인간이 영혼을 소유한다는 교리를 부인했다. 즉 어떤 이들은 완전히 몸에 속해 있으므로 물질계의 종말이 올 때에 구제받을 길이 없이 파괴된다는 주장이다. 반면 영지주의자들이 "영적"이라고 표현한 인간 안에 갇혀있는 영의 불꽃은 궁극적으로 구원받아 영적 세계로 귀환한다. 이를 위해서 그들은 참으로 조명된 자, 즉 영지를 지닌 교사들에 대한 비밀 지식을 배워야 한다.

그렇다면 이 세상에서 어떻게 살아야 할 것인가? 이단 연구자의 말에 의하면 이 점에서 영지주의자들이 두 가지 답변을 했다. 대부분은 몸이 영의 감옥이므로 몸과 그 정념들을 제어하여 그것이 영을 지배하는 힘을 약화시켜야 한다고 말했다. 반면 어떤 이들은 영이 본질상 선하며 파괴될 수 없으므로, 몸을 제멋대로 하도록 내버려두고 그 정욕들을 따라야 한다고 주장했다. 그리하여 일부 영지주의자들은 극단적 금욕주의자였고, 다른 이들은 방종주의자들이었다.

영지주의 공동체와 학교의 사회적 구성과 종교생활을 재구성하기는 어렵다. 일예로 그들은 대부분 자신의 영지가 비밀한 것이라고 주장했으며, 그렇기 때문에 그들의 예배와 공동생활에 관한 그들의 저술들은 역사가들을 의아하게 만든다. 그들의 사회적 구성도 의심스럽다. 대부분의 역사가들은 영지주의 사회가 "지식인들만의 클럽"이었으며 "경제적으로 성장하며 사회적으로 이동성이 강한 편협한 사회의 표현"[1]이었다는 조반니 필로라모(Giovanni Filoramo)의 평가에 동의한다. 그러나 낙함마디 문서들이 콥트어로 기록되었다는 사실은 그것이 하류 계층에도 깊이 침투했음을 지적해주는 듯하다. 왜냐하면 헬레니즘 시대에 이집트 사회는 매우 계층화되어 있어 사회의 밑바닥에서 콥트어를 사용하는 사람들이 있고 사회적 이동성이 거의 없는 사람들이 있었기 때문이다.

한 가지 분명한 것은 많은 영지주의 집단에서 여성들은 일반적으로 사회에서 누리지 못하는 탁월한 지위를 누렸다는 사실이다. 몸이 아니라 영이 중요하다는 것, 몸의 형태가 영원한 실체와 거의 관련이 없다는 것이 그 한 가지 이유였다. 또 영지주의자들이 세상의 기원을 설명하는 데 사용하는 많은 이온들의 족보에 남성 이온들뿐만 아니라 여성 이온들이 있었다. 정통 기독교가 교회 내에서의 여성의 역할을 제한하기 시작한 것은 부분적으로 영지주의의 이러한 특징에 대한 반응이었을 수 있다. 이는 1세기 기독교에서 여성들이 소유했던 역할들이 2세기에 부인되기

---

1) Giovanni Filoramo, *A History of Gnosticism* (Oxford, U.K.: Basil Blackwell, 1990), p. 170.

시작했기 때문이다.

2세기 내내 영지주의는 기독교에 대한 심각한 위협이 되었다. 교회의 주요 지도자들은 격렬하게 이를 반대했다. 그 이유는 그 속에서 창조, 성육신 그리고 부활 등 그리스도교의 핵심적인 교리들이 부인되는 것을 발견했기 때문이다. 이런 까닭에 교회는 전반적으로 이들을 대항할 방안을 마련했다. 이러한 방법들에 대해서 언급하기에 앞서 영지주의와 비슷하면서도 다른 교리들을 주장하여 특별한 위협거리로 간주된 교사를 살펴보아야 한다.

마르시온

마르시온은 흑해 남부 해안에 위치한 시노페(Sinope)의 감독의 아들로 태어났다. 그는 어려서부터 기독교를 알고 있었다. 그러나 그는 유대교와 물질계에 대한 깊은 반감을 가지고 있어서 반유대교적이고 반물질적인 기독교 이해를 발전시켰다. 그는 A.D. 144년경 로마에 가서 상당한 무리를 이끌게 되었다. 그러나 결국 일반 교회들은 그의 신조들이 정통 기독교 교리의 몇몇 근본적인 요점들에 대치된다는 결론을 내렸다. 그러자 그는 자신의 교회를 세웠는데, 이는 그 후 수세기 동안 정통 교회를 대적하게 되었다.

마르시온은 눈에 보이는 세계가 악한 것이라고 확신했으므로 그 창조주가 악하거나 무지하다고 결론지었다. 그러나 그는 영지주의자들처럼 일련의 영적 존재들을 가정하지 않고 보다 단순한 해결책을 제시했다. 그에 의하면 하나님이시며 예수님의 아버지(God and Father of Jesus)는 구약성경의 하나님이신 여호와(Jehovah, the God of Old Testament)와 동일한 존재가 아니다. 이 여호와가 이 세계를 만들었다. 원래 성부의 목적은 오직 영적 세계만 창조하는 것이었다. 그런데 여호와는 무지 혹은 악한 동기로 이 세상을 만들고 그 안에 인류를 배치시켰다. 이러한 주제는 많은 영지주의 저술에서도 찾아볼 수 있다.

이는 히브리 경전들이 성부 하나님이 아닌 여호와에 의해 영감을 받았음을 의미한다. 마르시온이 제시한 여호와는 인류 중 특별한 민족만 선택한 독선적인 신이요, 자기에게 불순종하는 자들을 기억하고 반드시 복수하는 모진 신이었다. 쉽게 말하여 여호와는 독선적 정의의 하나님이었다.

기독교인들의 아버지이신 성부 하나님은 여호와와 대조되며 그보다 훨씬 위에 위치하고 계시다. 이 하나님은 복수심이 없이 자애로 가득 차 있다. 이 하나님은 우리에게 아무것도 요구하지 않으시고 구원을 포함한 모든 것을 값없이 주신다. 이 하나님은 복종받기를 원하시는 것이 아니라 사랑받기를 원하신다. 이 지존의 하나님께서 여호와의 피조물들이었던 우리를 불쌍히 여겨 구원하시려고 아들을 보내셨다. 그러나 예수님이 마리아에게서 태어나신 것은 아니다. 왜냐하면 그렇게 되면 그가 여호와의 영역에 귀속되기 때문이다. 오히려 그는 티베리우스(Tiberius) 황제의 통치 때에 성인으로 등장했다. 이 지존의 하나님은 절대적 사랑의 존재이기 때문에 세상의 종말에도 심판 없이 우리를 용서하실 것이다.

이런 까닭에 마르시온은 히브리 경전들을 부인했다. 만약 구약성경이 열등한 신의 말씀이라면, 그것은 교회에서 읽혀서도 안 되고, 기독교 교육의 기초로서 사용되어서도 안 된다. 마르시온은 이러한 공백을 메우기 위하여 그가 진정한 기독교 경전이라고 생각한 책의 목록을 작성했다. 거기에는 마르시온이 보기에 예수님의 메시지를 진정 이해한 소수의 인물들 중 하나인 바울의 서신들과 누가복음이 들어 있다. 그는 그 외의 기독교 경전들은 유대인의 관점에 의해 훼손되고 오염되었다고 간주했다. 누가복음과 바울 서신 속에 들어 있는 많은 구약의 인용들을 마르시온은 후대의 삽입이라고 보았다. 즉 원래의 메시지를 훼손시키기 위한 유대주의자들의 조작이라는 것이다.

마르시온은 영지주의자들보다 더 큰 위험을 교회에 가져왔다. 왜냐하면 그는 영지주의자들처럼 창조, 성육신, 그리고 부활의 교리 등을 부인하거나 극단적으로 재해석했을 뿐만 아니라 한 걸음 더 나아가 독자적인 감독들과 성경을 갖춘 교회를 조직했기 때문이다. 마르시온의 교회는 한동안 성공을 거두었고, 이단으로 정죄된 후에도 수세기 동안 지속되었다.

교회의 반응: 정경, 신경, 사도전승

마르시온의 목록은 소위 신약성경을 집대성하려 한 최초의 노력이었다. 초대 기독교인들이 말한 "성경"(Scripture)은 히브리경전을 의미한 것으로서 주로 70인역이라고 알려진 헬라어 역본을 의미했다(시리아어를 사용한 기독교인들은 자기들의 언어로 번역된 유사한 번역을 사용했다). 또 당시 교회에서는 특히 서신서들뿐만 아니라 여러 복음서에서 뽑아낸 구절들을 낭독했다. 아직 공인된 정경의 목록이 없었으므로 여러 다른 교회들에서 다른 복음서들이 읽혔고, 이러한 상황은 다른 책들도 마찬가지였다. 그러나 마르시온의 도전은 교회의 반응을 요구하고 있었다. 그리하여 교회는 전체적으로 기독교 경전의 목록을 마련하기 시작했다. 이러한 작업이 종교회의나 특별한 모임을 통한 공식적 방법에 의하여 이루어지지는 않았다. 교회들의 합의는 점진적으로 이루어져 갔다. 얼마 후 신약성경의 정경에 포함되어야 할 기본적인 책들에 관한 동의가 마련되었으나 세세한 부분에 이르기까지 의견이 일치하는 데는 상당한 시간이 걸렸다.

일부 영지주의자들과 마르시온 추종자들을 제외하고는 대부분이 히브리 경전을 기독교 정경에 포함시키는 데 동의했다. 왜냐하면 구약성경은 기독교의 도래를 준비하신 하나님의 경륜에 대한 증거로서 중요했으며, 예수 그리스도 안에서 계시된 하나님의 성품을 이해하는 데 필수적이었기 때문이다. 기독교 신앙은 하늘로부터 갑자기 나타난 것이 아니라 이스라엘의 소망의 실현이었다.

"신약성경"이라 불리는 부분에서는 복음서들이 최초로 일반적인 교회의 인정을 받았다. 초기 기독교인들이 자기들의 정경에 한 개 이상의 복음서를 포함시키기로 결정했음에 주목해야 한다. 일부 지방과 도시의 교회들은 자체의 역사와 전통과 밀접하게 연결된 특별한 복음서를 가지고 있었다. 예를 들면 안디옥과 주위 지역에서 누가복음이 사용된 것이다. 이 교회들은 접촉이 많아짐에 따라 자기들의 사본들과 전승들을 공유하기 시작했으며, 그리하여 다양한 복음서들을 받아들이고 사용하는 것이 교회의 일치의 표식으로 간주되기에 이르렀다. 후일 많은 사람들은 네 개의 복음서에 서로 다른 부분이 있음을 지적했다. 초기 기독교인들은 이러한 차이들을 인식하고 있었으며, 이런 까닭에 하나 이상의 복음서를 사용하기로 했던 것이다. 그것은 곧 마르시온과 영지주의의 도전에 대한 직접적 반응이었다. 많은 영지주의 교사들은 하늘에서 온 사자가 특별한 제자에게 비밀의 지식을 맡겼으므로, 그 사람만이 메시지의 진정한 해석자라고 주장했다. 그리하여 다양한 영지주의 집단들은 예수의 진정한 가르침들만으로 구성되었다는 책을 가지고 있었다. 그중 하나가 『도마복음』(Gospel of Thomas)과 발렌티누스파의 『진리의 복음』(The Gospel of Truth)이다. 마르시온은 누가복음에서 유대교와 히브리의 성경에 관한 언급을 제외한 부분만 사용했다. 이러한 상황에 대한 응답으로서 교회들은 일반적으로 자기들의 교리가 단지 한 사람의 사도나 복음서에 의해 제안된 증언에 기초한 것이 아니라 전체 사도들의 전통이 합의한 바에 기초하고 있음을 주장하고자 했다. 따라서 여러 복음서들이 서로 다른 관점에서 기록되었으면서도 기초적인 문제들에 합의하고 있음을 증명하는 일이 필요했다. 마르시온에 의해 조작된 누가복음에 대항하여 교회는 여러 복음서들을 수용했다. 어떤 때는 3권, 어떤 때는 4권이었는데, 이는 제4복음서가 보편적으로 받아들여지는 데는 시간이 걸렸기 때문이다. 영지주의자들의 비밀의 전통들과 사적인 해석들에 대항하여 교회는 모든 사람들에게 알려진 공개된 전통, 그리고 복음서들의 증언의 다양성을 채용했다.

  기독교 초기 4세기, 혹은 5세기 동안 마리아와 사도들의 행적을 다룬 복음서와 저술들이 수십 개(아마 수백 개가 있었으며, 그중 대부분이 현재는 유실되어 없다)가 있었음을 알아야 한다. 그러한 저술들이 정경으로 인정받으려 했다는 것, 그리고 교회가 그것들 중 일부를 금했다는 것은 사실이 아니다. 비정경적 복음서들은 두 개의 범주로 나뉜다. 그것들 중 주로 2세기의 것들(그 이전의 자료가 포함되어 있는 『도마복음』을 제외할 수도 있다)은 영지주의 복음서들이다. 이것들은 다른 것들을 모두 거부하기 때문에 초기 신약정경에 자기들의 책을 포함시키는 데 관심을 갖지 않은 특별한 집단에 의해 성경으로 간주되었다. 정통적인 기독교 공동체는 그것들을 거부하여 정경의 일부로 간주하지 않았고, 그것들을 지지하는 사람들 중에서 영감된 복음서가 하나 이상일 수 있다는 생각을 거부하는 사람들도 그것들을 정경으로 간주하지 않았다. 두 번째 범주는 주로 3세기 혹은 그 이후의 것으로서 예수에 대한 경건한 이야기들이 포함되어 있다. 교회는 이것들을 거부하지 않았으나 신약 정경에 포함시키지 않았다. 그것들은 수세기 동안 거의 반대를 받지 않고 읽혀졌다. 중세 시대의 대성당에서 그러한 문서에서 취한 에피소드들을 묘사한 그림들을 흔히 발견할 수 있다. 기독교 전승의 일부도 받아들여졌으며 중세 시대 예술과 문학에서 종종 발견되는 마리아의 부모 안나와 요아힘의 이야기인 『야고보의 원복음서』(Protoevangelium of James)가 하나의 예이다.

복음서 다음으로 사도행전과 바울 서신들이 공인되었다. 그리하여 2세기 말에 정경의 핵심이 정해졌다. 즉 네 개의 복음서, 사도행전, 그리고 바울 서신 등이었다. 현재 신약성경 마지막 부분에 등장하는 짧은 책들에 대해서는 오랜 시일이 경과한 후에 합의가 이루어졌으나 이에 대해 큰 반대가 있었던 것은 아니다. 콘스탄틴 대제의 회심 이후에 3세기에 널리 받아들여진 요한계시록에 대해 의문을 제기하는 인물들이 생겼다. 왜냐하면 제국과 문화에 대해 지나치게 비판적이라고 생각되었기 때문이다. 4세기 후반에는 신약 정경에 어떤 책들이 포함되고 어떤 책들이 제외되어야 하는지에 대해 완전한 합의가 이루어졌다. 그것은 공식적인 공의회나 결정 집단에 의해 결정된 것이 아닌 합의로서 본질적으로 그것을 화급한 문제로 여긴 사람들이 거의 없었음을 보여준다. 게다가 이 과정에서 주도적 관심사는 추상적인 의미에서의 신학이 아니라 예배 생활이었다. 이는 주된 질문은 "교회가 예배를 위해 모일 때에 이 책을 읽어야 하는가?"였기 때문이다.

이단에 대한 교회의 반응들 중 하나는 특히 세례 때에 다양한 신조들을 사용한 것이었다. 비록 인근 도시의 것과 비슷했지만 특정 도시의 교회가 자체의 신경 형식(credal formula)를 소유하고 있는 경우가 빈번했다. 그리하여 "딸교회"(daughter church)가 "모교회"(mother church)에서 배운 형식을 약간 변형하여 사용하는 현상이 발생했다. 학자들은 이것을 기초로 하여 고대 신경들을 "가정들"(families)로 나누는데, 이 가정들은 다양한 교회들의 관계를 추적하는 데 사용될 수 있다.

이 신경들 중에 현재 사도신경(Apostles' Creed)이라 불리는 것의 초기의 간략한 형태가 있었다. 사도들이 전도 여행을 떠나기 전에 한 데 모여 각기 한 구절씩 집어넣음으로써 이 신경을 편찬했다는 관념은 허구이다. 사도신경의 기본 골격은 150년경 로마에서 이루어진 듯하다. 로마에서 사용되었기 때문에 학자들은 고대의 사도신경을 "R"이라고 부르지만, 당시에는 "신앙의 상징"(symbol of the faith)이라 불렸다. 이때의 "상징"이라는 단어는 오늘날과는 다른 의미를 지닌다. 그것은 장군이 자기의 사신에게 주는 표식을 의미했으니, 받는 사람이 이것을 보고 진정한 사신을 식별할 수 있었다. 마찬가지로 로마에서 작성된 "상징"은 기독교 신자들이 당시 유행하고 있는 여러 이단들, 특히 영지주의와 마르시온주의에 대항하여 참 신자들을 식별할 수 있는 수단이었다. 이 신경을 고백할 수 있는 신자는 영지주의자나 마르시온주의자일 수 없었다.

이 "상징"은 특히 세례문답 때에 사용되었다. 그것은 다음과 같은 일련의 질문의 형식으로 예비신자에게 주어졌다:

당신은 전능하신 하나님 아버지를 믿습니까?

당신은 성령으로 잉태하사 동정녀 마리아에게 나시고 본디오 빌라도에게 고난을 받으셨으며, 이 때문에 죽으시고 제 삼일에 죽은 자들 가운데서 다시 살아나셔서 하늘로 승천하시고 성부의 오른편에 앉아 계시다가 산 자와 죽은 자를 심판하러 오실 하나님의 아들 그리스도 예수를 믿습니까?

당신은 성령과 거룩한 교회와 몸의 부활을 믿습니까?

이것이 역사가들이 "옛 로마의 상징", 또는 "R"이라고 부르는 것의 핵심이다. 대부분의 고대 신경들이 그렇듯이, 이 신경은 세례 때 사용된 삼위일체 공식을 중심으로 작성되었다. 신자는 "성부와 성자와 성령의 이름으로" 세례를 받기 때문에 이 질문들은 성부와 성자와 성령에 대한 참 신앙을 시험하기 위해 사용되었다.

자세히 살펴보면 이 초기 신경이 마르시온과 영지주의자들에 대항한 것임을 알 수 있다. 우선 보통 "전능자"라고 번역되는 판토크라토르(pantokrator)는 문자적으로는 "모든 것을 다스리시는"이라는 의미이다. 여기서 의미하는 것은 물질계를 포함하여 아무것도 하나님의 통치 영역 밖의 것이 없다는 것이다. (다른 고대 신경들은 "보이는 것과 보이지 않는 만물의 창조주"라고 말한다.) 하나님을 섬기는 영적인 실체와 그렇게 하지 않는 물질적 실체의 구분은 거부되었다. 이 세상, 세상의 물질과 유형적인 것들은 하나님이 통치하시는 "만유"의 일부이다. 이처럼 하나님의 창조 및 그것과 역사 전체에 대한 통치를 강조한 것은 유대교 전통에서 유래된 것으로서 기독교인들이 믿음의 중심으로 여겨 고수한 교리들 중 하나이다.

이 신경이 자세히 다루는 부분은 성자에 관한 대목이다. 왜냐하면 특히 기독론에 있어서 마르시온과 영지주의자들이 교회와 판이하게 다른 입장을 견지하고 있었기 때문이다. 첫 번째로 예수 그리스도는 "하나님의 아들"이라고 명기되어 있다. 고대의 다른 형태들은 오늘날 우리가 가지고 있는 사도신경처럼 "동일하신 아들" 혹은 "그분의 아들"이라고 말하고 있다. 여기서 중요한 요점은 예수님이 이 세계와 일체의 실체를 다 통치하시는 하나님의 아들이라는 것이다. "동정녀 마리아에게" 나셨다는 구절은 동정녀 탄생을 특히 강조하기 위한 것이 아니라 차라리 예수님은 마르시온이나 또 다른 자들이 주장한 것처럼 갑자기 지구에 나타나신 것이 아니라 태어나셨음을 강조한다. 특히 본디오 빌라도의 이름이 등장하는 것은 이 로마 총독을 비난하고자 함이 아니요 그의 죽음이 역사적인 사실, 즉 날짜를 지적할 수 있는 구체적인 사실임을 밝히기 위한 것이다. 또 예수께서 "십자가에 못 박히시고…돌아가시고 부활하셨다"고 선언함으로써 양식론을 부인한다. 마지막으로 이 예수가 "심판하기 위하여" 재림하실 것을 확인함으로써 마르시온의 잘못을 공박하고 있다.

당시의 상황으로 볼 때 그리 필요하지 않았기 때문에 자세한 부분까지 다루고 있지는 않으나 세 번째 질문 역시 동일한 관심을 보여준다. 여기서 특히 "거룩한 교회"를 지칭한 것은 영지주의자들의 여러 학파들과 마르시온의 교회에 대항하여 기독교 신자들이 정통 교회의 권위를 강조하기 시작했음을 보여준다. 또 "몸의 부활"을 언급한 것은 몸이 악하다거나 중요하지 않다는 관념을 최종적으로 부인한 것이다.

옛 사도신경("R")의 분석은 사도신경의 원래 목적을 이해하는 데 도움을 주지만, 이 초기 형태의 사도신경이 당시 세례와 관련하여 사용된 여러 가지 신경들 중 하나였음을 알아야 한다. 북아프리카와 고울 지방의 교회들처럼 로마와 밀접하게 연결되어 있던 교회들은 "R"을 변형하여 사용했다. 그러나 시리아, 이집트, 소아시아 지방 등 제국의 동부 지역 교회들은 자체의 신경 공식을 소유하고 있었다. 따라서 "R"은 사도신경, 가이사랴의 세례 신조(Baptismal Creed), 혹은 동일한 가정의 다른 신조의 기초였으며, 4세기에 작성되어 가장 널리 받아들여지고 있는 고대 신경인 니케아 신경의 기초였다.

하나님은 심판하시지 않는다고 주장한 마르시온은 기독교의 전통적인 가르침과 예술의 주제인 최후의 심판을 부인했다.

이단에 대항하기 위해서는 신약 정경과 신경의 형성이 효과적이었으나 논쟁은 결국 교회의 권위 문제에서 절정을 이루었다. 이는 누군가가 누가 정통이며 누가 이단인지를 가리는 것이 필요했을 뿐만 아니라 여기서 다루고 있는 문제들의 중요성 때문에 참으로 심각한 의미를 지닌다. 모든 이들은 진정한 메시지가 예수님에 의해 가르침을 받고 전달되었다는 데 동의하고 있었다. 영지주의자들은 일련의 비밀에 싸인 교사들에 의해 그 원래의 메시지를 소유한다고 주장했다. 마르시온은 자신이 구약성경에 대해 가지고 있던 견해와 일치하지 않는 부분들을 삭제할 수밖에 없었지만 바울 서신들과 누가복음을 통해 그 메시지를 소유한다고 주장했다. 이러한 마르시온과 영지주의자들에 대항하여 보편교회는 자기들이야말로 원래의 복음과 예수님의 진정한 교훈을 소유하고 있다고 주장했다. 따라서 여기서 논쟁의 초점이 되는 것은 교회의 권위에 대항한 이단들의 주장이라는 문제이다.

이 시점에서 사도전승의 개념이 중요해졌다. 사도전승 이론을 쉽게 이야기한다면, 만일 예수께서 그의 제자들에게 전달해야 할 비밀의 지식들을 가지고 계셨다면 이러한 가르침을 그가 교회를 맡긴 사도들에게 전달하셨을 것이라는 주장이다. 만약 사도들이 이러한 가르침을 전수받았다면, 그들은 이를 교회의 지도자 직을 계승한 이들에게 전달해주었을 것이다. 따라서 만약 이러한 비밀 교훈들이 있다면 이는 사도들의 직계 제자들 및 그들의 후계자들인 감독들이 소유한다는 것이다. 그러나 당시, 즉 2세기에 이러한 직접적 사도들로부터의 전승을 주장할 수 있는 인물들은 이러한 비밀 교훈이 존재한다는 사실 자체를 부인했다. 결론적으로 비밀의 전통과 교훈을 전승받고 있다는 영지주의자들의 주장은 거짓이라는 것이다.

이 사도전승 이론을 강화하기 위해서는 당시의 감독들이 사도들의 후계자임을 증명하는 것이 필요했다. 이는 그리 어려운 일이 아니었다. 왜냐하면 가장 오래된 몇몇 교회들은 사도들에게까지 거슬러 올라가는 감독들의 계보를 소유하고 있었기 때문이다. 로마, 안디옥, 에베소, 그리고 다른 교회들도 이러한 족보를 지니고 있었다. 오늘날 역사가들은 이러한 계보들의 신빙성을 인정하지 않는다. 왜냐하면 교회들-로마교회도 포함된다-은 처음부터 절대적 권한을 갖는 감독들에 의해 통치된 것이 아니라 때로는 "감독", 때로는 "장로"라고 불린 직원들에 의해 집단적으로 통솔된 것으로 보이기 때문이다. 어쨌든 실제 감독들이거나 또 다른 지도자들이거나, 2세기의 정통 교회는 마르시온이나 영지주의자들이 아니라 자기들이 사도들과 연결되어 있음을 증명할 수 있었다.

이것은 사도들과의 연결을 증명할 수 있었던 교회들만 사도적임을 의미하는 것일까? 그렇지 않다. 왜냐하면 문제는 모든 교회가 그의 사도적 기원을 증명해야 하는 데 있는 것이 아니라 이들이 모두 한 가지 신앙에 동의하여 이러한 신앙이 진정 사도적임을 연합하여 증명할 수 있다는 데 있기 때문이다. 후기에는 사도전승 이론이 더욱 강화되어 성직 임명을 위한 안수는 사도적 연결을 주장할 수 있는 감독에 의해 거행될 때에만 유효하다는 개념이 형성되기 시작했다. 그러나 2세기에 처음 발전될 때에는 사도전승 이론의 원칙이 배타적이라기보다는 포괄적이었다. 즉 폐쇄적인 비밀의 전통을 주장하는 영지주의 교사들에 대항하여 이 이론은 예수님의 비밀 제자 한 사람이 아니라 모든 사도들의 증언에 기반을 두는 개방적이고 통합적인 전통을 제공했기 때문이다.

감독들을 연결하여 고도의 협력관계를 형성하게 만든 연결망은 이 공통된 증언을 한층 더 강화했다. 감독들은 각 도시의 신자들이 선출했다. 그 관습이 발전하여 감독 선출 후에 감독 희망자가 인근의 감독들에게 신앙 진술서를 보내면 그들이 그의 정통성을 보증하며 그 증표로서 인근의 감독들 중 몇 사람이 새 감독 취임식에 참석하게 되었다.

옛 가톨릭교회

원래 "가톨릭교회"(catholic church)의 의미는 이러한 주교들의 집단 지도체제(episcopal collegiality)이다. "가톨릭"(catholic)은 "보편적"(universal)을 의미하지만 "전체에 의하여"라는 의미도 지닌다. 고대 교회는 다양한 이단 집단들과 분파들로부터 스스로를 구별하기 위해 "가톨릭"이라는 용어를 사용하기 시작했다. 따라서 이 칭호는 교회가 토대로 삼고 있던 전통과 교훈의 보편성과 포괄성을 강조하는 것이다. 이는 곧 "전체에 의한", 즉 모든 사도들의 전체적인 증언에 의한 교회를 의미한다. 다양한 영지주의 집단들은 이 폭넓은 기초를 주장할 수 없었기 때문에 "가톨릭"이 아니었다. 실제로 한 사람의 사도를 통해 전해져 내려온 가상의 비밀 전통에 기초를 두고서 사도적 기원을 주장하는 사람들이 있었다. "가톨릭" 교회, 즉 "전체에 의한" 교회만 사도적 증언 전체에 대한 권리를 주장할 수 있었다. 이것은 교회의 정통성의 보증이었고, "가톨릭"(catholic)이라는 단어가 "정통적인"(orthodox)이나 "바른 가르침"과 동의어가 된 이유였다. 아이러니컬하게도 그 후 수세기에 걸친 발전을 거쳐 "가톨릭"의 진정한 의미에 관한 논란이 베드로라는 사람의 인격 및 사도로서의 권위에 초점을 맞추게 되었다.

제9장
교회의 교사들

우리의 교사는 모든 지혜를 가진 위대한 분이시며, 아테네와 그리스를 포함하여 전 세계가 그에게 속한다. -알렉산드리아의 클레멘트-

교회 탄생 후 수십 년 동안 기독교인들은 대부분 구체적인 문제나 사건들에 관하여 저술했다. 이러한 모습은 바울 서신들에서도 찾아볼 수 있으니, 바울은 모든 서신에서 기독교 교리 전체를 다루는 것이 아니라 그가 처했던 특수하고 구체적인 상황들을 취급한다. 사도 시대 이후에도 이러한 모습은 한동안 계속되었다. 현대까지 그 저술들이 남아있는 이 시대의 기독교 학자들을 가리켜 "사도 교부들"(apostolic fathers)이라 부르는데, 이들의 저술들은 모두 구체적인 문제들을 취급하고 있다. 안디옥의 이그나티우스가 남긴 서신들도 이에 해당한다. 1세기 말 로마의 클레멘트(Clement of Rome)는 『고린도교인에게 보내는 서신』(Epistle to the Corinthians)을 집필했는데, 이는 바울이 그 교회에서 당면했던 것들과 비슷한 문제들을 취급하고 있다. 작자와 연대가 미상인 『디다케』(Didache) 혹은 『열두 사도의 교훈서』(Teaching of the Twleve Apostles)는 기독교 생활과 예배에 관한 지침서이다. 2세기 중엽 로마 감독의 형제가 저술한 『헤르마스의 목자』(The Shepherd of Hermas)는 주로 세례 후에 범한 죄의 용서를 다룬다. 요약해 말하면 소위 교부들의 저술들은 모두 한 가지 문제를 다루고 있으며, 이들 중 누구도 기독 교리 전체를 해석하려 하지 않았다. 2세기 후반에 등장한 변증가들에 관해서도 같은 결론을 내릴 수 있다. 이들이 남긴 저술들은 박해의 문제를 취급한다. 이들 중 누구도 기독 교리 전체에 관해 토론하지 않았다.

그러나 2세기 말 마르시온과 영지주의자들의 도전은 다른 반응을 요구했다. 이들 이단들은 자기들 나름대로의 교리 체계를 마련했으므로 교회도 이에 대해 정통 신학을 체계적으로 수립하지 않으면 안 되었다. 이 이단들의 이론 체계가 포괄적이고 방대했으므로 기독교 교사들의 응답 역시 규모가 커질 수밖에 없었다. 그리하여 비교적 전반적인 기독교 진리의 해석을 시도하는 저술들이 나타나기 시작했다. 이레네우스(Irenaeus), 알렉산드리아의 클레멘트(Clement of Alexandria), 터툴리안(Tertullian), 오리겐(Origen) 등의 작품들이 이것이다.

리용의 이레네우스

이레네우스는 A.D. 130년경 소아시아-아마 서머나-에서 탄생했다. 그는 순교자 폴리갑의 제자였다. 이레네우스는 평생 폴리갑을 흠모했다. 그의 저술에 자주 "노인"-또는 장로-이 언급되는데, 이름을 밝히지 않으나 아마 폴리갑을 가리킨 것일 것이다. 이레네우스는 그 후 현재의 남부 프랑스의 리용(Lions)으로 이주했다. 그는 이곳에서 장로가 되었으며, 감독에게 보내는 메시지를 가지고 사절로 로마에 파견되었다. 제5장에서 살펴본 대로 그가 로마에 머무는 동안 리용과 비엔느에서 박해가 발생하여 포티누스 감독이 처형되었다. 이레네우스는 리용에 귀환하자마자 감독으로 선출되었다. 그는 감독으로 봉사하다가 202년에 순교했다.

이레네우스는 무엇보다도 목회자였다. 그는 사람들이 아직 해결하지 못한 신비한 문제에 관해 사색하기보다는 교인들을 기독교 생활과 신앙 속에 이끌기를 좋아하는 인물이었다. 따라서 그의 저술은 논리와 사색을 위주로 하기보다는 명백하고 단순하게 이단을 반박하고 신자들을 교훈하기 위한 것이다. 그의 작품들 중 두 개만 현재까지 남아있으니, 곧 『사도적 가르침의 증명』(Demonstration of Apostolic Preaching)과 『소위 지식에 대한 논박』(Refutation of the So-called Gnosis)인데, 후자는 흔히 『이단에 반대하여』(Against Heresies)라는 제목으로 알려져 있다. 그는 전자를 통해 교인들에게 기독교 교리를 강해하고, 후자에서는 영지주의를 반박한다. 이 두 저서를 통해 나타난 그의 목표는 스승들로부터 전수받은 신앙을 자신의 의견에 따라 가감함 없이 그대로 전달하는 것이었다. 따라서 이레네우스의 저술은 2세기 말 교회의 신앙 상태를 보여주는 뛰어난 자료이다.

스스로를 목자라고 생각한 이레네우스는 하나님도 목자로 여겼다. 하나님은 영지주의자들이 주장하듯이 필요나 실수에 의해 이 세상과 인류를 창조하신 것이 아니라, 마치 목자가 양떼를 사랑하고 이끌듯이, 피조계를 사랑하고 이끌고 싶기 때문에 창조하신 사랑의 존재이다. 이러한 관점에서 인류의 역사 전체는 이 신적 목자께서 피조 세계를 최종의 목표에까지 이끌어 가시는 과정으로 나타난다.

　창조의 정수인 인간은 태초부터 자유로운 존재, 따라서 책임 있는 존재로 만들어졌다. 이 자유는 우리로 하여금 하나님의 뜻과 성품에까지 자랄 수 있도록 허용하는 것이며, 이를 통하여 우리는 창조주와 더욱 더 친밀한 교제를 누릴 수 있게 되는 것이다. 한편 인간은 처음부터 완전한 상태로 만들어지지는 않았다. 하나님은 참 목자처럼 최초의 부부를 에덴동산에 두셨다. 그들은 성숙한 존재들이 아니었으며 "어린아이"와 같은 존재로서의 완전성만 가지고 있었다. 이는 하나님의 목적이 인간들이 하나님과의 교제를 통해 성숙하여 궁극적으로는 천사들까지도 능가하기를 원하셨다는 의미이다.

　천사들은 임시로 인간보다 높은 위치에 있을 뿐이다. 인류 가운데서 하나님의 목적이 성취될 때 우리는 천사들보다 위에 서게 될 것이다. 왜냐하면 하나님과 우리의 교제는 천사들의 그것보다 더 친밀하기 때문이다. 천사들의 기능은 마치 왕자의 첫걸음을 인도하는 선생의 기능과 같다. 비록 선생이 임시로 왕자를 지도하는 위치에 있으나 결국은 왕자가 선생을 다스리게 될 것이다.

　인류는 천사들뿐만 아니라 하나님의 "양손"에 의해 교훈 받는다. 이 양손은 곧 말씀과 성령이시다. 이러한 양손의 인도에 의하여 인류는 성숙하게 되어 하나님과의 긴밀한 교제를 더욱 증가시켜 간다. 이 과정의 목표는 이레네우스가 정의한 "신화"(神化)였다. 즉 하나님의 목적은 우리를 보다 더 신성에 가깝도록 만들어 가시는 것이었다. 그러나 이것은 우리가 하나님과 동일하게 된다든가 인간 자신의 고유성을 상실한다는 의미가 아니다. 하나님은 우리보다 크게 우월한 위치에 계시기 때문에 우리가 아무리 그분을 닮아 성숙해간고 해도 그에게 미칠 수 없다.

그러나 천사들 중 하나가 인류의 고상한 운명을 질투하여 아담과 이브를 범죄하게 했다. 죄의 결과로서 인류는 낙원에서 추방되었고, 그 성장이 정지되었다. 이때부터 역사는 죄의 영향 아래 전개되기 시작한다.

비록 역사의 실질적 단계는 죄의 결과이지만, 역사의 존재 자체는 그렇지 않다. 하나님은 항상 역사가 존재하기를 의도하셨다. 창세기에 묘사되어 있는 낙원의 상태는 창조의 최종 목표가 아니라 그 출발점이다.

이러한 관점에서 볼 때 예수 그리스도 안에서 발생한 하나님의 성육신은 죄에 대한 반응이 아니다. 하나님의 원래 목표에는 인류와의 결합이 포함되어 있었다. 장차 성육하실 말씀이야말로 하나님이 신적 형상을 따라 만드신 인간들이 따라야 할 모범이었다. 아담과 이브는 성숙과 교육의 과정 후에 성육신하신 말씀처럼 되도록 창조되었다. 죄의 결과 성육신에는 죄를 사하기 위한 목적과 사탄을 패배시키려는 목적이 부과되었다.

성육신 이전, 그리고 최초의 범죄가 발생한 순간부터 하나님은 인류를 하나님과의 보다 더욱 가까운 교제를 향해 이끌어가고 계셨다. 이런 까닭에 하나님은 아담과 하와에게는 벌을 내리시는 데 그쳤지만, 뱀과 땅에게는 저주를 내리셨다. 타락의 순간부터 하나님은 인류의 대속을 위해 역사하고 계시다.

이스라엘은 구속사의 드라마에서 중요한 역할을 담당한다. 왜냐하면 이 택함을 받은 백성들의 역사를 통해 "하나님의 양손"이 계속 역사하여 인류로 하여금 하나님과의 교제를 준비하도록 했기 때문이다. 따라서 구약은 기독교 신앙과는 별개인 하나님의 계시가 아니라 기독교 신자들이 예수 그리스도 안에서 발견한 그 하나님의 구속적 경륜이 전개되는 역사이다.

그리하여 인류가 준비되었을 때 말씀이 예수 그리스도 안에서 성육하셨다. 예수님은 "제2의 아담"이시다. 왜냐하면 그의 생애와 죽음과 부활을 통해 새 인류가 창조되었기 때문이다. 예수님은 그의 생애를 통하여 죄 때문에 훼손된 모든 것을 바로 잡으셨다. 그뿐 아니라 사탄을 물리치시고 우리로 하여금 새로운 자유 속에 살 수 있도록 하셨다. 따라서 세례를 통해 그와 연합하고, 성찬을 통하여 성장하는 이들은 그의 승리에 참여한다. 예수 그리스도는 문자 그대로 교회의 머리이시니, 교회는 곧 그의 몸이다. 이 몸은 예배, 특히 성찬을 통해 계속 성장하며, 머리에 연결되어 있어서 그리스도의 승리가 가져다 준 유익들을 이미 누리고 있다. 그의 부활을 통하여 최후의 부활이 이미 약속되었으니, 그의 몸을 이루는 모든 자들이 이에 참여할 것이다.

하나님의 나라가 확립되는 최후의 순간에도 하나님이 담당하시는 목자의 직무는 끝나지 않을 것이다. 반대로 구속받은 인류는 그분과의 교제를 통해 계속 성장할 것이며, 신화의 과정은 영원히 계속되어 우리를 하나님께 더 가까이 이끌어갈 것이다.

결론적으로 우리는 이레네우스에게서 하나님의 경륜이 역사를 통해 전개된다는 감격적인 모습을 발견한다. 그 역사의 초점은 성육신이다. 이는 하나님의 말씀이 이 사건을 통하여 인류의 잘못된 역사를 바로잡았을 뿐만 아니라 태초부터 인간과 신의 결합이야말로 역사의 목표였기 때문이다. 하나님의 경륜은 인간들과 연합하시고자 하는 것이었으니, 이는 예수 그리스도 안에서 특별한 모습으로 성취되었다.

알렉산드리아의 클레멘트

알렉산드리아의 클레멘트의 생애와 관심은 이레네우스의 그것과는 달랐다. 클레멘트는 이미 뛰어난 철학자들로 오랫동안 그 이름을 날렸던 아테네 출신인 듯하다. 그의 부모는 이교도들이었으나 클레멘트는 우리가 잘 알 수 없는 과정을 통하여 어릴 때 회심했으며, 그 후 기독교 신앙에 관한 진리를 탐구하는 데 여생을 바쳤다. 그는 오랜 여행 끝에 알렉산드리아에서 만족할 만한 스승을 만났으니 그가 곧 판테누스(Pantenus)였다. 클레멘트는 알렉산드리아에 거주하게 되었고, 스승이 죽은 후 그 자리를 이어받아 알렉산드리아에서 기독교 교사가 되었다. A.D. 202년 셉티미우스 세베루스가 황제였을 때 이곳에 박해가 발생하여 클레멘트는 도시를 떠났다. 그는 A.D. 215년 사망하기까지 동부 지중해 연안, 특히 시리아와 소아시아를 여행했다.

클레멘트가 일생의 대부분을 보낸 알렉산드리아는 당시 지적 활동이 가장 활발한 곳이었다. 이곳의 박물관(Museum) 혹은 뮤즈 신들(muses)의 신전에는 부속도서관이 있어서 오늘날 대학들과 비슷한 형태로 운영되고 있었고, 각양각색의 학문의 분야에 봉사하는 학자들이 이곳에서 회합했다. 또한 알렉산드리아는 무역의 중심지로서 학자나 철학자들뿐만 아니라 모험가들과 상인들이 모이는 곳이기도 했다. 따라서 나일 강 어귀에 있는 이 도시에서는 그 시대의 혼합주의 정신이 절정에 달했다.

이러한 환경에서 연구하고 가르쳤으므로 클레멘트의 사상은 알렉산드리아 특유의 특징을 보여준다. 이레네우스와는 달리 그는 목회자가 아니라 사상가요 연구자였다. 그가 학문을 탐구한 목적은 교회의 전통적 신앙을 해석하려는 것이 아니라, 영적 진리를 탐구하는 이들을 돕고,

이교도 지성인들에게 기독교가 불합리한 미신이 아님을 증명하는 것이었다.

클레멘트는 그의 저술 『이교도들에게 권면』(Exhortation to the Pagans) 에서 플라톤을 비롯한 철학자들을 이용함으로써 그의 신학 방법을 보여준다: "나는 하나님의 사역뿐만 아니라 하나님 자신을 인식하고 싶다. 누가 나의 탐구를 도와줄 것인가?…그렇다면 플라톤이여, 우리는 어떻게 하나님을 탐구해야 하는지 가르쳐다오." 이 구절에서 클레멘트의 목적은 기독교 교리의 많은 부분이 플라톤의 철학에 의해 증명될 수 있음을 이교도들에게 보여주며, 그리하여 이교도들로 하여금 기독교란 무지하고 미신에 사로잡힌 자들의 종교라는 편견이 없이 기독교에 접근할 수 있게 하려는 것이었다.

클레멘트가 플라톤을 이용한 것은 논증에 편리했기 때문만은 아니었다. 그는 이 세상에 하나의 진리만 존재한다고 확신했으므로 플라톤에게서 발견할 수 있는 모든 진리는 성경 속에서 예수 그리스도를 통해 계시된 진리라는 것이었다. 그에 의하면 유대인들에게 율법이 주어졌듯이 헬라인들에게는 철학이 주어졌다. 양자 모두 당시 그리스도 안에 계시된 궁극적 진리로 사람들을 이끄는 목적을 지니고 있었다. 옛날 선지자들이 히브리인들에 대해 담당했던 역할을 철학자들은 헬라인들을 위해 담당했다. 하나님은 유대인들과 율법의 계약을 맺으셨고, 헬라인들과는 철학을 통한 계약을 맺으셨다.

그렇다면 어떻게 성경과 철학자들 사이의 공통점을 발견할 것인가? 언뜻 보기엔 양자 사이에 엄청난 거리가 있는 듯하다. 그러나 클레멘트는 성경을 깊이 연구하게 되면 결국 철학자들이 깨달은 진리로 이어질 것이라고 믿었다. 그 이유는 성경이 풍유적으로, 클레멘트의 말을 사용한다면 "비유로" 기록되었기 때문이다. 성경의 본문들 속에는 하나 이상의 의미가 숨어 있다. 문자적 의미를 무시할 수 없으나, 이 수준에 만족하는 사람은 성인으로 성장하지 않은 채 우유만 탐하는 자와 같다. 성경 본문에는 지혜로운 자들이 문자적 의미를 넘어서서 발견해야 할 또 다른 의미가 숨어 있다는 것이다.

신앙과 이성 사이에는 긴밀한 관계가 있으며, 양자는 서로 떨어져서 기능을 발할 수 없다. 이성은 증명될 수 없이 믿음으로 받아들여야 하는 제일 원리들 위에 그 논리를 전개한다. 진정 지혜로운 자들에게 있어서 신앙은 제일원리, 즉 시발점이며, 이성은 그 위에서 작용한다. 신앙으로 만족하고 그 위에 또 다른 건축물을 계속 짓기 위하여 이성을 사용하지 않는 기독교인은 영원히 젖으로 만족하는 어린아이와 같다.

클레멘트는 이처럼 신앙의 편린들만으로 만족하는 자들을 지혜로운 자들, 즉 그에 의하면 "참 지식인"(true Gnostic)과 대조했다. 지혜로운 자들은 성경의 문자적 의미를 초월하여 전진한다. 클레멘트는 자신의 역할이 양떼를 이끌어가는 목자가 아니라, 오히려 자기와 비슷한 흥미를 가진 다른 이들을 이끌어가는 "진정한 지식인"의 역할이라 생각했다. 이러한 생각은 엘리트주의적 신학에 집착하게 되는 경향이 있으므로 이미 많은 이들이 이러한 관점에서 클레멘트를 비판한 바 있다.

클레멘트 신학의 실제 내용에 관하여는 상세하게 다룰 필요가 없다. 그는 자신을 성경해석가로 간주했으나, 풍유적 주석으로 말미암아 플라톤주의에 가까운 사상과 교리들을 성경에서 추출하곤 했다. 하나님은 불가해한 존재로서 우리는 단지 상징과 부정적 용어로서만 그에 관해 말할 수 있다. 즉 우리는 하나님이 어떤 분이 아니신가만 말할 수 있다. 보다 적극적으로 하나님이 어떤 분이신가에 관해서는 인간의 용어로 표현할 수 있는 것 이상의 실재라고 파악할 수 있을 뿐이다.

이 형언할 수 없는 존재가 말씀 혹은 로고스를 통해 계시되셨다. 선지자들과 철학자들이 아는 진리는 이 말씀 혹은 로고스로부터 추출한 것이며, 이는 결국 예수님 속에서 성육하신 것이다. 이 점에서 클레멘트는 저스틴이 지향했던 방향을 따르고 있다. 양자의 가장 큰 차이점은 저스틴이 이교도들에게 기독교 진리를 증명하기 위해 로고스의 교리를 사용했던 데 반해, 클레멘트는 같은 교리를 이용하여 기독교인들에게 철학 안에 있는 진리에 대해 개방적인 태도를 취하도록 촉구했다는 점이다.

어쨌든 클레멘트의 중요성은 그가 개별적 교리를 어떻게 이해했는가에 놓여있지 않다. 그가 당시 알렉산드리아에서 발전된 전통을 대표하는 인물이라는 점이 특히 중요하다. 이러한 전통은 그 후 신학의 진로에 큰 영향을 미쳤다. 뒤에 오리겐에 관해 공부하면서 이러한 신학 전통의 다음 단계가 어떻게 발전해 갔는가를 살펴보게 될 것이다. 클레멘트가 저자가 알려진 가장 오래된 기독교 찬송의 저자라는 것은 흥미로운 사실이다. 이 찬송은 1831년 로웰 메이슨(Lowell Mason)이 번역했으며 현재는 "참 목자 우리 주"(Shepherd of Tender youth)라는 제목으로 찬송되고 있다.

카르타고의 터툴리안

터툴리안은 클레멘트와는 매우 다른 인물이다. 그는 북아프리카 카르타고 태생인 듯하다. 그는 생애의 대부분을 이곳에서 보냈으나 기독교로 개종한 것은 40세 즈음에 로마를 방문했을 때였다. 그는 카르타고로 돌아온 후 이교도들에 대항하여 기독교 신앙을, 그리고 다양한 이단들에 대항하여 정통신학을 옹호하기 위해 많은 논문을 집필했다. 그의 많은 저술들은 많은 상이한 이유들 때문에 중요하다. 예를 들어 『세례에 관하여』(On Baptism)는 그 주제와 관련하여 현존하는 가장 오래된 논문이며 초대 시대의 세례 관습에 대한 우리의 지식의 중요한 전거이다. 또 『부인에게』(To His Wife)는 2세기 기독교인들의 결혼을 이해하는 데 도움을 준다.

터툴리안은 법률가였거나 수사학 교육을 받은 인물인 듯하며, 그의 저술들 전체에서 법적 사고체계(legal mind)를 찾아볼 수 있다. 전 장에서 기독교인들을 색출하지는 말되 고발된 신자들은 반드시 처벌하라는 트라얀의 "부당한 판결"에 대항하는 그의 항변을 인용한 바 있다. 그의 항변은 마치 상급 법원에 항소하는 변호사의 항변처럼 보인다. 또 다른 저서 『영혼의 증언에 관하여』(On the Witness of the Soul)에서 터툴리안은 인간의 영혼을 증인석에 세우고 심문한 후에 영혼이 "본질상 기독교인"이며 혹 영혼이 기독교를 계속 거부하는 것은 완고하고 눈이 멀었기 때문이라는 결론을 내린다.

그러나 터툴리안의 법적 사고체계가 가장 잘 드러나는 논문은 『이단들에게 불리한 취득시효』(Prescription against the Heretics)이다. 당시의 법률 용어로서 praescriptio는 최소한 두 가지 의미를 가지고 있었다. 우선 사건에 대한 재판이 시작되기 전에 재판을 행하면 안 된다는 사실을 보여주기 위해 펼치는 법적 토론들을 의미할 수 있다. 즉 재판 이전에 한쪽 당사자가 상대방에게 고소할 권한이 없음을 증명하거나, 고소가 정당하게 성립되어 있지 않거나 해당 법원이 관할권을 가지고 있지 않음을 증명하면 재판은 취소되었다. 그런데 같은 단어가 "장기점유의 항변"을 가리킬 때에는 그 의미가 달랐다. 이는 한쪽 당사자가 아무런 문제 없이 일정 재산이나 권리를 법정 기간 동안 향유한 후에는 상대방이 권리를 주장할 수 없다는 의미이다.

터툴리안은 마치 정통 기독교와 이단들 사이에 소송이 벌어진 것처럼 이 용어를 두 가지 의미에서 다 사용했다. 그의 목표는 이단들이 잘못되었을 뿐만 아니라 교회와 논쟁을 벌일 자격조차 없음을 증명하려는 것이었다. 이를 위해 그는 성경이 교회에 속한 것이라 주장했다. 이미 수 세대를 두고 교회는 성경을 사용해왔으며, 이단들은 이때까지 그 소유권에 대해 이의를 제기하지 못했다. 성경의 많은 부분이 유대인들에 의해 기록되었으므로 모든 성경들이 원래 교회에 속한 것이 아니었지만, 당시에는 그러했다. 따라서 이들은 이미 합법적으로 교회에 속해 있는 재산을 변경하고 사용하고자 하는 몰상식한 존재들이다.

성경이 교회의 것임을 증명하기 위해서는 사도들의 시대부터 성경을 일관성 있게 읽고 해석한 고대 교회들의 예를 드는 것만으로 충분했다. 예를 들어 로마 교회를 통하여 베드로와 바울의 시대부터 터툴리안의 시대인 2세기 말까지 중단 없이 계속된 감독들의 계보를 지적할 수 있었다. 안디옥을 비롯한 여러 교회들도 같은 경우였다. 이 모든 사도교회들은 성경의 사용과 해석에 있어서 일치했다. 그뿐 아니라 사도들이 원래 이들을 저술했다는 기원으로 볼 때에 당연히 사도 교회들에 속한 것이었다.

이처럼 성경은 사도들의 계승자인 교회에 속한 것이므로 이단들에게는 자기들의 논거의 기초를 성경에 둘 권리가 없었다. 여기서 터툴리안은 "취득시효"라는 용어를 후자의 의미로 사용한다. 이단들은 성경을 해석할 권리조차 없으므로, 이러한 해석들조차 격에 맞지 않는 것이다. 교회는 성경의 정당한 소유자인 만큼 이를 해석할 수 있는 권한을 가진 유일한 존재였다.

기독교 역사에서 이단들에 대한 이러한 논박은 다양한 분파들에 대항해서 거듭 사용되었다. 그것은 16세기에 가톨릭교회가 프로테스탄트에 대항하여 사용한 주된 논리들 중 하나였다. 그런데 터툴리안의 경우에는 그의 논리가 형식적 계승만 아니라 여러 세대에 걸친 교리의 계속성에 근거하고 있음을 주의해야 할 것이다. 종교개혁 시대에 이러한 교리의 계속성이 문제가 되었으므로, 가톨릭의 논리는 터툴리안의 시대만큼 설득력을 갖지 못했다.

그러나 터툴리안의 법률 지식은 이러한 논리를 초월한다. 그의 법률적 성품은 누구든지 일단 기독교가 진리임을 발견한 후에는 또 다른 진리를 찾기 위한 시도조차 포기해야 한다고 주장했다. 터툴리안의 입장에서 볼 때 다른 진리를 추구하는 기독교인은 진정한 신앙을 결여한 인물이었다.

"그대들은 발견하기까지 추구해야 하고, 일단 발견한 후에는 믿어야 한다. 그 후에 할 일은 이미 믿은 것을 계속 굳게 붙잡는 것뿐이다. 그뿐 아니라 더 이상 믿을 것이 없다고 믿어야 하며, 더 이상 추구할 것이 없다고 믿어야 한다."[1)]

이것은 일반적으로 인정된 일련의 기독교 교리가 충분한 것이며, 이러한 기독 교리들을 초월하는 진리를 추구하는 것은 위험하다는 것을 의미한다. 터툴리안은 기독교인들이 기독 교리를 보다 깊이 이해하기 위해 노력하는 것을 허락했다. 그러나 그 경계를 넘어서는 것은 다른 근원들로부터 비롯된 논리들과 마찬가지로 부정되어야 한다. 이것은 특히 모든 이단들의 근원이며 공론(空論)에 불과한 이교도들의 철학에 해당되는 것이었다.

"불쌍한 아리스토텔레스가 그들에게 변증학을 제공했다. 그는 파괴하기 위하여 건축기술을 가르쳤으니, 그 기술이란 조잡한 논리와 유려한 말장난에 불과하다.···그것은 모든 것을 거부하며 아무것도 취급하지 않는다."[2]

간단히 말해 터툴리안은 일체의 공론을 정죄했다. 예를 들어 하나님의 전지전능이 무엇을 할 수 있는가를 묻는 것은 시간 낭비일 뿐 아니라 위험한 작업이다. 우리가 물어야 할 것은 "하나님이 무엇을 하실 수 있는가?"가 아니라 "실제로 무엇을 이루셨는가?"이다. 이것이 교회가 가르치는 바요, 성경에서 찾을 수 있는 것이다. 그 외에는 모두 무용하고 위험한 호기심에 불과하다.

이것은 터툴리안이 적들을 대적하여 논리학을 사용하지 않았다는 의미가 아니다. 반대로 『취득시효』에서 볼 수 있듯이 그의 논리는 종종 단호하고 완강했다. 그러나 그의 논거의 강점은 논리학이 아니라 수사학

---
1) *Prescription against the Heretics* 8.
2) Ibid 7.

에 있다. 수사학은 종종 그로 하여금 빈정대게 했다. 예를 들어 마르시온을 반박하는 저술들을 통해 빈정대기를, 교회의 하나님은 이 세상 전체와 그 속에 포함된 모든 경이로운 것들을 창조하셨는 데 반해 마르시온의 신은 채소 한 포기도 창조하지 못했다고 퍼붓는다. 그는 계속하여 마르시온의 신은 최근에 계시하기 전에 무엇을 하고 있었느냐고 묻는다. 마르시온이 주장하는 소위 신적 사랑은 급하게 만들어낸 임시변통에 지나지 않는가? 그리하여 터툴리안은 단호한 논리와 독설을 특이하게 결합하여 사용함으로써 정통의 수호신이자 이단들을 향한 채찍이 되었다.

그런데 207년경 이 이단의 징벌자요 교회 권위의 창조자인 그가 몬타누스 운동에 합류했다. 터툴리안이 이러한 행동을 한 이유는 교회사에 남겨진 많은 신비의 문제들 중 하나이다. 왜냐하면 그의 저술을 통해서나 당시의 기록을 통해서도 그의 동기를 확실히 알 수 없기 때문이다. 터툴리안이 몬타누스주의자가 된 이유에 대해서는 쉽게 대답할 수 없다. 그러나 터툴리안의 성격과 신학, 그리고 몬타누스주의의 특성 사이에 나타나는 유사점을 지적할 수는 있다.

몬타누스주의라는 명칭은 창시자인 몬타누스(Montanus)의 이름을 따서 붙인 것이다. 몬타누스는 이교도 출신으로 A.D. 155년경 기독교로 개종했다. 그 후 자신이 성령에 의해 사로잡혔다고 주장하면서 예언하기 시작했다. 얼마 후 프리스킬라(Priscilla)와 막시밀라(Maximilla)라는 두 여인이 예언하기 시작했다. 당시 일부 교회에서는 여성들의 예언이 허락되어 있었으므로, 이것이 새로운 현상은 아니었다. 그러나 신자들에게 충격과 경원의 대상이 된 것은 자기들의 운동을 통해 새로운 시대가 시작되고 있다는 몬타누스와 그의 추종자들의 주장이었다. 예수 그리스도 안에서 새로운 시대가 시작되었듯이, 이제 그들을 통한 성령의 발현으로 한층 더 새로운 시대가 도래했다는 것이다. 산상수훈이 구약의 율법보다 더 준엄한 것이듯이, 이 새 시대의 특징은 보다 엄격한 도덕적 생활이었다. 적어도 일부 몬타누스주의자들은 이 엄격한 법에 독신제도가 포함된다고 주장했다.

몬타누스주의자들이 예언을 행했기 때문이 아니라 그들을 통하여 역사의 마지막 시대가 시작되었다는 주장 때문에 교회는 이들을 반대했다. 신약성경에 의하면 예수님의 탄생과 부활, 그리고 오순절 성령의 강림과 함께 말세가 시작되었다. 그러나 세월이 흐르면서 이러한 말세에 대한 강조는 점차 망각되었다. 하지만 2세기에 있어 예수 그리스도 속에서 이미 말세가 시작되었다는 교회의 확신이 여전히 강력했다. 따라서 몬타누스와 그의 추종자들에게 성령이 강림하심으로 진정한 말세가 시작되었다고 주장하는 것은 신약의 사건들의 중요성을 감소시키는 것일 뿐만 아니라 복음을 구속사에 있어서 또 다른 하나의 단계로 취급하게 되는 것이다. 교회는 이러한 몬타누스주의의 주장을 용납할 수 없었다.

터툴리안은 몬타누스파의 엄격함에 매력을 느꼈던 것 같다. 법률가로서의 그는 항상 모든 사물들이 질서를 이루고 있는 완전한 체제를 추구했다. 당시 보편 교회들은 하나님의 뜻을 이루기 위해 최선의 노력을 기울이고 있었으나 터툴리안으로서는 인정하기 어려운 불완전성이 많았다. 이러한 기독교인들의 계속되는 죄를 설명할 수 있는 유일한 방법은 당시 교회가 곧 성령의 새로운 시대에 의해 대체될 중간적 상태에 있다고 보는 것이었다. 이러한 생각은 실패할 수밖에 없었고, 일부 고대 저술가들은 터툴리안이 말년에 몬타누스파에 실망하여 자신의 분파를 설립했다고 전한다. 당시 학자들은 이 분파를 "터툴리안파"(Tertullianists)라 불렀다.

터툴리안은 몬타누스주의자가 된 후에도 교리적 오류에 대한 투쟁을 계속했다. 이 시기에 저술한 가장 중요한 작품은 『프락세아스에 대항하여』(Against Praxeas)일 것이다. 그는 이 논문을 통해 그 후 삼위일체 및 기독론 논쟁에 중요한 의미를 갖게 되는 표현을 처음 사용했다.

프락세아스에 관하여는 거의 알려져 있지 않다. 어떤 학자들은 실제 이러한 이름의 인물이 존재하지 않았으며, 터툴리안은 이 가상의 인물을 통해 당시 로마 감독이었던 칼릭스투스(Calixtus)를 비판했다고 생각해왔다. 존재 진위와는 상관없이 프락세아스는 당시 로마 교회에서 영향력을 가지고 있던 인물이었으며, 터툴리안이 인정할 수 없는 방법으로 성부와 성자와 성령의 관계를 설명하려 했음이 분명하다. 프락세아스에 의하면 성부, 성자, 성령은 상황에 따라 참 하나님이 나타나신 서로 다른 양식(mode)에 불과하다. 이는 곧 "성부수난설"(Patripassianism, 성부가 수난을 당하셨다는 교리) 혹은 양태론(Modalism, 삼위일체의 각 위들은 하나님이 나타나실 때의 "양태"[modes]라는 교리)이다.

프락세아스가 로마에서 몬타누스파를 반대했으므로, 터툴리안은 특유한 독설로써 논문을 시작한다: "프락세아스는 로마에서 두 가지 방법으로 사탄을 섬겼다. 즉 예언을 폐하고 이단을 도입했으며, 성령을 추방하고 성부를 못 박았다."[3]

---

3) *Against Praxeas* 1.

그 후 터툴리안은 삼위일체의 올바른 이해에 관하여 논한다. 이러한 맥락 속에서 그는 "하나의 본체에 세 개의 위격"(one substance and three persons)이라는 표현을 제안한다. 또 그는 예수 그리스도가 어떻게 인간인 동시에 신일 수 있는가를 토론하면서 "한 위격"(one person)과 "두 본체"(two substances) 혹은 신성과 인성이라는 두 "본성"(nature)에 관해 말한다. 그가 "위격"과 "본체"란 단어들을 사용한 것은 주로 이들 용어의 법적 용도를 도입했기 때문이다. 후대 신학자들은 같은 용어들을 형이상학적 의미에서 사용하게 된다. 어쨌든 삼위일체와 기독론의 논쟁에서 터툴리안이 그 후 정통신학의 표상이 된 용어들을 처음 사용했다는 것이 특기할 만하다.

이러한 모든 이유 때문에 터툴리안은 기독교 역사상 특유한 인물로 남아 있다. 지칠 줄 모르고 이단들을 대적한 수호자가 말년에 일반 교회들에 의해 이단으로 간주된 운동에 참여했다. 그러나 그는 그 시기에도 정통 신학의 미래에 큰 영향을 미친 신학 논문들과 용어들을 만들어냈다. 뿐만 아니라 그는 라틴어를 사용한 최초의 기독교 신학자였다. 라틴어는 당시 로마제국의 서방에서 사용되던 언어였으므로, 그는 서방 신학의 창시자로 간주될 수 있을 것이다.

알렉산드리아의 오리겐

클레멘트의 가장 뛰어난 제자로서 이 장에서 다룰 네 명의 기독교 교사들 중 마지막 사람은 오리겐이다. 클레멘트와는 달리 오리겐은 기독교 가정에서 태어났다. 그의 아버지는 셉티미우스 세베루스의 박해 때 순교했으며, 이 박해 때문에 클레멘트는 알렉산드리아를 떠나야 했다.

당시 어린 오리겐은 순교하려 했지만 어머니가 그의 옷을 감추고 집에 가두었기 때문에 뜻을 이루지 못했다. 그는 투옥되어 있는 아버지에게 보내는 순교에 관한 논문을 작성했다.

얼마 후 아직 십대였던 오리겐은 알렉산드리아의 감독 데메트리우스(Demetrius)의 명을 받아 예비신자들(catechumens)의 교육을 맡았다. 그것은 중요한 책임이었는데, 오리겐은 어린 나이에도 불구하고 교사로서의 천재성을 발휘하여 이름을 떨치게 되었다. 그는 몇 년 동안 예비신자들을 가르친 후 자기의 수제자들에게 그 책임을 맡기고 기독교 철학을 가르치는 일에 전념했다. 이 학교는 당시 위대한 고전 철학자들이 운영하던 학당들과 비슷한 형태를 띠고 있었다. 그는 이곳에서 기독교인들뿐만 아니라 그의 명성을 듣고 찾아온 이교도들에게도 강의했는데, 그 중에는 황제의 어머니와 아라비아의 총독도 포함되어 있었다.

질투를 포함한 여러 가지 이유로 말미암아 데메트리우스와 오리겐 사이에 갈등이 생겼다. 결국 오리겐은 알렉산드리아를 떠나 가이사랴에 정착하여 20년 동안 저술과 강의에 종사했다.

마침내 데시우스의 박해 때 오리겐은 자기의 신앙을 보여줄 기회를 갖게 되었다. 오리겐은 옥중에서 죽지는 않았으나 심한 고문을 받고 석방되어 얼마 후 70세쯤 되어 두로(Tyre)에서 숨을 거두었다.

오리겐의 저작은 방대하다. 그는 우선 여러 성경 번역본들이 서로 다름에 착안하여 『헥사플라』(Hexapla)를 편찬했다. 헥사플라는 구약성경을 여섯 개의 칼럼으로 편집한 것이다. 히브리 원어와 히브리어를 헬라어 발음대로 기입한 것, 그리고 네 가지 서로 다른 헬라어 번역판들이 병렬되어 있었다. 히브리 원어의 헬라 발음을 포함시킨 것은 원어를 모르는 독자들도 최소한 그 발음에 익숙할 수 있도록 하기 위해서였다. 그는 또한 서로 다른 번역의 모습, 후대인들의 삭제와 첨가 등을 표시하는 부호들을 기입했다. 오리겐은 이 방대한 저술 외에도 성경의 여러 책들에 관한 주석을 썼고, 이미 인용한 바 있는 『켈수스에 대항하여』(Against Celsus)라는 변증서, 그리고 『제일 원리들에 관하여』(De principiis-On First Principles)라는 조직신학서도 저술했다. 이 막대한 양의 저술들 중 일부는 구술로 이루어졌는데, 그는 한때 일곱 명의 필사자들에게 동시에 서로 다른 일곱 개의 작품들을 구술했다고 전해진다.

오리겐의 신학의 정신은 그의 스승 클레멘트의 그것과 비슷하다. 즉 당시 알렉산드리아에서 유행하던 철학 사조인 플라톤주의와 기독교 신앙을 연결하려는 시도였다. 그는 철학자들의 가르침에 빠져 기독교 신조를 상실할 위험성을 의식하고 있었으므로 "사도들과 교회의 전통에 어긋나는 것은 진리로 받아들일 수 없다"라고 선언했다. 이 전통에는 우주의 창조주요 통치자이신 유일하신 하나님의 존재와 이에서 비롯되는 바 영지주의에 대한 부정이 포함된다. 두 번째로 사도들은 예수 그리스도께서 모든 피조물들 이전에 태어나셨으며, 성육신을 통해 계속 신성을 유지하면서도 인간이 되셨다고 가르쳤다. 오리겐은 성령에 관하여는, 성령의 영광이 성부와 성자에 못지않다는 것을 제외하고는 사도들의 전통이 완전 명료하지는 않다고 보았다. 마지막으로 사도들은 이 세상에서의 생활에 따라 장래 영혼이 상과 벌을 받게 되며, 우리의 육체는 최후의 부활을 통해 영원히 썩지 않는 상태에 이를 것이라고 가르쳤다.

그러나 오리겐은 우리가 이처럼 중요한 교리들을 인정한 후에는 다른 문제들을 보다 자유스럽게 생각할 수 있다고 여겼다. 예를 들어 사도들과 교회의 전통은 우주가 어떻게 창조되었는지 상세하게 설명하지 않으므로 이 문제에 관하여는 자유스럽게 연구할 수 있다는 것이다. 창세기의 첫 부분에는 창조에 관한 두 가지 이야기가 등장한다. 이 사실은 오리겐 이전의 유대인 학자들도 알고 있었다. 그 중 한 장면에서 인류가 하나님의 형상과 모양을 따라 창조되었으며 "그가 그들을 남자와 여자로 지으셨다"고 표현되었다. 둘째 장면에서는 하나님이 먼저 아담을 창조하시고, 그 후 아담의 갈비뼈로 이브를 만드셨다고 되어 있다. 첫째 장면에 나오는 바 하나님의 행동을 묘사하는 희랍어 동사는 "창조하다"인 반면, 둘째 장면에서는 "형성하다", 혹은 "형태를 주다"라는 단어가 사용되고 있다. 그렇다면 양자 사이에는 어떤 의미의 차이가 있을까? 현대 학자들은 이 두 가지를 조화시키기 위해 노력할 것이다. 그러나 오리겐은 실제로 두 개의 창조가 있었기 때문에 두 개의 창조 장면이 있다고 생각했다.

오리겐에 의하면 최초의 창조는 순수하게 영적인 것이었다. 즉 하나님이 처음 창조하신 것은 몸을 갖지 않은 영들이었다. 이런 까닭에 본문은 "남자와 여자", 즉 성별 없이 기록하며, 또 하나님이 "형성하셨다"가 아니라 하나님이 "창조하셨다"라고 기록되었다는 것이다.

하나님의 목적은 이렇게 창조된 영들이 신적인 것에 관한 관상에 전념하는 것이었다. 그러나 이들 중 일부가 관상을 게을리 하여 타락했다. 그리하여 하나님은 둘째 창조 사역에 임하셨다. 둘째 창조는 물질적인 것으로서 타락한 영들을 위한 임시 처소를 마련키 위한 것이다. 가장 바닥에 떨어진 영들은 악마들(demons)이 되었고, 나머지는 인간 영들이 되었다. 이 인간 영들-타락하여 선재하던 영들-을 위해 하나님은 현재 인간들이 가지고 있는 몸들을 만드셨다. 즉 흙으로 "형성하여" 일부는 남자로, 일부는 여자로 만드셨다.

이 주장은 모든 인간 영혼들이 이 세상에 태어나기 이전 순수한 영들로서-오리겐은 이들을 지성들(intellects)이라 부른다-존재했음을 시사한다. 따라서 우리가 현재 이 세상에 존재하고 있는 이유는 이전에 순수한 영적 존재로서 죄를 범했기 때문이다. 비록 오리겐이 그의 모든 주장들은 성경에 기초하고 있다고 역설했으나, 이 부분은 플라톤주의적 전통에서 연유된 것이 분명하다. 플라톤 학파는 이미 오랫동안 이러한 주장을 해오고 있었다.

현세에서는 사탄과 악마들이 우리를 포로로 잡고 있으므로, 사탄의 세력을 쳐부수고 우리에게 참된 영적 본향으로 돌아갈 길을 보여주기 위해 그리스도가 오셔야했다. 그뿐 아니라 사탄은 우리와 같은 영적 존재에 불과하며, 하나님이 사랑이시므로 궁극적으로는 사탄도 구원받을 것이고, 따라서 일체의 피조 세계는 모든 존재가 순수한 정신으로 존재하는 원래 상태로 귀환될 것이다. 그런데 그 때도 이러한 영적, 정신적 존재들은 여전히 전과 같은 자유를 누릴 것이므로 새로운 타락, 새로운 물질세계, 그리고 새로운 역사가 존재하지 않으리라는 것, 그리고 타의 순환, 회복 및 타락이 영원히 계속되지 않으리라는 것을 보장할 수 없다.

우리는 이러한 이론을 공부하면서 오리겐의 정신적 사고의 규모에 경탄할 수밖에 없다. 이런 까닭에 교회사를 통해서 사람들은 그를 열렬히 찬탄해 왔다. 그런데 오리겐이 이 모든 이론들을 모든 사람들이 받아들여야 하는 진리 혹은 교회의 기존 교리를 대처할 신조로서가 아니라, 교회의 권위 있는 가르침과 비교되어선 안 될 개인적 의견으로 제안하고 있음을 주목해야 할 것이다.

그러나 오리겐이 여러 가지 점에서 기독교인이라기보다는 플라톤주의자에 가깝다는 것을 지적해야 한다. 예를 들어 오리겐은 이 세상이 열등한 조물주의 창조라고 주장한 마르시온과 영지주의자들의 교훈을 부인했지만 역사와 물질세계가 죄의 결과라는 결론에 도달했다. 이 점에서 오리겐은 역사의 존재를 하나님의 영원한 경륜의 일부라고 파악한 이레네우스와 대조를 이룬다. 또 영혼들의 선재라든가 타락과 회복의 영원한 순환 등에 있어서 오리겐은 분명히 기독교의 정통 교리를 벗어났다.

이와 같은 교회의 위대한 교사들의 저술들을 연구함에 따라서 상이한 동향이나 신학적 경향이 알려지기 시작한다. 첫째, 이레네우스는 그의 고향인 소아시아와 시리아에서 지배적인 것이 될 신학을 반영한다. 그것은 하나님이 행하신 것과 행하고 계시는 것과 장차 행하실 것에 대한 이야기가 주도하는 신학이다. 그것은 구원이란 사망을 정복하신 그리스도와의 연합, 세례에 의해 확립되고 성찬에 의해 양육되는 연합이라고 본다. 둘째, 특히 알렉산드리아에서는 주로 기독교와 가장 훌륭한 고전 철학의 연결을 보여주는 데 관심을 가진 신학적 경향이 등장하고 있었다. 이 신학의 특징은 불변의 철학적 진리 추구이다. 이 신학에서 구원은 하나님의 조명을 받아 영적 세계로 돌아갈 수 있게 되는 것이다. 마지막으로 터툴리안은 라틴어를 사용하는 서방에서 율법주의에 이를 정도로 도덕적인 문제들에 깊은 관심을 두게 될 신학을 최초로 주창한 사람이다. 이 신학에서는 도덕적 순결에 의해 구원이 획득된다. 이 세 가지 신학은 몇 세기 동안 계속 발전했다. 터툴리안의 관점을 본 딴 신학적 관점을 특징으로 지닌 바 라틴어를 사용하는 서방은 교회의 순수성을 보존하는 방법에 관한 거듭된 논쟁에 휩싸이게 되며, 후일 특히 16세기에는 구원에 있어서 행위의 역할에 대한 논쟁에 휩싸였다. 헬라어를 사용하는 동방은 곧 이레네우스가 주창한 전통과 오리겐의 철학적 관점의 차이점으로 인해 분열했다.

제10장

3세기의 박해

> 고통이 심해졌으므로 권력자들 앞에서 보여준 신앙인들의 고백은 더 명예롭고 감동적이었다. 갈등은 심화되었으며 이를 통한 신자들의 영광은 더욱 높아졌다. ―카르타고의 키프리안―

    2세기 말 교회는 비교적 평화를 누렸다. 안으로는 내란에 시달리면서 밖으로는 야만족들의 침입을 방어하기에 바빴던 제국은 기독교인들에게 관심을 둘 수 없었다. 기독교인들이 황제와 신들에게 예배하기를 거부할 때에는 처벌하되 적극적으로 색출할 필요가 없다는 트라얀 황제의 명령이 계속 효력을 발휘하고 있었으므로 당시의 박해는 지역적이고 간헐적이었다.

    3세기에 사태가 변화했다. 트라얀의 정책이 여전히 유효했으므로 지역적 박해의 위협은 계속되고 있었다. 그러나 이러한 차원을 뛰어넘어 교회의 운명에 큰 영향을 미친 새로운 정책들이 수행되었다. 이러한 정책들을 발안하고 수행한 황제는 셉티미우스 세베루스(Septimus Severus)

와 데시우스(Decius)였다.

셉티미우스 세베루스 시대의 박해

3세기 초에 셉티미우스 세베루스 황제는 제국을 약화시켜온 일련의 내란을 평정했다. 그럼에도 불구하고 이 방대한 지역을 다스리기란 쉬운 일이 아니었다. 라인 강과 다뉴브 강 건너에 살고 있던 "야만족들"은 계속되는 위협이었다. 제국 내에도 반대파들이 있었으며, 특히 군부가 반란을 일으켜 자기들이 원하는 황제를 지명하고 새로운 내란을 시작할 위험이 상존했다. 이러한 상황에서 황제는 제국 내의 종교적 통일성을 유지할 필요를 느껴 혼합절충정책을 수행하기로 했다. 그는 국민들에게 솔 인빅투스(Sol inbictus), 즉 정복되지 않는 태양을 예배하도록 명령했다. 이 태양이 지존의 신임을 인정하면 모든 다른 신들을 허용할 생각이었다.

이러한 황제의 정책은 그의 종교혼합정책에 반발한 두 집단, 즉 유대인들과 기독교인들과 충돌했다. 셉티미우스 세베루스는 이 두 종교의 확장을 막기 위하여, 기독교나 유대교로 개종하는 자들을 사형에 처하도록 했다. 이 정책은 당시까지 시행되고 있던 트라얀의 법령에 추가되어 수행되었다.

그 결과 2세기의 것과 같은 지역적 박해가 계속되면서, 이제는 특히 새로운 개종자들과 전파자들을 겨냥한 박해가 가중되었다. 따라서 셉티미우스 세베루스의 칙령이 발해진 서기 202년은 기독교 박해의 역사에서 중요한 전환점을 이룬다. 그 해에 이레네우스가 순교했다는 전승이 있다. 이때 쯤 오리겐의 아버지를 비롯한 기독교 신자들이 알렉산드리아에서 학살당했다. 황제의 칙령이 특히 교사들을 표적으로 했으므로 당시 그 도시의 유명한 기독교 교사였던 클레멘트는 자신이 잘 알려지지 않은 지방으로 피신해야 했다.

이 때 순교한 사람들 중에 유명한 인물은 203년에 순교한 것으로 보이는 퍼페투아(Perpetua)와 펠리시타스(Felicitas)이다. 퍼페투아와 그의 동료들은 몬타누스파로서 그들의 순교 기록은 터툴리안에 의해 기록되었을 가능성이 크다. 어쨌든 다섯 명의 예비신자들이 순교했다. 이것은 당시 셉티미우스 세베루스의 정책을 잘 반영해 준다. 십대의 젊은이들이 포함된 이 다섯 명은 기독교인이라서가 아니라 최근 개심함으로써 황제의 칙령을 어겼다는 죄목으로 고발되었다.

『퍼페투아와 펠리시타스의 순교』(Martyrdom of Saints Perpetua and Felicitas)의 주인공은 퍼페투아로서 젖먹이가 딸린 상류층 여성이었다. 그녀를 동반한 이들은 노예인 펠리시타스와 레보카투스, 그리고 사투르니누스와 세쿤두루스였다. 이 순교기 본문의 대부분은 퍼페투아의 발언을 기록한 것인데, 일부 학자들은 실제로 퍼페투아가 그 내용을 대부분 말했으리라고 보고 있다. 퍼페투아와 동료들이 체포되었을 때 그녀의 부친은 신앙을 포기하고 생명을 구하라고 설득했다. 그러나 그녀는 만물은 모두 이름을 가지고 있으며 그 이름을 바꾸는 것은 불가능하듯이 그녀는 이미 기독교 신자라는 이름을 가지고 있으므로 바꿀 수 없다고 대답했다.

당국에서는 이들의 신앙을 포기시키려 했으므로 재판 과정이 길어졌다. 체포 당시 임신 중이었던 펠리시타스는 이런 까닭에 순교에 참여하지 못할까 두려워했다. 그러나 순교기에 의하면 그녀의 기도가 이루어져, 체포된 후 여덟 달 만에 여아를 순산했고 아기는 곧 다른 기독교 여신도에 의해 입양되었다. 그녀가 진통하면서 비명을 지르는 것을 보면서 간수들은 어떻게 원형경기장의 짐승들을 대항할 수 있겠느냐고 물었다. 그녀의 답변은 당시 순교에 관한 기독교 신자들의 입장을 대변하는 것이었다: "현재 나의 고통은 나의 것에 지나지 않는다. 그러나 내가 야수들을 대면할 때 또 다른 이가 내 안에 사실 것이다. 내가 그를 위해 고난을 당할 것이므로 그분이 내 대신 고통을 받으실 것이다."[1]

기록에 의하면 남자 세 명이 먼저 원형경기장에 내보내졌다. 사투르니누스와 레보카투스는 용감하게 죽음을 맞았다. 그러나 어느 짐승도 세쿤두루스를 해치려 하지 않았다. 어떤 짐승들은 우리에서 나오지 않았고 또 다른 짐승들은 오히려 병사들을 공격했다. 마침내 세쿤두루스는 자기를 죽일 표범을 지적했고 곧 그대로 이루어졌다.

퍼페투아와 펠리시타스는 들소에 받혀죽었다. 짐승에게 여기저기 찢긴 퍼페투아는 머리를 다시 묶게 해달라고 간청했다. 머리가 풀어진 것은 슬픔과 애도의 상징인데 이날은 그녀의 생애에서 가장 기쁜 날이었기 때문이다. 두 여인은 피를 흘리면서 경기장 한가운데 서서 작별의 입맞춤을 나눈 후 칼에 찔려 죽었다.

얼마 후 무슨 이유에서인지 박해가 중단되었다. 유럽 여러 곳에서 산발적인 사건들이 있었으나 셉티미우스 세베루스의 칙령은 전반적으로 수행되지 못했다. 211년 카라칼라(Caracalla)가 셉티미우스 세베루스를 계승했을 때 잠시 박해가 있었으나 북아프리카에 제한되어 있었다.

---

1) *Martyrdom of Perpetua and Felicitas* 5.3.

그 후의 두 황제 엘라가발루스(Elagabalus, 218-222)와 알렉산더 세베루스(Alexander Severus, 222-235)는 셉티미우스 세베루스와 유사한 혼합정책을 추구했다. 그러나 이들은 유대인들과 기독교인들에게 혼합주의의 수용을 강요하지는 않았다. 전해지는 이야기에 의하면 알렉산더 세베루스는 자신의 개인 제단에 다른 신들과 함께 그리스도와 아브라함의 성상들도 함께 모셨다고 한다. 그의 모친 줄리아 맘메아(Julia Mammea)는 오리겐의 강의를 들으러 알렉산드리아까지 갔다.

막시민(Masimin) 황제 때 로마에서 간헐적인 박해가 있었다. 당시 이 도시의 교회는 분열되어 있었으며, 경쟁하던 두 감독, 즉 폰티아누스(Pontianus)와 히폴리투스(Hyppolytus)는 강제노역을 하도록 광산으로 보내졌다. 폭풍은 곧 지나갔다. 근거 없는 전설에 의하면 244-249년까지 재위한 아라비아인 필립(Philip the Arabian)은 기독교 신자였다.

간단히 말해서 거의 반세기 동안 박해는 드물었으며 기독교로 개종하는 사람들이 증가했다. 이들은 순교자들을 존경했지만, 순교자를 낼 박해는 다시 반복되지 않을 듯 보였다. 매일 귀족들 중에 회심하는 자들이 증가했으며, 일반인들은 그리스도인들의 배덕(背德)에 대한 고대의 악한 소문들을 믿지 않았다. 많은 이들은 박해를 지나간 시대의 기억으로 생각했다.

그러나 다시 폭풍이 몰아쳐왔다.

데시우스 시대의 박해

249년 데시우스(Decius)가 황제가 되었다. 기독교 역사가들은 데시우스를 잔인한 사람으로 묘사해왔으나, 그는 로마의 옛 영광을 회복하려

한 전통적 로마인에 불과하다. 로마가 옛 영광을 상실한 데는 몇 가지 이유가 있었다. 국경 건너의 야만족들은 제국을 넘보고 있었는데 이들의 침입 양상은 날마다 대담해졌다. 또 심각한 경제적 위기가 동반되었다. 로마 제국의 고전시대와 관련된 전통들은 망각되고 있었다.

데시우스 황제는 로마가 로마의 신들에게 돌아가야 한다고 믿었다.

전통적 로마인이었던 데시우스가 볼 때 이러한 현상이 나타나게 된 이유들 중 하나는 로마 국민들이 옛날의 신들을 저버렸기 때문이었다. 국민들이 신들을 잘 섬겼을 때에는 로마의 영광과 세력이 증가했었다. 신들을 소홀히 함으로써 로마는 이들의 원한을 사게 되어 보호를 받지 못하게 된 것이다. 따라서 옛 영광을 회복하려면 옛날의 종교를 회복시켜야 했다. 만약 로마의 전 국민이 다시 옛 신들을 섬긴다면, 신들 역시 다시 제국에 은혜를 베풀게 될 것이었다.

이것이 곧 데시우스의 종교정책의 기반이었다. 그것은 기독교인들의 부도덕함과 관련된 소문이나 황제숭배를 거부하는 자들의 고집과 관련된 문제가 아니었다. 이는 기독교로 말미암아 쇠약해진 조상 전래의 종교를 회복하기 위한 종교 정책의 쇄신이었다. 데시우스는 로마 자체의 생존이 위협을 받고 있다고 여겼다.

모든 사람들은 신들에게 제사를 지냈다는 것을 증명하는 증명서를 지녀야 했다. 이것은 그러한 증명서이다.

따라서 신들 숭배를 거부하는 것은 반역죄에 해당했다.

이러한 상황에서 데시우스의 박해는 이전의 것들과는 매우 다른 양상을 지녔다. 황제의 목적은 순교자들이 아닌 배교자들을 만들어내는 것이었다. 50여 년 전 터툴리안은 순교자들의 피를 씨라고 말했었는데, 이는 많은 피가 흐를수록 교인들이 증가했기 때문이다. 옛날 기독교인들의 용기 있는 고결한 죽음은 목격자들을 감동시켰으며, 따라서 박해는 오히려 기독교 확장을 가져온 듯했다. 따라서 기독교 신자들을 죽이는 대신에 협박하고 회유시켜 변절시킬 수 있으면, 이교를 회복시키려는 데시우스의 목표가 이루어질 것이다.

현재 데시우스의 칙령은 남아있지 않으나, 그가 기독교인들에 대한 박해를 명령한 것이 아니라 제국 전역에서 로마의 옛 신들 숭배를 의무화했음이 분명하다. 황제의 칙령에 따라 국민들은 신들에게 제물을 바치고 데시우스의 상 앞에 향을 피워야 했다. 이에 복종한 자들에게는 그 사실을 증명하는 증명서를 발부했다. 증명서가 없는 자들은 황제의 칙령을 어긴 범죄자들로 간주되었다.

당시 기독교인들은 새로운 도전에 대처할 준비가 되어 있지 못했다. 끊임없이 박해의 위협에 시달리던 시대는 지나갔고, 새 세대들은 순교의 준비가 되어 있지 못했다. 어떤 신자들은 황제의 명령에 복종했다. 일부는 한 동안 버티다가 막상 당국에 체포되어서는 제물을 바치고 분향했다. 어떤 이들은 제사를 지내지 않고 위조증명서를 매입했다. 황제의 칙령을 거부하고 굳건히 신앙을 지킨 사람들도 많았다.

데시우스의 목표는 기독교인들을 죽이는 것이 아니라 신들 숭배를 진작시키는 데 있었으므로 실제 순교자들은 적었다. 당국에서는 기독교인들을 체포하고 각종 회유와 협박과 고문을 통해 신앙의 부인을 강요했다. 이 정책 아래 오리겐이 투옥되고 고문당했다. 오리겐처럼 지조를 지킨 이들도 많았다. 당시의 탄압은 국부적이고 간헐적인 것이 아니라 조직적이요 전국적인 것이었다. 이처럼 황제의 칙령이 로마 전역에 적용되었다는 증거로서 당시 발부된 증명서들이 제국 곳곳에서 발굴되고 있다.

이 박해의 결과 교회 내에 "고백자"라는 새로운 칭호가 생겼다. 이전에는 체포되어 신앙을 끝까지 지킨 자들은 대부분 순교자가 되었고, 신들과 황제에게 제물을 바친 자들은 배교자(apostate)라 불렸다. 그러나 데시우스의 정책으로 말미암아 고문 속에서도 신앙을 지켰으나 순교의 면류관을 얻지 못한 자들이 등장했다. 이처럼 신앙을 지키고 생존한 인물에게 "고백자"라는 칭호가 주어졌는데, 이들은 신자들의 존경을 받았다. 데시우스의 박해는 오래 계속되지 못했다. A.D. 251년 황제 위에 오른 갈루스(Gallus)는 전임자의 정책을 중지시켰다. 6년 후 데시우스의 친구인 발레리안(Valerian)이 다시 박해를 시작했지만 그는 곧 페르시아인들에게 포로로 잡혔으며, 교회는 약 40년 동안 비교적 평화를 누릴 수 있었다.

배교자들에 관한 문제: 키프리안과 노바티안

데시우스의 박해 기간은 짧았으나 교회에게는 모진 시련이었다. 이는 박해 자체 및 그 후 교회가 직면하게 된 문제들 때문이었다. 교회 앞에 제기된 큰 문제는 "배교자", 즉 박해 때에 어떤 형태로든 신앙을 저버렸던 자들을 어떻게 취급할 것인가 하는 것이었다. 여기에는 몇 가지 복잡한 요인들이 있었다. 우선 모든 이들이 다 같은 정도로, 혹은 같은 형태로 신앙을 저버린 것은 아니라는 사실이다. 황제의 칙령이 발표되자마자 기꺼이 제사를 지낸 자들과 위조 증명서들을 구입한 자들, 혹은 일시 신앙이 약화되었으나 박해 기간 중에 교회로 돌아온 사람들을 동일하게 취급할 수 없었다.

교인들 중 일부는 당시 크게 존경받고 있던 고백자들에게 이 문제를 처리할 권위가 있다고 생각했다. 특히 북아프리카 지방의 일부 고백자들은 이러한 권위를 스스로 주장하면서 일부 배교자들을 교회로 복귀시켰다. 이것을 보고 많은 감독들이 크게 반발했다. 즉 교회의 기존 체제만 배교자들을 받아들일 권위가 있으며, 원래의 교회 조직만 통일성 있고 정당한 방법으로 이러한 조처를 취할 수 있다는 것이었다. 그밖에 어떤 이들은 고백자들과 감독들이 배교자들을 지나치게 두둔한다고 생각했으며, 배교자들을 더 엄하게 다루어야 한다고 주장했다. 이 문제를 둘러싼 논쟁에서 키프리안(Cyprian)과 노바티안(Nobatian)이 중요한 역할을 했다.

키프리안은 40세쯤 기독교로 개종했고, 얼마 후 카르타고 감독에 선출되었다. 그는 터툴리안을 신학자로서 존경하여 "스승"이라 불렀다. 그는 터툴리안처럼 수사학을 전공했으므로 유창한 웅변으로 반대자들을 물리치곤 했다. 그의 저술들은 당시 기독교 저술들 중 가장 뛰어난 것이다.

박해 직전에 감독이 된 키프리안은 다른 교회 지도자들과 함께 안전한 곳으로 피신하여 방대한 서신 왕래를 통해 교인들을 계속 지도하는 것이 자기의 의무라고 생각했다. 그러나 많은 사람들이 이러한 행동을 비겁하다고 간주했다. 예를 들어 당시 로마 교회는 박해 때문에 감독을 잃었는데, 그곳의 성직자들이 키프리안의 결정에 의문을 표하는 서신을 보냈다. 키프리안은 자기가 비겁해서가 아니라 교인들을 위해 피신했다고 주장했다. 이러한 그의 용기와 신념은 몇 년 후 순교자의 최후를 맞음으로써 증명되었다. 어쨌든 당시 그의 권위가 크게 실추되었으며, 특히 배교자들의 복원 문제에 있어서 신앙 때문에 곤경을 겪은 카르타고의 고백자들이 키프리안보다 더 큰 권위를 지닌다고 주장했다.

고백자들 중 일부는 배교자들이 회개를 표시하면 다른 절차 없이 교회로 복귀할 수 있다고 생각했다. 당시 여러 가지 이유로 감독을 싫어한 장로들 중 일부가 고백자들에게 합세함으로써 카르타고 및 인근 지역의 교회가 분열되었다. 키프리안은 이 지역 감독들의 모임을 소집했다. 그 회의에서는 실제 제사에 참여함이 없이 증명서를 구입 혹은 취득한 신자들을 조건 없이 교회로 다시 받아들이기로 결정했다. 제사에 참여한 자들은 임종 시에, 혹은 새로운 박해가 일어나 이들의 회개의 진실성을 증명할 수 있을 때에 성도의 교제를 회복시켜 주기로 했다. 제사에 참여했고 그 후 회개하지 않는 자들은 다시 교회로 들어올 수 없었다. 이 모든 결정들이 고백자들이 아닌 감독들에 의해 내려졌다. 분열이 한동안 계속되었으나 이러한 결정들로 말미암아 논쟁은 일단락되었다.

키프리안이 배교자들에게 교회의 교제에 다시 참여할 수 있는 길을 열어 주기 위해 노력한 것은 그의 교회관 때문이었다. 교회는 그리스도의 몸이며, 그 머리의 승리에 함께 참여할 것이다. 그러므로 "교회 밖에는 구원이 없으며," "교회를 어머니로 가지지 않은 자는 하나님을 아버지로 가질 수 없다." 그러나 이것은 신자가 교회의 계급제도에 전적으로 동의해야 한다는 의미는 아니다. 키프리안 자신도 로마의 교회 체제에 동의하지 않았다. 그러나 그는 역시 교회의 통일성이 가장 중요하다고 확신했다. 그런데 고백자들의 행동이 이러한 통일성을 위협하고 있었으므로 키프리안은 이들의 행위를 거부하고 감독회의에서 배교자 문제를 결정해야 할 필요성을 절감했다.

그뿐 아니라 키프리안은 터툴리안의 숭배자로서 그의 저술들을 열심히 연구했다. 터툴리안의 엄격한 경향은 키프리안에게 큰 영향을 미쳤으므로, 그는 배교자들을 지나치게 쉽게 복귀시켜 준다는 의견에 반대했다. 즉 교회는 성도들의 공동체였으므로 우상 숭배자들과 배교자들은 함께 참여할 수 없었다.

　노바티안(Novatian)은 키프리안보다 더 엄격했다. 그는 당시 로마 감독이던 코넬리우스(Cornelius)와 정면으로 충돌했다. 왜냐하면 교회가 너무 쉽게 배교자들을 받아들이고 있다고 여겼기 때문이다. 몇 년 전에도 로마에서 유명한 신학자인 히폴리투스(Hippolytus)와 칼릭스투스(Calixtus) 감독 사이에 비슷한 갈등이 있었다. 간음죄를 범한 자가 회개했을 때에 칼릭스투스는 다시 교회에 받아들이려 했으나 히폴리투스는 반대했기 때문이었다. 당시 이 문제로 말미암아 분파가 생겨 로마에 두 명의 감독이 존재하게 되었다. 노바티안의 경우도 결과는 동일했다. 교회에서 나타나는 또 다른 문제들의 경우에서도 볼 수 있듯이, 사건의 핵심은 순수성과 용서하는 사랑 중 무엇이 교회의 특성으로 우선하는가 하는 것이었다. 히폴리투스의 분파는 그리 오래 계속되지 않았다. 그러나 노바티안 분파는 그 후 수세대를 계속했다.

　이러한 사건들을 통해서 우리는 서방 교회가 자체의 순수성에 대한 관심 때문에, 그리고 죄를 하나님에 대한 집으로 이해했기 때문에 교회를 사랑의 공동체로 유지하면서 순수성을 유지하는 방법과 관련된 논쟁을 벌였음을 알 수 있다. 따라서 배교자들의 복귀는 일찍부터 서방교회의 주된 관심사였다. 세례 받은 후 죄를 범한 신자들의 처리 문제를 두고 그 후에도 서방 교회는 분열을 반복했다. 이 때문에 고해제도(penitential system)가 발전했다. 그 후 나타난 프로테스탄트 종교개혁은 어떤 면에서 볼 때 이러한 제도에 대한 반항이었다.

제11장
기독교인의 생활

형제들아 너희를 부르심을 보라 육체를 따라 지혜로운 자가 많지 아니하며 능한 자가 많지 아니하며 문벌 좋은 자가 많지 아니하도다 그러나 하나님께서 세상의 미련한 것들을 택하사 지혜 있는 자들을 부끄럽게 하려 하시고 세상의 약한 것들을 택하사 강한 것들을 부끄럽게 하려 하시며. —고린도전서 1:26-27—

    기독교 역사를 연구할 때 사용되는 자료들이 당시에 발생하고 있었던 상황 전체를 공정하게 제공하고 있지 않은 경우가 많음을 염두에 두어야 한다. 현재까지 남아있는 기록들의 대부분은 주로 교회 지도자들의 사상과 사역 혹은 박해나 국가와의 대결 등을 취급하고 있으므로, 이에 정신이 팔리다 보면 이러한 기록이 교회생활의 일부를 보여주고 있다는 사실을 잊기 쉽다. 그뿐 아니라 나머지 부분을 보충하려 해도 남아있는 자료가 거의 없으므로 자질구레한 정보들을 종합해야 한다는 난제에 부딪히게 된다.

초기 기독교인들의 사회적 계층

앞에서 이교도 저술과 켈수스의 주장을 인용한 바 있다. 즉 기독교인들이 무식한 사람들이며 그들의 교훈은 학교나 강연장이 아닌 부엌과 상점 또는 공장에서 행해진다는 것이다. 비록 저스틴, 클레멘트, 오리겐 등의 저술들을 살펴보면 켈수스의 주장이 허위라고 생각하기 쉽지만 켈수스는 당시의 일반적 진리를 전해주는 셈이다. 기독교인들 중 박식한 학자들은 일반적이 아니라 예외적이었다. 특히 오리겐이 『켈수스에 대항하여』(Against Celsus)라는 저술에서 이 문제에 관하여 켈수스를 반박하지 못한 점은 중요하다. 타키투스(Tacitus), 코넬리우스 프론토(Cornelius Fronto), 마르쿠스 아우렐리우스 등 교양있는 이교도들이 볼 때 기독교인들은 말할 수 없이 비열한 일반 대중이었다.

이들의 판단이 완전히 그릇된 것은 아니었다. 왜

헤루클라네움의 초라한 집에서 발견된 이 성궤는 1세기에 이곳에 기독교인들이 있었음을 증명해준다.

냐하면 최근의 연구에 의하면 처음 3세기 동안 기독교인들의 다수가 하류층 출신이었기 때문이다. 복음서에 증언에 의하면, 예수님은 대부분의 시간을 가난하고 병들고 핍박받는 자들과 함께 보내셨다. 대부분의 초대 사도들보다는 상류 계층 출신이었던 바울은 고린도 신자들이 대부분 무식하고 무력하고 천한 집안 출신이라고 밝힌다. 교회의 처음 3세기 동안의 삶의 모습에 관하여 같은 이야기를 할 수 있다. 도미틸라와 퍼페투아처럼 상류층 출신의 신자들도 있었으나, 교육과 지식 정도가 낮은 신자들이 압도적으로 많았다.

  이러한 평신도 층을 기반으로 하여 저스틴 및 기타 기독교 학자들의 것과는 매우 다른 저술들과 전설들이 등장했다. 이러한 저술들 중 가장 중요한 것은 외경에 속한 복음서들과 여러 사도들의 "행전" 및 동정녀 마리아의 "행전"들이다. 여기에는 베드로 행전, 예수가 아브가르 왕에게 보낸 편지(Epistle of Jesus to King Abgar), 마리아와 안디옥의 이그나티우스가 주고 받은 서신, 바돌로매 복음 등이 포함된다. 이러한 저술들에서는 기적이 우스꽝스럽도록 중요한 위치를 차지한다. 예를 들어 외경 복음서들 중 하나에서 소년 예수가 친구들의 물 항아리를 부수어 그 조각들을 우물에 던지는 놀이를 하고 계시다. 친구들이 부모님의 처벌이 무서워 눈물을 흘리자 예수는 다시 조각들을 불러 모아 완전한 항아리를 만들고 쏟아진 물들이 다시 돌아가라고 명령하신다. 또 예수께서 나무 꼭대기에 오르고 싶을 때 나무에게 그를 향해 고개를 숙이라고 명령하여 그 위에 올라타신 후 나무를 제자리로 돌려보내신다.[1]

---

1) *Armenian Gospel of the Infancy*, 23.2-3.

이처럼 순진한 믿음 때문에 당시의 일반 신자들을 과소평가해서는 안 된다. 이들의 신학을 교양 있는 신자들의 신학과 비교해 보면 후자가 항상 더 우수하지는 않다. 예를 들어 외경의 많은 저술들에 묘사된 적극적이고 주권적이며 공의로우신 하나님은 오히려 알렉산드리아의 클레멘트가 묘사한 하나님, 즉 말로 형용할 수 없고 멀리 떨어져 계신 분보다 더 성경에 묘사된 하나님의 모습에 가깝기 때문이다. 그뿐 아니라 유명한 변증가들이 기독교 신앙과 제국의 정책들 사이에 근본적 충돌이 없다는 점을 애써 주장하고 있었던 반면, 일부 평범한 신자들은 제국의 목표들과 하나님의 목적 사이에는 서로 피할 수 없는 충돌이 존재한다는 점을 깊이 의식하고 있었다는 점을 시사해주는 자료들이 남아있다. 이러한 신자들 중 하나는 당국에 체포되었을 때에 황제의 권위를 인정하기를 거부하고 "그리스도는 나의 주인이시며 모든 왕들과 나라들 위에 군림하시는 황제"라고 말했다. 또 일부 학식 있는 기독교 신자들이 기독교적 소망을 상징화시키고 영화(靈化)시킨 데 반해 일반 교인들의 신앙 속에는 당시의 질서를 능가할 하나님 나라의 비전, 그리고 당시 로마제국의 사회제도 속에서 흘려야했던 고난의 눈물을 하나님께서 씻어주실 새 예루살렘의 이상이 살아 있었다.

기독교 예배

예배는 사회의 모든 계층의 기독교인들이 지닌 공통된 경험이었다. 우리는 이 경험을 복원할 때에 주로 기독교 지도자들이 남긴 문서를 의지해야 한다. 그러나 평범한 신자들도 예배에 참석했으므로, 여기에서 모든 기독교인들의 생활을 살펴볼 수 있는 귀한 기회를 얻는다.

사도행전을 보면 초대교회는 처음부터 떡을 떼기 위해, 즉 성찬이나 주의 만찬을 위해 한 주의 첫째 날에 모였다. 한 주의 첫째 날에 모인 것은 그 날이 주님이 부활하신 날이었기 때문이었다. 그러므로 이 예배의 식의 주된 목적은 신실한 자들에게 회개를 촉구하거나 그들의 죄의 심각함을 의식하게 하려는 것이 아니라, 예수님의 부활을 기념하고 약속된 모든 신자들의 부활을 기억하기 위함이었다. 이런 까닭에 사도행전은 이러한 집회를 행복한 행사로 묘사한다: "날마다 마음을 같이하여 성전에 모이기를 힘쓰고 집에서 떡을 떼며 기쁨과 순전한 마음으로 음식을 먹고 하나님을 찬미하며 또 온 백성에게 칭송을 받으니 주께서 구원 받는 사람을 날마다 더하게 하시니라"(행 2:46-47). 초기 성찬 예배는 성 금요일의 사건들이 아니라 부활절의 사건들에 초점을 두었다. 새로운 현실이 시작되고 있었으므로 기독교 신자들은 그것을 기념하고 참여하기 위해 모였다.

그 때부터 교회의 역사 전체에서 기독교회는 성찬에서 예배의 정수를 찾았다. 비교적 최근에 많은 개신교 교회들이 예배에서 성찬보다 설교

지하무덤에서 발견된 이 그림은 초기의 성찬의식을 묘사한다. 성찬은 기독교 예배의 중심 활동이었다.

에 초점을 맞추는 것이 일반적인 관습이 되었다.

잘 알려져 있지만 부족한 감이 있는 신약성경의 자료 외에도 현존하는 다른 기록들을 종합하여 당시 기독교 예배의 모습을 추측할 수 있다. 이러한 기록들은 서로 다른 장소와 시기에 구성되었기 때문에 내용상 상이점들이 나타날 경우도 있으나, 이 자료들을 통해 성찬을 중심으로 한 예배의 전형적인 모습을 그려볼 수 있다.

초기 성찬예배의 가장 특출한 특징은 그것이 축하의 모임이었다는 것이다. 그 예배의 분위기는 슬픔과 회개가 아니라 기쁨과 감사였다. 처음에는 성찬이 식사의 일부였다. 신자들은 음식을 교회에 가져와 공동식사를 한 후에 빵과 포도주를 위한 특별 기도를 드렸다. 그러나 2세기 초에 공동식사는 폐지되었다. 이는 박해의 공포 때문에, "애찬"에 대한 소문을 없애기 위해서, 또는 단지 신자들이 많아졌기 때문이었을 것이다. 그러나 원래의 기쁨의 분위기는 지속되었다.

기독교 예배에 관한 가장 초기의 증언은 비티니아의 총독 소 필리니(Pliny the Younger)와 순교자 저스틴의 것이다. 이 두 사람은 2세기의 박해를 다룰 때에 언급되었다. 저스틴은 예배에 대해 다소 간단하게 말한다:

"일요일이라고 불리는 날이면 도시나 농촌에 사는 모든 신자들이 모인다. 그들의 집회에서는 시간이 허락되는 한 『사도들의 수상록』(Memoirs of the Apostles)이나 예언서가 봉독되었다. 봉독자가 봉독을 마치면 사회자가 권면하면서 이 아름다운 본보기들을 따르라고 권한다. 그 직후 모두가 일제히 일어서서 기도하고, 그 후에 앞에서 말한 것처럼 빵과 포도주와 물이 우리에게 제공된다. 가능하면 사회자가 하나님께 감사기도를 하며 모든 신자들은 '아멘' 이라고 응답한다. 그 다음에는 감사함으로써 축성된 음식을 분배하고 먹는다. 집사들은 그것들을 참석하지 않은 사람들에게 가져다준다. 하려는 능력과 뜻이 있는 사람들은 자신에게 가장 좋은 것이라고 여겨지는 것을 자유로이 기부하며, 헌물은 사회자에게 제공된다. 사회자는 이것을 가지고 고아들과 과부들, 질병 등의 이유로 궁핍한 사람들, 감옥에 갇힌 죄수들, 일시 체류자들 등 간단히 말해서 궁핍한 모든 사람들을 돕는다. 우리는 일요일에 이 전체 모임을 갖는다. 왜냐하면 이 날은 하나님이 어둠과 물질을 변화시키고 세상을 창조하신 날이요 우리의 구세주이신 예수 그리스도가 죽은 자들로부터 부활하신 날이기 때문이다."[2]

이것들 및 다른 전거들에 의하면 2세기 이후 성찬예배는 두 가지 중요한 부분으로 나누어졌다. 우선 성경봉독과 간단한 주해, 그리고 기도와 찬양이 제1부를 이루었다. 당시에는 기독교 신자가 개인적으로 성경을 소유하는 것이 거의 불가능했으므로, 신자들은 1부 예배를 통하여 성경 지식을 얻었다. 이 때문에 1부 예배 시간은 상당히 길어서 어떤 때는 몇 시간 동안 계속되었다. 기도와 축복으로 1부 예배를 마치고 세례를 받지 않은 신자들이 퇴장한 후에 평화의 입맞춤으로 2부 예배인 성찬예배가 시작된다. 입맞춤 후에 빵과 포도주를 집례자 앞에 가져오며, 집례자는 빵과 포도주를 위해 기도한다. 보통 상당히 긴 이 기도에서 주로 하나님의 구속 사역이 언급되었으며, 성령의 능력이 빵과 포도주에 임하기를 구했다. 그 후 빵을 쪼개어 분배했고, 신자들은 한 잔의 컵을 돌려가며

----

2) *1 Apol.*, 7.3-6.

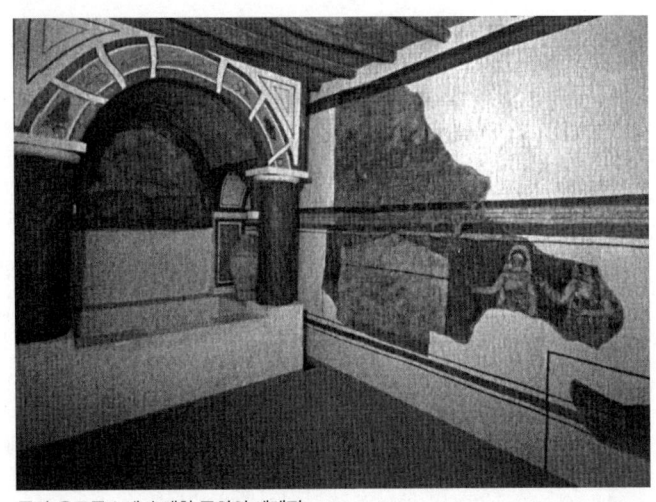
두라-유로포스에 소재한 교회의 세례당

포도주를 마시고 축도로 모임이 끝난다. 이 예배는 궁핍한 사람들과 함께 하는 나눔의 행사이기도 했다. 왜냐하면 그들을 위해 헌금을 거두었기 때문이다. 저스틴은 다른 곳에서 "우리는 모든 재산을 공유하며, 궁핍한 사람들과 나누어 가진다"[3]라고 말한다.

초기 기독교의 또 하나의 관습은 신자의 무덤에 모여 성찬식을 거행하는 것이었다. 이것이 카타콤(catacomb), 즉 지하묘지의 기능이었다. 어떤 저자들은 "지하묘지 교회"를 극적으로 묘사하여 마치 기독교인들이 당국의 눈을 피해 모인 비밀 장소로 표현했다. 이것은 과장에 불과하다. 지하묘지는 그 존재가 당국자들에게 잘 알려진 공동묘지였는데, 기독교인들만 지하에 매장하는 제도를 가지고 있었던 것이 아니기 때문이다. 경우에 따라 기독교인들이 카타콤을 은신처로 사용했지만, 그들이 그곳에 모인 것은 당국의 눈을 피해서가 아닌 다른 두 가지 이유 때문이었

---

3) *1 Apol.*, 14.1.

다. 첫째, 교회가 정부의 인정을 받지 못하여 재산을 소유할 수 없었지만 장례 협회들은 허락되었는데, 이들은 자체의 묘지를 소유할 수 있었다. 일부 도시의 기독교인들이 그러한 장례 협회들을 조직했으므로, 그들이 자기 소유의 공동묘지에서 모인 것을 이해할 수 있다. 그러나 더 중요한 것은 많은 신앙의 영웅들이 그곳에 묻혔고, 기독교인들은 성찬이 그들과 예수 그리스도를 결합해주며, 믿음의 조상들과도 연결해 준다고 믿었다.

이것은 특히 순교자들에게 적용된다. 2세기 중반에 순교자들의 기일에 무덤에 모여 성찬을 거행하는 것이 일상화되었다. 이는 죽은 자들도 교회의 일부이므로 성찬예식을 통하여 산 자와 죽은 자들이 한 몸임을 확인하는 것이다. 이러한 관습에서 성자들의 축일이 연유되었다. 그래서 이러한 축일들은 대부분 생일이 아니라 순교한 날을 기념하는 것이다. (순교자의 유물을 모으는 관습은 꽤 일찍 시작된 듯하다. 2세기 중반의 저술인 『폴리갑의 순교』에서는 폴리갑의 유해가 "진주보다 더 귀했을 것이다"라고 말한다.)

기독교인들은 지하묘지나 공동묘지보다는 개인 주택에서 주로 모였다. 신약성경에 그 증거들이 있다. 그 후 교인들이 증가함에 따라 오직 예배만을 위해 봉헌된 주택들이 생겼다. 두라-유로포스(Dura-Europos)에서 발굴된 가장 오래된 교회는 A.D. 256년 이전에 건축된 것으로 보이는데, 원래 개인 주택이었던 것이 교회로 전환 사용되었음이 분명하다.

교인들이 증가함에 따라 한 도시에 거주하는 모든 신자들이 한 데 모여 예배드리기가 불가능하게 되었다. 당시 교인들은 그리스도의 한 몸이 가지는 통일성을 중요하게 여겼기 때문에 한 도시에 여러 회중이 존재하기 시작하는 것을 보면서 무언가 상실한 듯한 느낌을 갖게 되었다. 이러한 일치의 유대를 보존하고 상징하기 위하여, 몇몇 도시에서는 감독의 교회의 성찬식에서 사용된 빵의 조각을 그 도시의 다른 교회들에게 보내어 성찬식의 빵에 섞어서 쓰도록 했다. 이것이 "분병"의 시초이다. 또 전 세계 기독교인들의 통일성을 상징하고 유지하기 위하여 개 교회는 인근 교회들에 시무하는 감독들의 목록을 보존하고, 성찬식 때 이들을 위해 기도했다. 보통 이러한 목록은 두 개의 석판이나 나무판에 쓰거나 새겨 한 데 묶어 보존했다. 이러한 판이 "양절판"(兩絕版, diptychs) 이다. 그 후 세월이 흐르면서 교회의 양절판에서 누군가의 이름을 삭제하는 것이 중요한 의미를 띠었다. 즉 이름을 기록하는 것이 일치의 유대의 상징이었듯, 이름을 삭제함으로써 그 유대가 깨졌음을 의미했다.

초기 기독교인들의 달력(calendar)은 단순했으며, 7일로 구성되는 한 주를 기본으로 했다. 주일은 일종의 부활절, 즉 기쁨의 날이었고, 금요일은 회개와 금식과 슬픔의 날이었다. 그런데 아직까지 분명히 밝혀지지 않은 이유로 수요일도 금식일로 지정되었다. 1년에 한 번 특별히 지키는 부활주일(Easter Sunday)은 가장 중요한 축일이었다. 그런데 불행하게도 어느 날을 부활절로 지켜야 할지에 관해 모든 기독교인들이 동의하지 못했다. 왜냐하면 일부는 유대교의 유월절에 기준하여, 또 다른 이들은 주일에 지킬 것을 고집했기 때문이다. 2세기에 이 문제 때문에 격렬한 논쟁들이 벌어졌다. 다른 이유들이 개입되어 있기는 하지만 오늘날도 전 세계 모든 교회들이 부활절 날짜에 동의하지 못하고 있다.

부활절에는 새로운 개종자들에게 세례를 베풀어 회중에 받아들였다. 저스틴의 말에 의하면 "믿는 자들이 씻음을 받고 우리와 하나가 되면,

우리는 우리 자신, 최근에 조명을 받은 사람들, 그리고 온 세상 모든 사람들을 위해 기도하기 위해서 그들을 형제자매라고 불리는 사람들이 모이는 곳으로 데려간다.…그곳에서 평화의 입맞춤이 행해지며, 집례자에게 빵과 포도주 한 잔과 물을 가져가고" 성찬식이 거행된다.[4]

예수님의 탄생과 관련된 가장 오래된 축일은 1월 6일 주현절(Epiphany)이었다. 주현절은 원래 예수님의 탄생을 축하하는 날이었다. 후일 특히 라틴어권인 서방의 일부 지역에서 12월 25일이 그 자리를 대신하기 시작했다. 12월 25일은 원래 이교의 축제일로서 콘스탄틴 시대(4세기) 이후 크리스마스로 대체되었다.

에베소의 폐허에 있는 5세기의 세례당

세례도 기독교 예배의 또 하나의 큰 사건이다. 이미 언급했듯이 세례를 받아야 성찬에 참여할 수 있었다. 사도행전에서는 사람들이 개종하자마자 세례 받았다고 기록한다. 대부분의 개종자들이 유대교 출신이었거나 그 영향을 깊이 받았던 초기 기독교 공동체에서는 이것이 가능했다. 왜냐하면 이들은 대부분 기독교인의 생활과 복음에 대한 기본적 이해를 지니고 있었기 때문이다. 그러나 교회 안에 이방인들이 많아지면서 세례받기 전에 준비와 연단과 교육을 위한 기간을 정할 필요가 생겼

---

4) *1 Apol.* 65.1-3.

다. 이것이 세례준비기간(catechumenate)으로서 3세기 초부터 실시되었다. 세례준비기간은 대개 3년이었다. 이 기간에 세례준비자들(catechumen)들은 기독교 교리에 관한 교육을 받았으며 확신의 깊이를 일상생활에서 증명해야 했다. 마지막으로 그들은 세례 받기 전에 시험을 통과해야 세례를 받고 세례자 명부에 이름을 올릴 수 있었다.

세례는 일반적으로 1년에 한 번 부활절에 행해졌다. 3세기 초부터 세례 받을 이들은 금요일과 토요일에 금식한 후에 예수님이 부활하신 시각인 주일 아침에 세례를 받았다. 세례는 완전 나체로 행해졌으며, 남자들과 여자들은 서로 분리되었다. 이들이 물에서 올라올 때 그리스도 안의 새 생명을 상징하는 흰옷이 주어졌다(골 3:9-12; 계 3:4). 그 다음에 그들에게 기름을 발라 그들을 왕 같은 제사장의 일부로 만들었다.

세례준비자들은 세례를 받은 후 행진하여 집회 장소로 갔고, 그곳에서 세례를 받은 자들은 회중에 합류하여 처음으로 성찬식에 참여했다. 그들의 안팎이 완전히 깨끗해졌다는 상징으로 그들에게 마실 물을 주었다. 그들이 들어가고 있는 약속의 땅의 상징으로 우유와 꿀도 주었다.

세례는 일반적으로 침례의 형태, 또는 물속에서 무릎을 꿇는 형태로 행해졌고, 그 후에 머리에 물을 붓는 형식을 취했다. 저술 일자가 분명치 않은 『12사도의 교훈』(Teaching of the Twelve Apostles)에서는 생수, 즉 흐르는 물에서 행하는 것이 좋다고 했다. 그러나 물이 충분하지 못한 곳에서는 성부와 성자와 성령의 이름으로 머리 위에 물을 세 번 붓는 것으로 집행할 수 있었다.

초대교회에서 유아세례를 베풀었는지에 관하여는 오늘날까지도 학자들 간에 이견이 있다. 3세기 초에 기독교인 부모에게서 탄생한 아기에게 세례를 베풀었다는 증거를 찾아볼 수 있지만, 현재 남아있는 기록으로는 확실한 결론을 내리기 어렵다.

교회의 조직

2세기 초의 교회에 감독, 장로 집사 등 세 가지 지도자 직분이 있었다. 일부 역사가들은 이 계급체계의 기원이 사도들에게 있다고 주장한다. 그러나 현존하는 문서들은 반대 방향을 지적하는 듯하다. 신약성경은 감독들과 장로들과 집사들에 관해 언급하지만, 이러한 직분들이 항상 서로 구별되어 존재한 것처럼 함께 나타나지는 않는다. 신약성경을 살펴보면 지역별로 개교회의 조직에 차이가 있었던 듯하다. 한동안은 "감독"과 "장로"의 칭호가 구별되지 않은 채 섞여 사용되었다. 또 일부 역사가들은 로마를 비롯한 몇몇 교회들이 한 사람의 감독이 아닌 일단의 감독들과 장로들의 지도를 받았다고 주장한다.

이미 설명한 바와 같이 교회는 2세기 말부터 3세기 초에 걸쳐 발생한 이단들에 대응하여 감독들의 권위와 사도전승 이론을 강조했다. 교회 내에 이방인들이 증가함에 따라 이단의 위험도 커졌으며, 이 때문에 감독들의 권위를 강화할 수밖에 없었다.

초대교회에서 여인들의 역할은 특히 주목할 만하다. 2세기 말 남자들이 교회의 지도적 위치를 독점한 것은 분명하다. 그러나 문제는 초기처럼 간단하지 않다. 특히 신약시대에 여인들이 지도적 위치를 차지했다는 시사들을 찾아볼 수 있다. 빌립에게는 "예언하던", 즉 설교하던 네 명의 딸이 있었다. 뵈베(Phoebe)는 겐그리아 교회의 여집사였으며, 유니아(Junias)는 사도들과 동등하게 이름이 기록되었다. 2세기 이단들에 대항하기 위해 교회가 권위를 중앙집권화하면서, 그 과정의 결과로 여인들이 교회 지도층에서 이탈된 것으로 보인다. 그러나 2세기 초에도 플리니는 트라얀에게 보낸 편지에서 자기가 두 명의 기독교 "여성 목회자들"(ministrae)을 고문했다고 보고했다.

초대교회의 여성들에 관해 말할 때 과부들을 빼놓을 수 없다. 사도행전은 초대교회가 그들 중에 있던 과부들을 부양했다고 전한다. 이것은 과부들과 고아들과 나그네들을 돌보라는 구약의 명령을 준행한 것이었다. 생활 방편이 없는 과부는 재혼하거나 자녀들을 의지할 수밖에 없었다. 이러한 경우 새 남편이나 자녀들이 기독교인이 아니라면 그녀는 신앙생활에 큰 방해를 받게 될 것이다. 따라서 교회는 과부들을 부양하면서 이들에게 특별한 책임을 맡겼다. 이러한 과부들 중에 순교의 최후를 맞은 이들도 있었다. 세례준비자들의 교육에 전심한 과부들도 있었다. 결과적으로 교회 안에서 "과부"라는 단어의 의미가 바뀌어서 남편과 사별한 여인이 아니라 교회 공동체로부터 생활비를 제공받으면서 공동체 안에서 특별한 기능을 수행한 결혼하지 않은 여인을 의미하게 되었다. 어떤 여성은 이러한 목회를 위해 독신의 길을 택했다. 이런 까닭에 "과부라 불린 처녀들"이라는 일견 이상한 구절들을 발견하게 되는 것이다. 결국 이러한 모습은 여성 수도원운동을 발생하게 했는데, 이 운동은 남자들의 수도원운동보다 더 일찍 발전한 것이었다.

적어도 2세기 초에 교회는 결혼식을 거행하기 시작했다. 이 때 안디옥의 이그나티우스는 결혼식을 행할 때는 감독에게 알려야 한다고 폴리갑에게 편지했다. 경건한 한 쌍의 남녀는 자기들의 결합을 성별하기를 원했을 것이다. 그러나 교회 내의 결혼에는 다른 기능, 즉 엄격히 법적이지 않은 결합을 인정하는 기능이 있었다. 그 시대의 법에 의하면, 부부의 사회적 신분 및 그에 동반되는 권리는 남편의 신분에 의해 결정되었다. 초대교회 내의 여성들의 사회적 지위가 남성들보다 높은 경향이 있었으므로 신자들의 공식적이고 합법적인 결혼은 아내에게서 권리와 지위를 박탈하는 심각한 결과를 초래할 수 있었다.

초대 기독교의 결혼의식. "당신이 하나님 안에서 살아가기를 원합니다"라고 새겨져 있다.

선교 방법

정확한 통계를 제시할 수 없지만, 초기 몇 세기 동안 교회가 크게 성장했음을 부인할 수 없다. 이것은 우리로 하여금 교회가 어떠한 방법으로 그러한 성장을 이루어냈는지에 대하여 궁금증을 갖게 한다. 초대교회는 "부흥회" 혹은 "사경회"를 행하지 않았다. 초기 예배는 성찬을 중심으로 했으며 세례 받은 신자들만 참여할 수 있었다. 따라서 전도는 교회 의식이나 예배가 아니었으며, 켈수스가 지적한 대로 부엌과 상점과 시장에서 이루어졌다. 저스틴과 오리겐 같은 몇몇 유명한 스승들은 자기들의 학당에서 논쟁을 벌여 지식인들을 개종시키기도 했다. 그러나 대부분의 초심자들은 무명의 기독교인들에 의해 전도를 받았다. 이러한

영국의 도싯의 빌라에서 발견된 그리스도를 묘사한 로마의 모자이크. 4세기의 것으로서 그리스도의 머리 뒤에 "Chi Rho"라는 기호가 새겨져있다.

증인들의 예를 극적으로 보여주는 것이 순교의 장면이었다. 따라서 원래 "순교자"라는 말은 "증인"을 의미했다. 마지막으로 일부 기독교인들은 기적을 행하여 복음을 전했다.

이처럼 기적을 행한 이들 중 가장 유명한 사람이 그레고리 타우마투르구스 (Gregory Thaumaturgus)인데, 이 이름은 "기적을 행하는 이" (wonderworker)라는 의미이다. 그는 본도(Pontus) 출신으로 오리겐의 주지적 전도를 통해 개심했다. 그는 본도에 돌아와 네오가이사랴 감독이 되면서, 신학 논쟁이 아닌 기적을 통해 복음을 전파했다. 그가 행한 기적은 주로 신유였으나, 홍수가 난 강물의 진로를 바꾸기도 했다고 한다. 또 사도들과 동정녀가 그에게 나타나 앞일을 인도했다는 기록도 찾아볼 수 있다. 그레고리는 우리가 그 후 찾아볼 수 있는 선교 방법을 사용했다. 즉 옛날 이교도들의 축일들을 기독교 축일로 대체시키고 이를 더 요란하게 지키는 데 힘썼다.

초기 기독교의 확장과 관련하여 또 하나의 놀라운 사실은 신약 시대 이후에는 바울과 바나바 같은 순회전도자들을 찾아볼 수 없다는 점이다. 따라서 초대교회 시대에 나타난 폭발적 복음의 전파는 전문 전도인 혹은 선교사들에 의해서가 아니라 노예들, 상인들, 광산에 강제 노역으로 끌려간 포로들, 그리고 여러 가지 이유로 여행해야 했던 많은 기독교인들의 노력에 의한 것이다.

마지막으로 기독교는 주로 도시에 전파되었으며, 농촌 지역 전도는 서서히 어렵게 이루어졌음에 주목해야 한다. 기원후 100년 로마제국의 항구 도시의 64%에 교회가 있었고, 내륙의 도시의 24%에 교회가 있었다. 180년에는 이 수치가 86%와 65%로 증가했다.[5] 콘스탄틴 대제 이후 오랜 세월이 흐른 후에 기독교는 제국의 농촌 주민들 대부분에게 전파되었다. ("pagan"이라는 단어는 원래 종교와 관계가 없었고 무례한 농촌 사람들을 언급하기 위해 사용되었다. 대부분의 도시 거주자들이 기독교인들이 된 후 지방에 존재하던 고대 종교들에게 paganism이라는 별명이 붙여졌다.)

기독교 예술의 시작

초기 기독교 신자들은 개인 집에서 모였으므로 이러한 집회 장소에 많은 장식이나 기독교 신앙의 상징물들이 있었다고 생각하기 어렵다. 혹시 그것들이 존재했다 해도 오늘날까지 남아있는 것은 없다. 그러나 기독교인들이 전용의 지하묘지 같은 공동묘지나 두라-유로포스의 것과 같은 자기들 소유의 교회들을 갖기 시작했을 때부터 기독교 예술이 발전하기 시작했다. 초기 예술은 대부분 지하묘지나 교회의 벽에 그려진 벽화들이다. 또 부유한 기독교인의 시신을 담은 석관의 장식으로 등장하기도 했다.

---

5) Rodney Stark, *Cities of God*(San Francisco: Harper San Francisco, 2006), 225.

성찬이 예배의 중심이었으므로 이를 시사하고 상징하는 장면들이 가장 흔히 나타난다. 그것은 성만찬 자체일 수도 있고, 다락방의 최후의 만찬인 경우도 있다. 어떤 때는 물고기와 빵을 담은 광주리만 그리기도 했다.

물고기는 가장 처음에 등장한 기독교의 상징들 중 하나였다. 이런 까닭에 성찬식 및 교회 생활의 다른 광경에 흔히 나타난다. 군중을 먹이신 기적에 관련될 뿐만 아니라 물고기를 의미하는 헬라 단어인 ICHTHYS가 "예수 그리스도, 하나님의 아들, 구세주"를 의미하는 문자로 해석될 수도 있기 때문에 물고기가 사용되었다. 이런 까닭에 본격적 예술 작품들뿐만 아니라 가장 고대의 기독교인들의 비명(碑銘)에도 물고기가 등장한다. 예를 들어 2세기 말 히에라폴리스의 감독이었던 아베르키우스(Abercius)의 비명은 믿음이 아베르키우스를 "무흠한 동정녀(마리아 혹은 교회?)에 의해서 낚아 올린 매우 크고 순수한 강에서 나는 물고기"와 함께 양육했다고 말한다. 또 "천국의 물고기들로 구성된 신적 인종", 혹은 "물고기의 평화" 등과 같은 비명도 찾아볼 수 있다.

기독교 예술에 등장한 장면에는 성경적 사건들이 많았다. 아담과 이브, 노아와 방주, 사막의 바위에서 흘러나오는 생수, 사자 굴에 들어간 다니엘, 풀무 속의 세 청년, 예수님과 사마리아 여인, 죽음에서 부활한 나사로 등을 예로 들 수 있다. 일반적으로 당시의 기독교 예술 작품들은 단순 소박한 것으로서 사실적이기보다는 암시와 상징을 주로 했다. 예를 들어 노아는 도저히 그를 태우고 물에 뜰 수 있을 것 같지 않은 작은 상자 안에 서 있는 모습으로 묘사되기도 했다.

결론적으로 고대 교회는 만왕의 왕의 상속자로 입양되었다는 사실에서 큰 기쁨을 발견한 평범한 사람들로 구성되어 있었다. 이러한 기쁨은 그들의 예배, 예술, 공동생활, 그리고 용감한 죽음 등으로 표현되었다. 이 신자들은 대부분 어느 사회에서나 가난한 자들이 영위해야 하는 질박한 생활을 벗어나지 못했다. 그러나 그들은 사회의 불의와 우상숭배를 파괴할 새 빛의 소망 속에서 기뻐했다.

제12장
대 박해와 최후의 승리

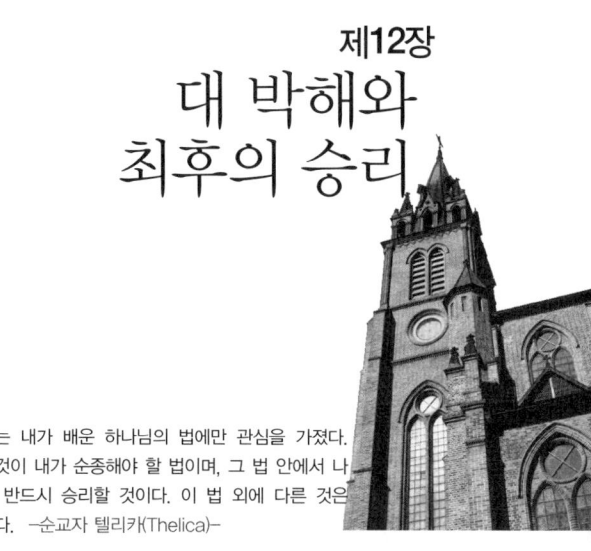

나는 내가 배운 하나님의 법에만 관심을 가졌다. 그것이 내가 순종해야 할 법이며, 그 법 안에서 나는 반드시 승리할 것이다. 이 법 외에 다른 것은 없다. ―순교자 텔리카(Thelica)―

데시우스와 발레리안의 박해 이후 교회는 비교적 오랜 기간 안정과 평화를 누렸다. 그러나 4세기 초에 마지막이자 가장 심한 박해가 발생했다. 당시 황제는 디오클레티안(Diocletian)으로서 제국을 재정비하고 새로운 번영을 가져온 인물이다. 디오클레티안은 특히 네 명의 황제들로 하여금 로마제국 전체를 분할하여 다스리게 하는 정책을 수행했다. 이들 중 둘은 "아우구스투스"(augustus)라고 불렸으니 동방에서는 디오클레티안 자신이, 그리고 서방에서는 막시미안(Maximian)이 그 자리를 차지했다. 이들 밑에 "카이사르"(caesar)라고 불리는 두 황제가 있었다. 디오클레티안 아래는 갈레리우스(Galerius)가, 막시미안의 휘하에는 콘스탄티우스 클로루스(Constantius Chlorus)가 있었다. 디오클레티안의 정치적·행정적 재능에 힘입어 이러한 권력의 분할은 디오클레티안이 최종적 권위를 유지하는 한 순조롭게 유지되었다. 이러한 권력 분할의 주된 목적은 권력의 이양을 질서있게 실행하기 위해서였다. 디오클레티안은 카이사르들로 하여금 그 위에 있는 아우구스투스를 승계하게 하고, 그 후에는 남은 황제들이 누군가를 지명하여 승진한 카이사르의 빈자리를 메우도록 했다. 디오클레티안은 이러한 방법으로 제국의 분열과 내란을 야기한 왕위 계승 투쟁을 종식시키려 했지만, 그의 소망은 이루어지지 못했다.

어쨌든 디오클레티안의 통치 아래 제국은 비교적 평화와 번영을 누렸다. 사소한 국경 분쟁들을 제외하고는 갈레리우스가 한 번은 다뉴브 강 유역의 평정을 위해, 또 한 번은 페르시아 원정을 위해 대군을 동원했을

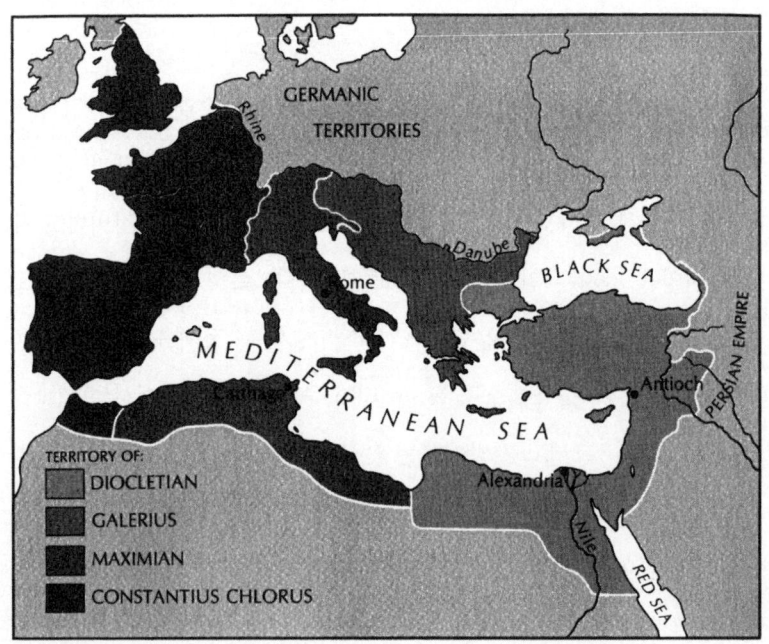

디오클레티안 시대의 제국

뿐이었다. 이 세 황제들 중 갈레리우스만 기독교에 대해 적개심을 품은 듯했다. 디오클레티안의 아내 프리스카(Prisca)와 딸 발레리아(Valeria)는 기독교인이었다. 따라서 교회의 평화가 보장된 듯했다.

최초의 불길한 조짐은 군대에서 시작되었다. 당시 병역에 관하여 기독교인들이 전체적인 의견을 모으지 못한 상태였다. 왜냐하면 당시 교회 지도자들의 대부분이 신자들의 입대에 반대했으나, 그럼에도 불구하고 많은 신자들이 군인을 자원했다. 어쨌든 A.D. 296년경 입대를 거부하거나 병역을 이탈하려 했다는 이유로 몇몇 기독교인들이 처형되었다. 갈레리우스는 기독교인들의 병역에 대한 태도를 심각한 위험으로 간주했다. 왜냐하면 결정적 시기에 기독교인 출신 군인들이 명령에 불복종할 가능성이 있기 때문이었다. 따라서 군부의 사기를 위해 갈레리우스는 군부에서 모든 기독교인들을 축출하도록 디오클레티안을 종용했다. 당시 디오클레티안의 칙령은 기독교인들을 군부에서 쫓아내는 것에 만족하고 있었다. 그러나 어떤 지역의 장교들은 지나친 충성심 때문이었는지, 병력 상실을 두려워한 이유인지 기독교인 병사들에게 신앙을 거부하도록 강요했다. 이 때문에 갈레리우스의 통솔 아래 있는 다뉴브 강 주둔군 안에서 많은 병사들이 처형되었다.

이러한 사건들이 있은 후 기독교 인들에 대한 갈레리우스의 편견이 더욱 심해진 듯하다. 그는 303년 디오클레티안을 설득하여 기독교인들에게 불리한 새 칙령을 공표하게 했다. 그러나 이때에도 그의 목표는 기독교인들을 죽이려는 것이 아니라 제국의 고위 관직에서 축출하려는 데 있었다. 그리하여 기독교인들을 공직에서 해임하고, 기독교 건물들과 서적들을 파괴하라는 명령이 발표되었다. 처음에는 이 명령이 준엄하게 수행되지 않았다. 그러나 상황이 악화되어 많은 기독교인들이 자기들의 경전들을 포기하기를 거부함에 따라 고문과 처형이 자행되었다.

그 때 황궁에서 두 차례 화재가 발생했는데, 갈레리우스는 그것이 교회의 파괴와 서적들의 소각에 대해 복수하기 위한 기독교인들의 소행이라고 주장했다. 그러나 당시 기독교 저술가들 중 일부는 갈레리우스가 기독교인들에게 죄를 덮어씌우기 위해 불을 질렀다고 기록하고 있다. 어쨌든 디오클레티안은 기독교인들에게 분노를 터뜨려 황실을 섬기는 모든 기독교인들에게 신들에게 제사를 지내도록 엄명했다. 이때 프리스카와 발레리아는 명령에 순종했으나 당시 수상(首相)이었던 도로테우스(Dorotheus) 등 몇 명은 순교를 택했다. 제국 전역에서 교회들과 경전들이 불탔으며, 관리들은 제국에의 충성을 증명하기 위해 기독교인들을 처형했다. 당시 박해가 비교적 덜했던 곳은 콘스탄티우스 클로루스가 다스리는 지역이었던 듯하다. 그는 몇몇 교회 건물들을 부수는 것으로 박해를 제한했다. 적어도 이것이 콘스탄티우스에게 호감을 갖고 있던 교회사가 유세비우스(Eusebius)의 기록이다.

상황은 악화되었다. 당시 일부 지역에서 소요가 있었으며, 디오클레티안은 기독교인들이 반역을 꾀한다고 확신했다. 그리하여 그는 모든 기독교 지도자들을 체포하라고 명했고, 얼마 후에는 기독교인들 모두가 신들에게 제사를 지내야 한다고 명했다.

그리하여 초대 교회가 겪어야 했던 가장 잔인한 박해가 시작되었다. 데시우스의 본을 좇아 기독교인들에게 신앙의 포기를 강요했다. 수십 년 동안 평안한 생활에 젖어 있던 많은 기독교인들이 압력에 굴복했다. 나머지는 교묘하고도 잔인한 방법으로 고문을 받고, 결국 각종 잔인한

디오클레티안 시대의 박해는 초대 교회에 가해진 가장 잔인한 박해였다. 실제의 고문과 순교 이야기에 많은 전설이 더해졌다. 이 그림은 프란치스코 갈레오의 작품으로서 경건한 기독교인들이 거듭 언급하며 예술에서 종종 다루어지는 의심스러운 사건들, 즉 아카시우스와 천여 명에 달하는 동료 신자들의 십자가 처형을 묘사하고 있다.

방법으로 처형되었다. 상당수는 숨을 수 있었는데, 그들 중 일부는 경전들을 가지고 갔다. 신자들 중 일부는 국경을 넘어 페르시아로 도망했는데, 이 때문에 신자들의 충성에 대한 황제의 의심은 깊어졌다.

　이러한 일들이 발생하는 동안 갈레리우스는 제국 최고의 권력을 차지했다. 304년 디오클레티안은 중병에 걸렸는데 후에 치유되었으나 항상 건강이 좋지 못했다. 이때 갈레리우스는 그를 방문하여 회유와 협박으로 양위를 약속받았다. 그는 자기의 뛰어난 군대를 동원하여 그의 영토와 접경지대에 있는 막시미안의 영토들을 침략하겠다고 위협함으로써 막시미안의 양위를 이루어냈다. 305년 디오클레티안과 막시미안이 퇴위하고 갈레리우스와 콘스탄티우스 클로루스가 아우구스투스의 칭호를 차지했다. 이들 아래 있던 두 사람의 카이사르, 즉 세베루스(Severus)와 막시미누스 다이아(Maximinus Daia)는 갈레리우스의 꼭두각시들에 불과했다.

　이 일련의 사태는 콘스탄티우스와 막시미안의 아들들, 즉 콘스탄틴(Constantine)과 막센티우스(Maxentius)를 지지하는 군부의 원성을 자아냈다. 당시 콘스탄틴은 콘스탄티우스 클로루스의 충성을 보장하기 위한 인질로 갈레리우스의 궁전에 머물고 있었다. 그러나 그는 탈출에 성공하여 부친과 합류했다. 그의 부친이 죽은 후 병사들은 갈레리우스의 정책에 반대하여 콘스탄틴을 자기들의 아우구스투스로 선언했다. 한편 막센티우스가 로마 공략에 성공하고 세베루스는 자살했다. 갈레리우스는 막센티우스의 영역에 침입했다. 그러나 휘하 병사들이 막센티우스의 편으로 도망하고 합류했으므로 그는 더 큰 지원을 받을 수 있는 제국의 동쪽 지역으로 귀환해야 했다. 궁지에 몰린 갈레리우스는 당시 은퇴 상태에 있던 디오클레티안에게 도움을 청했다. 디오클레티안은 자신이 여러 경쟁자들 사이의 평화와 협상을 조정할 수는 있지만 은퇴하여 양배추를 기르는 것이 행복하다고 선언하고, 제국의 정부에 복귀하기를 거부했다. 그 결과 제국은 혼란에 빠졌고, 그 와중에 새로운 아우구스투스로 리키니우스(Licinius)가 선출되었다. 그러나 이때 이미 제국의 각 지방에서는 야심적인 무장들이 세력을 모으고 있었으므로 내란의 발생은 불가피했다. 한편 콘스탄티우스 클로루스의 아들 콘스탄틴은 기회를 엿보면서 고울(Gaul)과 브리튼(Great Britain) 일대에서 세력을 강화하고 있었다.

이러한 정치적 혼란 중에도 박해는 계속되었다. 각 지역을 다스리는 황제들의 재량에 따라 그 양상이 사뭇 달랐다. 콘스탄틴과 막센티우스가 다스리는 서방의 대부분 지역에서는 박해가 그리 심하지 않았다. 왜냐하면 이 두 황제는 기독교 적대 정책을 자기들의 정적(政敵)인 갈레리우스의 포행으로 간주했기 때문이다. 갈레리우스와 그의 부하 막시미누스 다이아(Maximinus Daia)는 계속 기독교인들을 박해했다. 막시미누스는 기독교인들의 신체를 절단한 후 채석장에 보내 강제노역을 시켰다. 그러나 많은 신자들이 채석장에서 교회를 조직했으므로 막시미누스는 이들을 처형하거나 또 다른 곳으로 보낼 수밖에 없었다. 순교자들은 점점 더 증가하고 장래의 소망이 없는 듯했다.

예기치 않은 곳에서 도움이 왔다. 갈레리우스가 중병에 걸렸다. 이 병이 하나님의 심판이라는 신자들의 말을 들었음인지 그는 마지못해 정책을 수정했다. A.D. 311년 4월 30일 그는 다음과 같이 선언했다.

"우리는 이제까지 제국의 번영을 위해 반포한 모든 법들을 통하여 로마인들의 전통과 질서를 복구하고자 했다. 우리들은 특별히 자기들의 선조와 신앙을 저버린 기독교 신자들이 진리로 돌아오기를 바라고 있었다.…황제의 칙령이 반포된 후 많은 이들이 생명을 구하기 위해 이에 복종했으며, 몇몇은 처벌받는 길을 택했다. 그러나 아직도 자기들의 고집을 꺾지 않는 자들이 있는데, 이들은 신들을 예배하거나 섬기지 않으며, 자기들 자신의 신도 숭배하지 않았다. 따라서 만인들을 향한 자비의 눈으로 볼 때에 이들을 사면하고, 이들이 공공질서를 해치지 않는 한 다시 한 번 그들이 그리스도인들이 되도록 허용하고, 자기들끼리 집회할 수 있도록 허용하는 것이 옳을 듯하다.

또 다른 칙령을 통해 공직자들이 이 문제를 어떻게 취급해야 할지를 지시하게 될 것이다.

이러한 은혜에 보답하여 기독교 신자들은 제국이 번영을 누리고 자기들 스스로가 평안하게 그 생명을 보존할 수 있도록, 우리들과 공공복리와 자기 자신들을 위해 자기들의 신에게 기도해야 한다."[1]

이 칙령으로 말미암아 교회가 로마제국으로부터 겪은 가장 혹심한 박해가 종식되었다. 곧 감옥의 문이 열리고, 온 몸에 고문의 흔적을 가진, 그러나 하늘의 역사에 감사하는 많은 죄수들이 석방되었다.

갈레리우스는 그로부터 닷새 후에 사망했다. 기독교인들을 박해한 자들이 참혹한 죽음을 당했음을 강조한 기독교 역사가 락탄티우스(Lactantius)는 갈레리우스의 회개가 너무 늦었음을 지적했다.

---

1) Eusebius of Caesarea, *Church History* 8.17.6-10.

이제 제국은 리키니우스, 막시미누스 다이아, 콘스탄틴, 막센티우스 사이에 사등분되었다. 리키니우스, 막시미누스, 그리고 콘스탄틴은 서로를 인정하고 막센티우스를 반역자로 규정했다. 이들 중 막시미누스 다이아만 갈레리우스가 중단한 박해를 재개했다.

박해를 종식시킬 거대한 정치적 변혁이 발생할 순간에 있었다. 이전의 음모와 내란 속에서 외교적 해결책만 추구했던 콘스탄틴은 결국 자기를 제국의 주인으로 만들 전쟁을 시작했다. 아무도 예기치 못하고 있었을 때에 콘스탄틴은 갑자기 병사들을 고울 지방에 모으고 알프스 산맥을 넘어 막센티우스의 수도 로마를 향해 진군했다. 급습을 당한 막센티우스는 콘스탄틴의 병사들 앞에서 자기의 요새들을 방어할 수 없었다. 그는 겨우 로마에 군대를 모아 고울의 침입자에게 대항하려 했다. 로마 자체의 수비는 완벽했다. 만약 막센티우스가 현명하게 성 안에 머물러 방어전을 폈다면 역사의 진로는 달

콘스탄틴은 유일한 황제가 되었고, 그의 통치 덕분에 교회의 새 시대가 시작되었다.

라졌을지도 모른다. 그러나 그는 주술가들의 의견을 따라 일전을 벌이기로 했다.

콘스탄틴을 알고 있었던 두 명의 기독교 연대기 작가들에 의하면 콘스탄틴은 전투 전날 저녁에 계시를 받았다. 둘 중 한 사람인 락탄티우스에 의하면, 콘스탄틴은 꿈에서 기독교의 상징을 병사들의 방패에 부착하라는 명령을 받았다고 한다. 또 다른 작가인 유세비우스에 의하면 "이것으로 정복하리라"는 단어들과 함께 공중에 환상이 나타났다고 한다. 어쨌든 콘스탄틴은 병사들의 방패와 군기에 헬라 문자로 chi와 rho를 겹쳐 쓴 것처럼 보이는 상징을 그리도록 했다. 그것은 "그리스도"(Christ)의 처음 두 문자이므로 이 표식은 기독교의 상징이었으리라고 짐작된다. 기독교인들은 이 순간을 가리켜 콘스탄틴이 회심한 위대한 역사적 순간이라고 불렀으나, 역사가들은 이 사건 후에도 콘스탄틴이 계속 정복되지 않는 태양을 섬겼음을 지적한다. 콘스탄틴의 회심은 오랜 기간에 걸쳐 이루어진 과정이었다.

중요한 사실은 막센티우스가 패배하여 밀비안(Milvian) 다리에서 싸우다가 떨어져 강에 빠져 죽었다는 사실이다. 그리하여 콘스탄틴은 제국 서부 전체의 주인이 되었다.

전쟁을 시작한 콘스탄틴은 속전속결을 위주로 했다. 그는 밀비안 다리에서 승리를 거둔 후 밀란(Milan)에서 리키니우스를 만나 동맹을 맺었다. 이곳에서 맺은 협정의 일부는 기독교인들에 대한 탄압을 중지하고, 그들의 교회들과 묘지들과 기타 재산들을 돌려준다는 것이었다. 일반적으로 "밀란 칙령"으로 알려진 이 협정이 박해의 최후 종식을 의미함에도 불구하고 사실은 갈레리우스의 칙령이 훨씬 더 중요하며, "밀란 칙령" 이후에도 막시미누스 다이아는 박해 정책을 계속 유지했다. 결국 다음 장에서 취급될 일련의 사건들을 통하여 콘스탄틴은 제국의 유일한 황제가 되었고 박해는 종식되었다.

이 사건이 교회의 승리를 의미하는지, 보다 새롭고 복잡한 난제들의 시작을 의미하는지는 앞으로 연구하게 될 것이다. 콘스탄틴의 회심이 교회에 큰 변화를 가져왔지만, 아울러 새로운 문제들이 제기되었다. 스스로를 목수의 종들이라 부르며 어부들과 노예들과 국가에 의해 사형에 처해진 범죄자를 영웅으로 삼은 인물들이 갑자기 제국의 영화와 권력에 둘러싸이게 될 때 어떤 현상이 발생하겠는가? 과연 이들이 신앙을 굳게 지킬 수 있겠는가? 그렇지 않다면 야수들과 고문에도 굴하지 않던 인물들이 사회적 특권과 풍족한 생활의 유혹에 넘어갈 것인가? 이러한 질문들이 다음 세기의 기독교회가 직면한 도전들이었다.

제2부 · 제국교회

제13장
콘스탄틴 대제

> 영원하고 거룩하고 측량할 수 없는 하나님의 선하심은 우리가 암흑 속에서 헤매지 않도록 구원의 길을 보여 주신다.…나는 이것을 나 자신과 다른 사람들에게서 발견했다. —콘스탄틴—

앞 장에서는 콘스탄틴이 밀비안 다리에서 막센티우스를 패배시키고 리키니우스와 함께 박해를 종식시키는 데까지 살펴보았다. 이제 그가 어떠한 경로를 통해 로마 제국의 유일한 통치자가 되었는지 살펴보자. 그의 회심의 본질과 진실성에 관한 문제도 다루어야 할 것이다. 그러나 기독교 역사를 위해 가장 중요한 것은 콘스탄틴의 신앙이 얼마나 진실했는가, 혹은 그가 기독교 신앙을 얼마나 잘 이해했는가 하는 문제가 아니고, 그의 회심과 통치가 그의 생애와 그 이후에 미친 영향이다. 그가 남긴 영향이 얼마나 컸던지 많은 학자들이 그의 통치 이후 교회는 계속 "콘스탄틴 시대"에 속해 있으며, 21세기의 교회는 이 긴 시대의 종말과 연결된 위기를 경험하고 있다고 주장해왔다. 이 주장의 사실 여부는 현대교회사에서 취급해야 할 것이다. 어쨌든 콘스탄틴의 종교정책이 기독교의 진로에 큰 영향을 미쳤으므로, 제2부의 내용은 그의 종교 정책들에 대한 반응과 적응이라 할 수 있다.

로마에서 콘스탄티노플로

밀비안 다리 전투 이전부터 콘스탄틴은 통치 영역 확장을 준비해왔다. 이를 위하여 그는 고울 지방과 영국에 기반을 마련했다. 그는 야만족들이 끊임없이 위협하는 라인 강으로 이어지는 국경 지대를 강화하는 데 5년 이상을 소모했다. 그는 의롭고 지혜로운 통치를 통하여 그 지역 주민들의 환심을 사려 했다. 그가 이상적인 지도자였다는 것은 아니다.

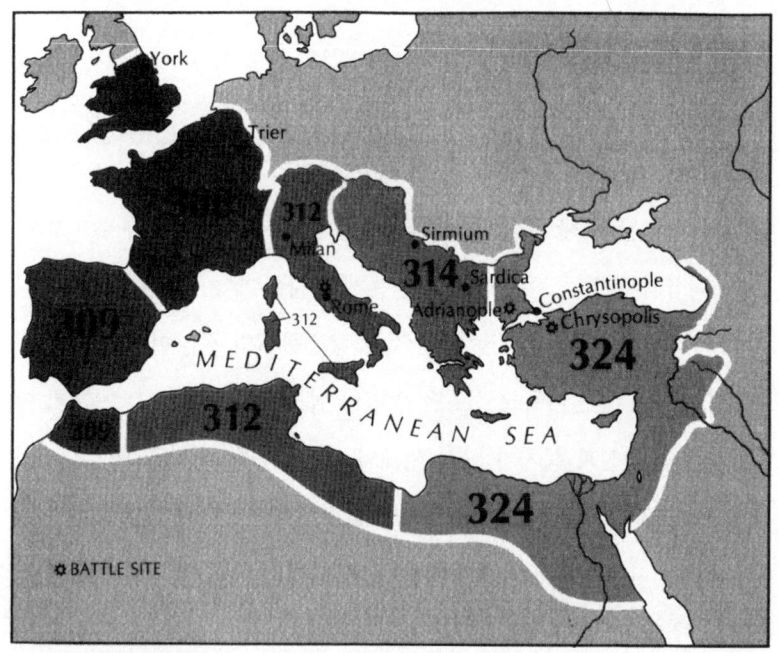

콘스탄틴 황제의 세력 증가

장엄한 예식과 사치를 좋아한 그는 수도 트리어(Trier)를 치장하기에 바빠 각종 공공시설을 소홀히 함으로써 인근 지역의 상하수도가 마비되어 이 고장 경제의 기본을 이루던 포도원이 수몰되기도 했다. 그러나 그는 신민(臣民)들의 공개적 분노와 반란을 유발하지 않는 한도에서 최대한의 세금을 거두어들이는 기술을 습득한 인물인 듯하다. 그는 야만족의 침입에 대비하여 국경을 튼튼하게 지킴으로써 고울 주민들의 인심을 얻었다. 또 피와 폭력을 좋아하는 자들을 위해서는 경기장에서 각종 유희와 격투기를 공연했다. 당시 사가(史家)들이 전하는 바에 의하면, 이러한 공연에서 얼마나 많은 야만족 전쟁 포로들이 죽었던지 동원된 짐승들마저 사람을 죽이기에 싫증을 낼 정도라 했다.

  정치가로서의 콘스탄틴은 노련하고 빈틈없는 인물로서 자신의 위치를 강화한 후에 적수들을 하나씩 물리쳐 나갔다. 막센티우스에 대한 그의 정벌이 갑작스러운 것처럼 보이지만, 그는 여러 해 동안 군사적·정치적으로 이를 준비했었다. 그가 막센티우스에 대항한 전투에 전체 병사들의 사분의 일을 투입하여 자기지역의 반란과 만족들의 침입에 대비한 것은 그의 조심성을 증명해 준다. 외교 부문에서는 막센티우스의 이웃에 있던 리키니우스가 자기의 전쟁을 이용하여 막센티우스의 영토를 범하지 못하도록 주의했다. 그는 이러한 사태를 예방하기 위해 이복여동생 콘스탄스를 그와 결혼시켰는데, 장래의 매제와 은밀한 계약을 맺었을 수도 있다. 웬만한 사람이면 이 정도로 안심했을 것이다. 그러나 그는 리키니우스가 막시미누스 다이아와의 전쟁에 개입할 때까지 기다린 후에 비로소 이탈리아에 침입했다.

콘스탄틴 황제는 1,000년이 넘도록 교회에서 기억되고 있다.

밀비안 다리의 승리로 말미암아 콘스탄틴은 제국의 서방을 지배하게 되었고, 동방은 여전히 리키니우스와 막시미누스 다이아가 분할 통치했다. 그는 동맹관계를 강화하기 위해 밀란에서 리키니우스를 만났으며, 이를 통해 리키니우스는 공동의 적수인 막시미누스 다이아를 대항하여 더욱 더 큰 규모의 전쟁을 벌였다. 리키니우스는 신속하게 움직였다. 적이 소규모의 군대를 이끌고 나타나 자신을 패배시켰을 때 막시미누스는 비잔티움-후일 콘스탄티노플, 오늘날의 이스탄불- 인근에 있었다. 막시미누스는 도주하여 얼마 후에 사망했다.

그리하여 이집트를 포함하여 이탈리아 동쪽 전체의 지역을 다스린 리키니우스와 이탈리아와 서유럽과 북아프리카를 통치한 콘스탄틴에 의해서 제국이 양분되었다. 두 황제는 결혼에 의해 맺어진 관계에 있었으므로 내란은 종식된 듯했다. 그러나 리키니우스와 콘스탄틴 모두 제국의 유일한 패자(覇者)가 되기를 꿈꾸었으므로 방대한 영토도 이 둘을 다 수용할 수 없었다. 한동안 이 두 경쟁자는 장래의 불가피한 대결을 준비하기 위해 세력을 모으는 데 부심했다.

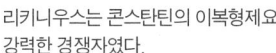
리키니우스는 콘스탄틴의 이복형제요 강력한 경쟁자였다.

마침내 전쟁이 시작되었다. 콘스탄틴을 암살하려는 음모가 발각되었는데, 수사 결과 리키니우스의 친척이 연루되었음이 밝혀졌다. 리키니우스는 자기 영토로 도망해온 이 친척을 콘스탄틴에게 송환하기를 거부했고, 결국 콘스탄틴에 대한 전쟁을 선포했다. 후일 기독교 역사가들은 이 전쟁의 원인이 리키니우스에게 있는 것처럼 묘사하지만, 실제로 콘스탄틴은 매제와의 전쟁을 원했으며 그가 먼저 공격한 것처럼 만들었다. 콘스탄틴에게 허를 찔렸음을 깨달은 리키니우스는 화해를 청했다. 이번에도 콘스탄틴은 정치적 능력과 인내심을 발휘하여 니키니우스가 다스리던 유럽 영토의 대부분을 취하는 데 만족했다.

한동안 평화가 계속되었다. 콘스탄틴은 이 기간을 이용하여 새로 정복한 영토에서 권력을 강화했다. 그는 제국의 서방에 거주하는 대신 처음에는 시르미움(Sirmium)에 본부를 두었고 후에는 사르디카(Sardica, 오늘날의 소피아)로 옮겼다. 이 두 도시는 콘스탄틴이 최근 정복한 지역에 위치했으므로, 콘스탄틴은 리키니우스를 감시하고 그 지역 통치를 강화할 수 있었다.

두 황제 사이의 갈등이 계속 심화되었으나 정전(停戰)은 322년까지 지속되었다. 갈등의 주된 이유는 두 사람의 야망이었는데, 이것은 그들의 아들들에게 주어질 칭호와 영예에 대한 문제로 표출되었다. 그러나 전쟁이 벌어질 무렵에는 종교정책이 문제의 초점으로 등장했다.

리키니우스의 종교 정책에 대해 살펴볼 필요가 있다. 왜냐하면 콘스탄틴이 승리를 거둔 후 일부 기독교 저술가들은 리키니우스의 입장을 불리하게 기록했기 때문이다. 그런데 밀란 칙령 이후 수년 동안 리키니우스는 기독교인들을 박해하지 않았다. 당시의 한 기독교 저술가는 막시미누스 다이아를 패배시킨 리키니우스의 승리에 관해 기록하면서, 환상을 포함하여 이 사건을 막센티우스에 대항한 콘스탄틴의 승리와 비슷하게 묘사하고 있다. 그러나 리키니우스 영토 내의 기독교는 여러 가지 문제로 분열되어 있었으며, 이러한 분열은 공공질서를 위협했다. 리키니우스가 질서를 유지하기 위해 친위대 병력을 동원하자, 자기들이 천대받았다고 생각한 일부 기독교 집단은 콘스탄틴을 진정한 신앙의 수호자요 "하나님이 사랑하시는 황제"라고 생각하기 시작했다. 리키니우스는 기독교인이 아니었다. 그러나 그가 기독교 하나님의 세력을 두려워했다는 암시들이 남아있다. 따라서 그는 신민들 중 일부가 자기의 적수를 위해 기도하자 이를 반역으로 간주했다. 이에 따라 그는 일부 기독교인들을 박해했으며, 이러한 행동은 콘스탄틴으로 하여금 박해자 리키니우스에 대항하여 기독교를 보호한다는 명분을 제공했다.

332년 콘스탄틴은 다뉴브 강을 건너온 야만족을 추적한다는 구실로 리키니우스의 영토에 침입했다. 리키니우스는 이를 고의적 도발로 해석하고 군대를 아드리아노플(Adrianople)에 모은 후 자신의 군대보다 규모가 작은 콘스탄틴의 군대를 기다렸다.

당시의 사가들은 리키니우스가 콘스탄틴의 군기의 마술적 효력을 두려워하여 병사들에게 기독교 상징을 바라보지 말고 정면공격을 하지 말라고 명령했다고 한다. 만약 이것이 사실이라면 군대의 사기는 꺾였을 것이다. 어쨌든 장기간의 처절한 전투에서 소수인 콘스탄틴의 군대가 승리했고, 리키니우스는 비잔티움으로 도주했다. 그의 아내 콘스탄스는 앞으로의 교회사에서 중요한 역할을 담당할 니코메디아(Nicomedia)의 감독 유세비우스(Eusebius)와 함께 오빠 콘스탄틴에게 남편의 구명을 요청했으며, 콘스탄틴은 리키니우스가 퇴위하면 목숨을 살려주겠다고 약속했다.

콘스탄틴은 337년 사망하기까지 13년 동안 통치했다. 이전의 내란과 음모로 가득한 세월에 비교해 볼 때, 이 기간은 재건과 번영의 시기였다. 그러나 정치적 불안은 계속되었으며, 황제에 대한 반역의 죄목으로 많은 사람들이 사형에 처해졌다. 이들 중에는 리키니우스와의 전쟁에서 아버지의 함대를 통솔했던 맏아들 크리스푸스(Crispus)도 포함된다.

콘스탄틴은 단지 권력을 누리기 위해 절대 권력을 추구한 것이 아니었다. 그는 이전의 데시우스나 디오클레티안처럼 옛 로마의 영광 회복을 꿈꾸었다. 차이점은 데시우스와 디오클레티안이 이교의 복구를 통해 목적을 이루려 했던 데 반해, 콘스탄틴은 기독교 토대 위에서 이를 성취하려 했다는 점이다. 이러한 정책을 완강하게 반대한 인물들은 로마 내에, 특히 옛 신들과 관습의 소멸을 애통해 하던 옛 귀족층들이 소속되었던 원로원에 속해 있었다. 몇 해 전 콘스탄틴은 리키니우스와 최후의 결전을 치르기 위해 로마 원로원과 격돌한 바 있었다. 이제 제국의 절대 권력자가 된 그는 보다 과감한 정책을 수행했다. 그는 역사에 영원히 남을 "새 로마"를 건설하고 그 이름을 "콘스탄틴의 도시"를 의미하는 콘스탄티노플이라 하려 했다.

콘스탄틴은 리키니우스와의 전쟁 기간에 비잔티움의 전략적 가치를 의식하게 된 듯하다. 이 도시는 유럽의 첨단에 위치해 있고 거의 소아시아와 닿아 있었으므로 유럽과 아시아를 잇는 다리가 될 만했다. 그뿐 아니라 수비를 강화하기만 하면, 비잔티움은 지중해와 흑해를 잇는 보스포루스 해역을 통치할 수 있었다. 수십 년 전 페르시아와 체결한 평화조약이 끝날 때가 되었으므로 황제는 동부전선 가까운 곳에 사령부를 설치할 필요가 있다고 느꼈다. 그러나 당시 라인 강 유역의 게르만족이 항상 위협이 되었으므로 서방으로부터 지나치게 떨어져서도 안 되었다. 이러한 모든 이유 때문에 비잔티움이야말로 새로운 수도로서 이상적 위치를 갖추고 있었다. 이러한 콘스탄틴의 선택이 가장 지혜로움이 증명되었다. 왜냐하면 이 도시는 그 후 수세기 동안 전략적 요충지였기 때문이다. 콘스탄틴은 자신이 하나님의 지시에 따라 콘스탄티노플을 선택했다고 주장했다.

그러나 고대 비잔티움은 이러한 황제의 위대한 꿈을 실현하기에는 좁은 장소였다. 셉티미우스 세베루스 치하에서 완성된 성벽은 2마일 정도에 불과했다. 콘스탄틴은 옛날 로마 시를 건설했다는 로물루스(Romulus)와 레무스(Remus) 형제의 전설을 흉내 내어 옛 성벽을 훨씬 지나 평야로 나아가 새 성벽을 건축할 경계를 창으로 표시했다. 많은 기독교와 이교 성직자들이 참석한 가운데 이를 기념하는 제전이 베풀어졌다. 황제가 한없이 걸어가는 것을 보고 그를 따르던 사람들이 얼마나 멀리 가려느냐고 묻자 그는 "내 앞에 걸어가시는 이가 가는 데까지"라고 대답했다. 주위에 있던 기독교인들은 콘스탄틴이 자기들의 하나님을 가리킨다고 생각했을 것이며, 이교도들은 자기의 신들 중의 하나 혹은 정복되지 않는 태양을 의미한다고 이해했을 것이다. 제전이 끝날 때쯤 콘스탄틴은 많은 시민들을 수용할 수 있는 방대한 장소를 구획했다.

즉시 공사가 시작되었다. 콘스탄틴의 예정에 맞출 만큼 충분한 물자와 기술자들이 없었으므로 여러 도시로부터 각종 동상, 기둥, 건축물들이 운반되어 왔다. 새로운 수도를 치장할 자원과 물자들을 조달하기 위하여 콘스탄틴의 사절들은 제국 전역을 뒤졌다. 수년 후 제롬은 콘스탄틴이 이 때문에 제국 전체를 헐벗게 하여 콘스탄티노플을 옷 입혔다고 풍자했다. 옛 신전들로부터 이교 신들의 조상(彫像)들이 운반되어 전차 경기장, 공동목욕장, 혹은 광장 등의 공공장소에 놓였다. 이것들은 장식물의 역할을 했을 뿐이므로 옛 신들이 능력을 상실한 것처럼 보였다.

이때 콘스탄티노플로 옮겨진 조상(彫像)들 중 가장 유명한 것은 역사상 가장 뛰어난 조각가들 중 하나로 일컬어지는 피디아스(Phidias)의 작품인 아폴로 상이었다. 이 조각은 당시 세계에서 가장 큰 것이라 알려졌던 바 이집트에서 운반해온 돌기둥 위에 세워져 도시의 중앙에 놓았다.

이를 더 높게 하기 위하여 이 기둥은 높이가 6미터가 넘는 대리석 기초 위에 세워졌다. 이 기념물의 전체 높이는 약 38미터였다. 그러나 조각은 아폴로를 상징하지 못했다. 왜냐하면 원래의 머리를 자르고 그 대신 콘스탄틴의 두상을 올려놓았기 때문이었다.

또 다른 장대한 공공건물로는 세인트 아일린(Saint Irene; 성스러운 평화)의 바실리카, 전차경기장, 공동목욕탕 등이 있다. 황제 자신을 위해 장려한 궁전이 건축되었으며, 로마로부터 이주하기로 동의한 귀족들을 위해서 그들 조상 전래의 저택과 똑같은 복제품을 지어주었다.

그러나 이 모든 공사로도 새 도시의 인구를 채울 수 없었다. 따라서 콘스탄틴은 이곳으로 이주하는 주민들에게 납세와 국방의무 면제 등 각종 특권을 부여했다. 또 콘스탄티노플 시민에게는 기름과 식량과 포도주 등을 무상으로 배급했다. 이 때문에 도시 인구는 믿을 수 없을 만큼 급성장하여 1세기 후 테오도시우스 2세 때에 새 성벽을 건축하지 않으면 안 되었다.

새 수도를 마련한 콘스탄틴의 결정은 중요한 결과를 초래하여, 얼마 후 로마 시를 포함한 제국의 서방 영토에 야만족이 들끓었고 콘스탄티노플이 천 년 이상 옛 제국의 정치적·문화적 유산을 보존하는 중심지가 되었다. 동로마제국은 그 수도가 옛날 비잔티움에 있었으므로, 비잔틴 제국(Byzantium Empire)이라고도 불렸다.

정복되지 않는 태양으로부터 예수 그리스도에게로

콘스탄틴의 회심의 성격을 두고 논란이 그치지 않았다. 이 장에서 다루고 있는 사건들이 발생한 지 얼마 후 황제의 회심이 교회와 제국의 역사가 흘러가고 있던 목표라고 주장하는 기독교 저술가들이 존재했다. 또 다른 이들은 콘스탄틴이 "회심"을 통해 정치적 유익을 추구한 약삭빠른 정치가에 불과하다고 주장했다.

이 두 가지 해석 모두 과장된 것이다. 그 시대의 문서들을 읽어보면 콘스탄틴의 회심은 다른 신자들의 회심과 달랐음을 알 수 있다. 당시 일반적으로는 사람들이 오랜 기간 교회의 가르침을 학습하고 터득하여 그것이 생활에 나타날 때에 세례 받는 것이 보통이었다. 이러한 신앙을 삶의 전 영역에서 수행하려 할 때 감독들이 안내자가 되고 목자가 되었다.

콘스탄틴의 경우는 매우 달랐다. 밀비안 다리 전투 이후 그는 기독교 교사들이나 감독들의 지도를 받은 적이 없다. 그의 아들 크리스푸스의 스승이었던 라틴티우스와 같은 기독교인들이 황제의 시종들의 일부를 형성했다. 코르도바(Cordova)의 감독 호시우스(Hosius)는 한동안 황제와 기독교 지도자들을 연결하는 역할을 담당했다. 그러나 콘스탄틴은 자기의 신앙생활을 독자적으로 규정했으며, 또 스스로를 "감독들 중의 감독"이라고 생각했으므로 교회 생활에 간섭하기를 서슴지 않았다. 또 그는 회심한 후에도 기독교인이 참여해서는 안 되는 이교도 제전에 참석했는데, 감독 중에 이를 정죄한 이가 없었다.

그 이유는 황제가 두려웠기 때문만은 아니었다. 오히려 그가 기독교를 선호하는 정책을 수행했으며, 그리스도의 능력을 고백했음에도 불구하고 세례를 받지 않았으므로 기술적으로는 기독교인이 아니었기 때문이다. 그는 임종 시에 비로소 세례를 받았다. 따라서 기독교를 선호하는 정책이나 칙령들은 기독교에 우호적인 인물의 행동이었지 신앙적 결단을 내린 신자의 그것으로 교회에 의해 받아들여질 수는 없었다. 따라서 콘스탄틴의 종교적 · 도덕적 실책들도 같은 의미에서 파악되었다. 즉 신자의 행동이 아니라 기독교 신자가 되려는 과정에 있는 인물의 불행한 행위로 해석되었던 것이다. 따라서 이러한 사람은 교회의 충고나 후원을 받을 수 있지만 엄밀한 의미에서 감독 아래 있는 것은 아니다. 이처럼 모호한 상황이 그의 임종 때까지 계속되었다.

반면에 콘스탄틴을 단순히 기독교인들의 지지를 받기 위하여 기독교 선호 정책을 수행한 기회주의자로 볼 수 없는 이유가 있다. 우선 이러한 이론은 시행착오적인 것이다. 왜냐하면 이것은 콘스탄틴을 현대 정치가들의 선구자처럼 파악하기 때문이다. 당시에는 아무리 지독한 회의주의자라도 이 정도의 계산 위에서 종교문제를 다루지 않았다. 두 번째로 만약 콘스탄틴이 실제로 이러한 기회주의자였다면 참으로 좋지 않은 시기를 택했다는 것이다. 그가 군기와 방패에 Chi-Rho의 표지를 붙이고 로마 전투에 임하고 있었을 때, 그는 아직 이교의 전통을 버리지 못한 로마 시내의 전통적 귀족 집안의 지지가 필요할 때였다. 기독교인들은 당시 전쟁이 벌어지고 있던 서방이 아니라 동방에서 강력했다. 콘스탄틴은 몇 년 후에 동방에 진입했다. 마지막으로 당시 기독교인들이 콘스탄틴에게 베풀 수 있는 후원은 보잘것 없었다. 병역문제에 대한 교회의 확실치 못한 태도 때문에 특히 서방에서 군에 입대한 신자들의 수는 비교적 적었다. 또 기독교인은 시민들 중에서 하류층에 속했으므로 경제적으로 콘스탄틴을 도울 수 없었다. 또한 거의 3세기 동안 제국과 긴장 관계를 유지해온 기독교인들이 황제가 기독교인이 된다는 예기치 못한 일 앞에서 어떤 태도를 취할지 확실치 못했다.

콘스탄틴을 그리스도의 능력을 믿은 인물로 볼 수 있을 것이다. 그러나 그의 이러한 이해가 곧 신앙을 위해 목숨을 바친 기독교인들의 경험과 동일하다는 의미는 아니다. 그에게 있어서 기독교의 하나님은 그가 기독교인들을 옹호하고 지원하는 한 그를 도울 강력한 존재라 할 수 있었다. 따라서 콘스탄틴이 기독교를 옹호하는 법률들을 만들고 교회들을 지을 때에도 그가 추구한 것은 기독교인들의 지원이 아니라 그들이 믿는 하나님의 도움이었다. 이 하나님이 밀비안 다리와 그 후의 많은 전투에서 그에게 승리를 안겨주신 것이다. 어떤 면에서 볼 때 기독교에 대한 콘스탄틴의 이해는, 자기의 적수의 군기가 지닌 초자연적 능력을 두려워한 리키니우스의 생각과 흡사하다. 양자의 차이점이라면 콘스탄틴이 기독교인들을 보호하고 지원함으로써 이러한 능력을 자기 것으로 만들었다는 점이다. 콘스탄틴의 신앙에 관한 이러한 해석은 기독교 신앙에 대한 이해가 보잘 것 없지만 진지한 인간을 보여주는 그의 진술들에 확실히 나타난다.

　황제가 기독교 때문에 다른 신들을 섬기지 않은 것은 아니었다. 그의 아버지도 정복되지 않는 태양을 섬겼었다. 그는 다른 신들의 존재를 부인하지 않으면서 정복되지 않는 태양 숭배를 통해서, 태양으로 상징되는 지존의 존재에게 예배하려 했다. 콘스탄틴은 정치 생애 대부분을 통하여 정복되지 않는 태양과 기독교 하나님이 공존할 수 있는 존재라고 생각한 듯하다. 어쩌면 동일한 지존의 신을 서로 다른 각도에서 바라보는 것으로 여겼는지도 모른다. 또한 그만큼 강력하지는 못하지만 다른 신들 역시 존재하며 상당한 능력이 있는 것으로 믿었다. 그리하여 그는 때에 따라 아폴로의 신탁을 구하고, 전통적으로 황제들에게 주어진 대사제(High Priest)의 칭호를 받아들였으며, 자기에게 승리와 권력을 하사해 준 하나님을 포기하거나 배반한다는 생각이 없이 각종 이교 제전에 참여하곤 했다.

콘스탄틴은 약삭빠른 정치가였다. 그의 권력이 막강했으므로 기독교인들을 옹호하고, 교회를 짓고, 자신이 세운 꿈의 도시인 콘스탄티노플을 장식하기 위해 신들의 조각들을 옮겨올 수 있었다. 만약 그가 이교 숭배를 억제하려 했다면 완강한 저항에 부딪쳤을 것이다. 기독교는 전형적 귀족계층과 도시에서 멀리 떨어진 지방에는 깊이 침투하지 못하고 있었다. 군인들 중에는 미드라(Mithra) 등 잡신들을 따르는 자들이 많았다. 당시 가장 중요한 학문의 중심지들이었던 아테네의 학당과 알렉산드리아의 박물관은 고전적 이교의 지혜를 탐구하는 데 바쳐지고 있었다. 황제의 칙령 하나로 이 모든 것들을 중단시킬 수는 없었다. 적어도 당시에는 시기상조였다. 또한 정복되지 않는 태양과 성육하신 성자 하나님 사이에 모순을 발견할 수 없었던 황제에게는 이러한 칙령을 내릴 의사가 없었다.

이러한 상황에서 콘스탄틴의 종교정책은 지속적이고 일관성 있는 양상을 띠었다. 이러한 과정은 당시의 정치적 상황과 아울러 점차 새로운 종교로서의 기독교에 관한 그의 이해가 깊어졌다는 데서 그 이유를 찾을 수 있다. 그는 처음에는 박해를 중지시키고 몰수했던 기독교 재산을 돌려주었다. 얼마 후에는 아내에게 속했던 로마의 라테란 궁(Lateran palace)을 교회에 기증하고, 314년 아를 종교회의에 참석한 감독들에게 제국의 기지들을 제공하는 등 기독교를 옹호하는 모습을 보였다. 그는 동시에 로마의 옛 종교를 따르는 이들, 특히 로마 원로원과 좋은 관계를 유지하는 데 힘썼다. 당시 로마제국의 국교는 이교였으며, 그는 제국의 수장으로서 대사제의 칭호를 받아 이에 따르는 임무를 수행했다. 320년 경에 주조된 화폐를 보아도 콘스탄틴이 밀비안 다리에서 처음으로 사용했던 그리스도의 이름을 상징하는 표지와 로마의 옛 신들의 상징들을 함께 찾아볼 수 있었다.

리키니우스와의 전투를 통해 콘스탄틴은 기독교의 수호자로 행세할 수 있게 되었다. 그는 이제 기독교인들이 많은 지역으로 세력을 확장할 수 있게 되었다. 그리하여 콘스탄틴은 리키니우스를 패배시킨 후 기독교인들을 정부 고위직에 임명했다. 당시 콘스탄틴과 로마 원로원의 관계는 악화일로에 있었다. 원로원이 특히 이교의 부흥을 후원하고 있었으므로 콘스탄틴은 오히려 기독교를 더 옹호하는 경향을 보였는지도 모른다.

A.D. 324년 황제는 칙령을 내려 모든 병사들로 하여금 매주의 첫 날에 지존의 신을 예배하도록 명령했다. 이날 기독교인들은 주님의 부활을 축하하고 있었다. 그러나 이는 또한 정복되지 않는 태양의 날이었으므로 이교도들 역시 여기에 반대할 이유가 없었다. 1년 후인 325년 후일 제1차 보편공의회(First Ecumenical Council)로 알려진 감독들의 회의가 니케아에서 소집되었다. 이 회의는 황제에 의해 소집되었는데, 당시 황제는 여행하는 감독들을 위해 제국의 군사 주둔지들을 제공했다.

콘스탄티노플 건설은 그 과정의 한 단계였다. "새 로마"를 만드는 행위 자체가 대부분 이교도들로 이루어진 옛 로마의 귀족 집안들의 세력을 약화시키려는 시도였다. 또 새 수도를 장식하기 위해 이교 신전들의 각종 조각들과 장식품들을 몰수해 왔으므로, 이는 이교를 보다 약화시키는 계기가 되었다. 동시에 콘스탄티노플에 세워진 새롭고 장려한 교회당 건물들은 이와 좋은 대조를 이루었다.

그러나 이 모든 사건에도 불구하고 콘스탄틴은 거의 숨을 거두는 날까지도 이교의 대사제로서 기능을 수행했다. 또 사후에 그를 계승한 세 아들은 그를 신으로 선포한 원로원의 움직임에 반대하지 않았다. 그리하여 이교의 약화와 쇠퇴를 이룬 장본인인 콘스탄틴이 이교 신들 중 하나가 되는 역사적 아이러니가 발생했다.

박해에서 지배로

교회의 생활에서 콘스탄틴이 중요한 전환점이었으므로 혹자는 콘스탄틴 시대부터 20세기까지를 "콘스탄틴 시대"라고 부르지만, 콘스탄틴은 기독교를 제국의 공식종교로 삼지 않았다. 콘스탄틴은 황제의 역할에 걸맞는 이교 사제로 남았고 임종이 임박할 때까지 세례를 받지 않았다. 그의 아들 콘스탄틴 2세와 콘스탄티우스와 콘스탄스는 세례를 받았으며, 그들이 반포한 몇 개의 칙령은 기독교에 우호적이었다. 그러나 교회가 아리우스주의 문제로 분열됨에 따라, 불화와 알력이 그들의 통치의 특징이 되었고 제국의 종교정책은 그 분쟁에 초점을 두었다. 356년 당시 유일한 황제였던 콘스탄티우스는 형상들을 섬기는 것을 대죄라고 선포했지만, 일반적으로 그 법은 무시되었다. 당시 콘스탄틴의 조카 줄리안은 이미 세례를 받았음에도 불구하고 이교도 반동을 이끌었으며, 그렇기 때문에 "배교자"라고 알려져 있다. 줄리안 이후 조비안과 발렌티니안 2세는 이교 신앙에 대해 엄한 조처를 취하지 않은 채 기독교-대체로 아리우스주의 기독교-를 지원하는 이전의 정책을 유지했다. 국가는 기독교와 이교를 동등하게 허용하고 지원했다. 그라티아누스 황제 통치(375-383) 후기에 이교를 불리한 위치에 두는 결정적인 조처가 취해졌다. 그런데 그라티아누스 황제는 테오도시우스(379-395)에게 제국의 동부 지역 통치를 맡겼다. 382년에 그라티아누스는 이교와 그 사제들에 대한 국가의 경제적 지원의 종식을 명했고, 빅토리 여신을 섬기는 제단을 원로원에서 제거할 것을 명했다. 391년 테오도시우스는 이교도 제사를 불법으로 규정하고 신전들을 폐쇄하거나 공적인 용도로 사용할 것을 명했다. 392년에는 공적으로든지 사적으로든지 모든 이교 예배가 금지되었다.

그러나 고대 종교에 대한 가장 큰 위협은 지나치게 열성적인 감독들과 폭도들이 이러한 칙령들을 마치 이교에 대해 폭력을 사용해도 좋다는 허가증처럼 사용한 것이다. 305년에 개최된 엘비라 공의회의 증언에 의하면, 콘스탄틴 시대 전에도 일부 광신적인 기독교인들이 이교 예배에 대해 폭력을 사용했었다. 이 공의회의 법령 60조는 "우상을 파괴한 결과로 죽임을 당한 사람은 순교자로 간주될 수 없다"고 명한다. 이교 신앙이 제국의 보호를 잃고 대신 기독교가 제국의 후원을 받게 되었으므로, 유대인들과 이교도들에 대해 폭력을 사용해도 처벌되지 않았다. 투르의 마르틴(Martin of Tours)처럼 유명하고 거룩한 감독들이 이교의 신전 및 예배 장소를 파괴했다. 기독교인들이 이교도들에게 가한 폭력과 새 질서에 대한 이교도들의 저항을 알려주는 많은 증거가 있다. 알렉산드리아에서 테오필루스 감독―나중에 존 크리소스톰의 부도덕한 적들 중 하나로 다루게 될 것이다―는 이교 신전의 재산에 대한 권리를 주장하고 약탈했고, 자신이 노략한 물건들 중 일부를 전시했다. 그의 이교도 적들은 세라피스에 소재한 신전에 모였고, 그곳에서 많은 기독교인들을 붙

잡아 십자가에 못 박았다. 테오필루스는 당국에 항소했고, 당국은 그 신전을 포위하여 장악했다. 테오필루스는 신전을 허물기 위해 사막의 수도사들을 불러들였다. 비슷한 일이 카르타고, 팔레스타인 등지에서 되풀이 되었다.

당시의 변화를 보여주는 가장 강력한 표식은 "이교 신앙"(paganism)이라는 단어이다. 고대 종교에는 신들의 이름 외에 종교의 명칭이 없었다. 4세기의 사건들이 벌어진 후 이교 신앙은 제국의 외곽 지역으로 밀려났으며, 일부 기독교인들이 자기들의 대적들과 관련하여 경멸적으로 사용한 "rustic"(paganus)은 이제 지방 종교가 된 옛 종교를 추종하는 자들을 언급하게 되었다.

콘스탄틴의 영향

콘스탄틴의 회심의 가장 직접적인 결과는 박해의 중단이다. 그 전까지는 비교적 평화로운 시기에도 기독교인들은 박해의 위협 속에 살았으며 많은 이들이 순교를 원했다. 콘스탄틴의 회심 이후 이러한 위협과 소망은 사라졌다. 콘스탄틴 이후 몇 명의 이교도 황제들은 일반적으로 기독교인들을 박해하지 않고 다른 방법으로 이교를 복원하려 했다. 그러나 콘스탄틴의 회심이 교회생활에 미친 직접적인 결과는 박해의 중단을 크게 능가한다. 이런 점에서 일련의 제국 칙령들은 교회와 그 지도자들에게 특혜를 부여했는데, 21세기에도 일부 지역에서 그 잔재를 볼 수 있다. 그 중 하나는 교회의 재산에 대한 세금 면제와 교회에 재산을 기부하는 것을 합법적으로 인정한 것이다. 장기적으로 보면, 이것은 교회가 방대한 토지를 비롯한 재산을 소유하게 됨을 의미했다. 당시 약 1,800명의 감독이 있었는데, 이들을 비롯한 성직자들도 세금, 징집, 며칠 동안 공공사업에 봉사해야 하는 노동의 의무 등을 면제받았다. 처음에는 314년 아를 종교회의(Synod of Arles)에 즈음하여, 그 뒤에는 325년 니케아 공의회에 즈음하여, 마지막으로 정상적인 정책으로서 주교들은 제국의 중요한 직책에 자유로이 접근할 수 있었다. 콘스탄틴은 개인적인 행동, 특히 성도덕 문제에 관하여 기독교의 가르침의 영향을 받은 듯한 방식으로 법을 제정하려 했다. 그러나 이 점에 있어서 교회사 전체에서 이와 비슷한 많은 시도들이 그러하듯이, 그의 노력의 결과는 미미했다. 동시에 교회 지도자들에게 주어진 새로운 특권과 특혜와 권력은 오만함, 심지어 부패한 행동으로 이어졌다. 역사가 테오도레트(Theodoret)은 루시우스라는 사람을 언급하는데, 그는 알렉산드리아의 감독직을 마치 세상의 권위인 듯이 돈으로 샀다고 한다. 이것은 후일 성직매매라고 불린 관습이다. 다른 고대 저자들은 다른 지방에서 벌어진 비슷한 관습을 증언한다. 감독들이 사법권을 소유함에 따라 뇌물을 주고받는 일이 벌어졌다. 이것은 일반적인 관습과는 거리가 멀었지만, 교회를 위협하고 있는 새로운 위험들, 교회가 명성을 얻고 강력할 때 직면하곤 한 위험을 보여준다.

  평신도들의 경우에 회심의 경험이 이전 시대보다 덜 극적이고 운명적인 것이 되었다. 종교혼합주의와 미신이 증가했음을 보여주는 증거가 많다. 고고학자들은 제국의 다양한 지역의 무덤에서 이것을 보여주는 증거를 발견했는데, 그곳에는 시신과 함께 기독교와 이교의 상징과 가공물이 섞여 매장되어 있었다. 병든 사람은 종종 옛 마술을 의지함으로써 많은 기독교 전도자들을 슬프게 했다. 검투 경기가 계속되었는데, 일부 기독교인들은 검투경기 및 이전에 금지되었던 경기에 참석했다.

한 주간의 첫날을 그리스도와 정복되지 않은 태양을 예배하는 데 바치라는 칙령 덕분에 기독교인들은 이른 아침에 일하기 전에 모이지 않고도 쉽게 모일 수 있게 되었다. 이것 및 민간 예식들과 공식 행사들이 영향을 미쳤으므로, 기독교 예배에서 대부분의 일반 기독교인들이 새 질서의 영향을 느꼈다.

콘스탄틴 시대까지 기독교 예배는 비교적 단순했다. 처음에 기독교인들은 개인의 집에 모여 예배드렸다. 그 후 로마의 지하묘지와 같은 공동묘지에 모이기 시작했다. 3세기에는 제2장에서 언급된 두라 유로포스(Dura-Europos)처럼 예배만 위한 건물들이 등장했다.

콘스탄틴의 회심 이후 기독교 예배는 황실 의식의 영향을 받기 시작했다. 황제에 대한 경의의 표시인 향이 교회 안에 등장하기 시작했다. 그때까지만 해도 평상복을 입고 집례하던 목회자들이 화려한 예복을 착용하기 시작했고, 이교도 사제들을 모방하여 "사제들"이라고 불렸다. 한편 『디다케』에서 발견되는 교훈과는 달리 성찬상이 "제단"이 되었다. 또 주로 황제에게 표해진 경의의 몸짓들이 기독교 예배의 일부가 되었다. 이것을 보여주는 흥미로운 예는 주일에 드리는 기도와 관련이 있다. 과거에는 주일에 기도할 때 무릎을 꿇지 않았는데, 이는 그 날이 우리가 위대하신 왕의 자녀와 상속인으로 입양되어 지극히 높으신 분의 보좌 앞에 나가는 날이기 때문이었다. 콘스탄틴 이후에는 탄원인이 황제 앞에 무릎을 꿇듯이 무릎을 꿇고 기도했다. 행진과 더불어 예배를 시작하는 관습도 도입되었다. 당시 성가대가 발전하기 시작한 이유 중 하나는 이 행진을 구체화하기 위함이었다. 결국 예배에서 회중은 수동적인 역할로 밀려나기 시작했다.

2세기에 순교자가 매장된 장소에서 성찬식을 거행함으로써 그가 죽은 날을 기념하는 것이 관습이 되었다. 그러한 장소에 교회들이 건축되었다. 어떤 이들은 순교자의 유물이 있는 거룩한 장소에서 드리는 예배에 특별한 의미가 있다고 생각하기 시작했다. 그 결과 어떤 이들은 당시 건축되는 교회의 제단 아래 안치하기 위해 매장된 시체를 파내기도 했다. 또 어떤 이들은 그때까지 알려지지 않았거나 오랫동안 잊혔던 순교자들에게서 계시를 받았다고 주장하기 시작했다. 또 암브로스의 경우처럼 특별한 순교자가 묻힌 곳, 그리고 게르바시우스와 프로타시우스와 같은 성인들의 유물이 묻힌 장소에 대한 계시를 받았다는 이들이 나타나기 시작했다. 결국 성인들과 신약 시대의 성유물들이 기적적인 능력을 가지고 있다고 믿어지기 시작했다. 성지로 순례하여 그리스도의 십자가를 발견했다고 생각한 콘스탄틴의 어머니 헬레나(Helena)가 이러한 현상에 박차를 가했다. 이 십자가에 기적적인 능력이 있다는 소문이 퍼졌고, 제국 도처에서 그 십자가 조각이라고 주장되는 것들이 나타났다.

많은 교회 지도자들은 교회 내에서 발생하는 이러한 현상들을 좋게 여기지 않았고 미신적 신앙이 발생하는 것을 경계했다. 따라서 당시 설교의 공통 주제는 좋은 신자가 되기 위해 반드시 성지에 갈 필요가 없고 순교자들에 대한 존경도 지나쳐서는 안 된다는 것이었다. 그러나 이러한 설교로는 당시의 대세를 막을 수 없었다. 너무 많은 신자들이 교회로 밀려들어왔으므로 세례준비교육을 제대로 할 수 없었으며, 세례를 받은 후에 기독교인의 생활로 인도하는 것은 더욱 어려웠다. 과거에는 새로 개종한 사람들을 가르치고 훈련하는 데 효과적인 프로그램이 있었지만,

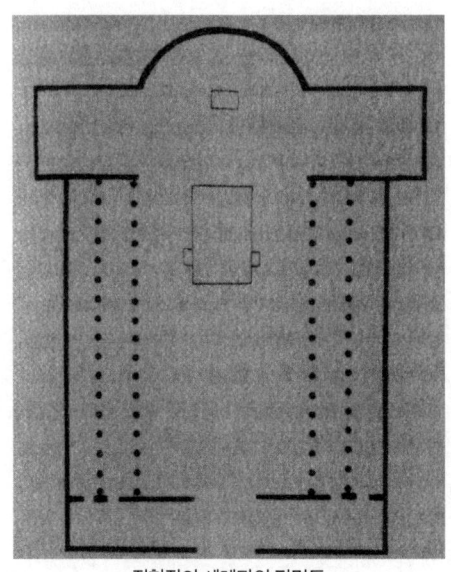
전형적인 세례당의 평면도

이제 세례를 요구하는 사람들이 너무 많았기 때문에 그들을 적절히 교육하고 감독할 수 없었다. 세례 받기 전의 교육과 훈련이 단축되었고, 많은 사람들은 세례의 중요성을 거의 의식하지 못한 채 세례단으로 나아갔다. 신자들의 미신을 공격하는 많은 설교들이 증언하는 바 새 개종자들의 다수는 이전 시대의 교회에서 받아들일 수 없었던 신앙과 관습들을 지니고 있었다.

콘스탄틴과 그 후계자들의 시대에 건축된 교회들은 두라-유로포스 등지의 교회에서 볼 수 있는 단순함과 대조를 이룬다. 콘스탄틴은 콘스탄티노플에 세인트 아일린 교회를 짓도록 명령했다. 그의 어머니 헬레나는 베들레헴에 예수탄생교회(The Church of the Nativity)를 세웠고, 감람산에도 교회를 건축했다. 제국의 중요한 도시에는 어떤 경우에는 황제의 명령에 의하여, 또 다른 경우에는 새 수도의 모양을 본 뜬 유사한 건축 양식의 교회들이 나타났다. 이러한 정책은 장대한 교회를 지어 자기의 이름을 남기려 한 콘스탄틴의 후계자들을 통해서 계속되었다. 비록 콘스탄틴과 그의 직계 후계자들에 의해 건축된 교회당들이 대부분 파괴되었으나 그 기본적 구조를 짐작할 수 있는 증거들이 남아있다. 또 이들이 지은 교회들은 아직까지 남아있는 교회당들에 의해 모사(模寫)되었다.

이 교회들 중 어떤 교회는 중앙에 제단이 있었고, 평면도는 다각형 혹은 거의 원형이었다. 그러나 대부분은 "바실리카"(basilica)라 불리는 직사각형의 형태를 취했다. 바실리카는 원래 중심부의 거대한 방이 둘 혹은 그 이상의 선들을 이루고 있는 기둥들에 의해 나누어진 공공건물이나 개인 건물들을 가리키는 고어였다. 콘스탄틴의 회심 이후 교회 건물들이 대개 이러한 형태를 따랐으므로 이러한 교회당들은 그 후 "바실리카"라고 일컬어지게 되었다.

일반적으로 바실리카라 불리는 교회 건물들은 세 부분으로 이루어졌다. 즉 아트리움(안뜰이 달린 홀, atrium), 본당 회중석(nave), 그리고 성소(sanctuary)이다. 아트리움은 벽으로 둘러싸인 사각형 형태의 입구이다. 아트리움의 중심에는 신자들이 본당 안에 들어오기 전에 세정식을 행할 수 있도록 분수가 있었다. 아트리움과 바실리카의 나머지 부분과 접한 면은 나르텍스(narthex, 현관 홀)라 불렸으며, 회중석으로 연결되는 한 개 이상의 문이 달려 있었다.

바실리카에서 가장 넓은 공간은 회중석이다. 중간에 측면 기둥들에 의해 구분된 중앙 회중석이 있었다. 중앙 회중석의 지붕은 건물의 나머지 부분보다 높게 되어 있어서, 이를 다른 회중석으로부터 분리시키는 두 열의 기둥들 위에는 빛이 들어오는 창문들이 달린 높은 벽이 있었다. 측면에 위치한 회중석들은 중앙의 회중석보다 낮고 좁았다. 일반적으로 2열, 4열의 기둥들이 있었으므로 바실리카늘은 대부분 세 개, 혹은 다섯 개의 회중석을 포함하고 있었다. 회중석의 숫자가 아홉 개인 경우도 있었으나, 다섯 이상인 경우는 드물었다.

중앙 회중석의 끝 부분, 성소 근처에는 담을 쳐서 특별히 구분한 성가대석이 있었다. 이 부분의 양편에 성경봉독과 강해, 그리고 독창자가 시편을 노래할 때에 사용된 강단들이 있었다.

성소는 회중석 끝에 위치하며 바닥이 한층 높다. 성소는 회중석을 90도 방향으로 접해 있으며 바실리카의 너비보다 약간 길기 때문에 전체 평면도는 십자가, 혹은 T자 모양을 이룬다. 성소의 중앙에 성찬 떡과 포도주를 놓는 제단이 있다.

성소의 뒷벽, 중앙 회중석의 뒤는 반원형으로 되어 있어서 제단 뒤에 위치한 오목한 모양의 공간인 반원당(apse)을 이룬다. 반원당의 벽에는 예식을 주관하는 목회자들을 위한 좌석이 놓여있다. 만약 이 교회가 감독의 교회라면 이 좌석들의 중앙에 감독을 위한 "보좌"(cathedra)가 놓여 있는데, 이 단어에서 "성당"(cathedral)이라는 용어가 파생되었다. 어떤 경우 감독은 보좌에 앉아 설교했다.

바실리카의 내부는 대리석, 램프, 그리고 수놓은 융단 등으로 화려하게 장식되었다. 이 시기에 기독교 예술의 특징을 이루는 것은 모자이크 양식이었다. 벽들은 흔히 색깔 있는 작은 돌조각, 유리조각 혹은 도자기들로 구성된 그림으로 덮여 있었다. 이러한 모자이크는 성경, 혹은 기독교 전통에 나타난 장면들을 표현하는 것이 보통이다. 어떤 경우에는 교회당 건축 비용을 부담한 인물을 묘사하기도 했는데, 이 경우에는 해당 인물이 바실리카의 작은 복제품을 바치는 것으로 표현되었다. 가장 아름답게 장식해야 할 벽은 반원당이었다. 이곳에는 대개 아기 예수를 무릎에 앉힌 동정녀, 혹은 우주의 통치자로서 영광의 보좌에 앉으신 그리스도의 모습이 거대한 모자이크화로 표현되었다. 흔히 "판토크라토" (pantokrator), 즉 우주의 지배자라는 의미로 알려진 이러한 모습의 그리스도는 새로운 정치적 변화가 기독교 예술에 미친 영향을 여실히 보여준다. 왜냐하면 그리스도께서 로마 황제와 비슷한 모습으로 보좌에 앉아 계시기 때문이다.

바실리카 근처에는 다른 건물들이 있었다. 그 중 중요한 것은 세례당(baptistry)이다. 그것은 대부분 원형, 혹은 다각형으로 수십 명이 들어갈 만큼 넓었다. 중앙에는 일련의 계단을 딛고 내려가게 된 세례통(baptismal pool)이 있었다. 이것의 형태는 상징적인 가치를 지닌다. 원형이나 자궁 형태는 신생을 상징하며, 관의 형태는 옛사람의 죽음과 새 사람의 부활을 상징하며, 팔각형은 그리스도 안에 있는 새 시대, "창조의 여덟째 날"이 밝아왔음을 상징한다. 여기서 세례를 베풀었는데, 침례, 물을 붓는 형식, 또는 이 두 가지를 결합한 형태로 거행되었다. 이때 물 속에 무릎을 꿇고 앉은 사람에게 성부와 성자와 성령의 이름으로 물을 부었다. (적어도 9세기까지 이러한 형태가 널리 사용되었다. 머리에 물을 찍어 바르는 형태도 훨씬 이전부터 사용되었으나, 대부분 임종 시의 세례, 물의 부족, 병약한 환자 등 특별한 경우에만 사용되었다. 이러한 형태의 세례는 9세기에 서유럽의 추운 지역에서 일반화되기 시작했다. 이탈리아에서는 13세기까지 침례 방식이 사용되었으며, 동방 교회들-그리스 정교회, 러시아 정교회 등-에서는 지금도 침례 방식을 사용한다.)

세례당 중앙에는 거대한 휘장이 드려져 방을 둘로 나누었다. 한쪽 방은 남자를 위한 것이고 나머지 방은 여자를 위한 것이었다. 이는 4세기에 세례 받는 이들이 나체로 물에 들어갔다가 올라올 때 흰 겉옷이 주어졌기 때문이다.

이것들은 콘스탄틴의 회심이 가져온 결과를 보여준다. 고대 교회는 전통적 관습을 유지했다. 성찬이 예배의 중심으로 매주 행해졌다. 세례는 물속에 들어가는 형태를 취했고, 옛 상징적 의미를 대부분 유지했다. 그러나 새로운 상황이 초래한 변화들을 곳곳에서 볼 수 있다. 그리하여 당시 교회가 직면한 질문은 변화한 상황에 어떻게, 어느 정도 적응해야 하느냐 였다.

새 질서에 대한 반응들

새로운 상황이 초래한 결과들 중 하나가 "어용신학"(official theology)이라는 경향이다. 콘스탄틴 황제가 교회에 베푼 은혜에 감격한 많은 기독교인들은 콘스탄틴이 교회와 국가의 역사를 한데 묶어 절정을 이루려 하시는 하나님에 의해 선택된 존재임을 증명하려 했다. 교회사가인 가이사랴의 유세비우스(Eusebius of Caesarea)가 그 전형적 인물이다.

어떤 이들은 극단적으로 반대 태도를 취했다. 이들은 황제가 스스로 기독교인임을 선언하고 그 때문에 많은 이들이 교회에 모여드는 것이 축복이 아니라 커다란 손해라고 생각했다. 이러한 관점을 가지고 있지만 교회 전체와의 교제 단절을 원하지 않은 사람들은 사막으로 은거하여 묵상과 금욕의 생활을 했다. 이제 순교할 기회가 없었으므로, 그들은 진정한 하나님의 경주자들은 순교를 위해서가 아니라면 최소한 수도생활을 위해 계속 단련되어야 한다고 믿었다. 그리하여 4세기에 많은 헌신적인 기독교인들이 이집트와 시리아의 사막으로 몰려갔다. 초기 기독교 수도원운동에 대해서는 제15장에서 다룰 것이다.

새로운 상황에 대해 부정적으로 대응한 사람들은 이제 제국교회가 된 기존 교회와의 교제를 단절해야 한다고 생각했다. 왜냐하면 제국교회를 악하고 배교적인 존재라 생각했기 때문이다. 이에 관하여는 제16장에서 취급한다.

사막으로 들어가거나 분파주의의 길을 택하지 않고 교회에 남아있던 이들 가운데서 지적 활동이 꽃피었다. 어느 시대에나 그러하듯이 교회 전반에서 받아들일 수 없는 이론들과 신조들을 제안하는 자들이 나타났다. 그 중 가장 중요한 것은 삼위일체 교리에 관한 논쟁을 불러일으킨 아리우스주의(Arianism)이다. 제17장에서는 줄리안(Julian)이 황제가 된 361년까지의 논쟁을 더듬어본다.

줄리안의 치세는 콘스탄틴의 회심에 대한 또 다른 반응, 즉 이교도들의 반동이라는 태도를 극렬하게 보여주는 표본이다. 제18장에서는 이교를 다시 부흥시키려 한 그의 모습을 취급한다.

대부분의 신자들은 이러한 새로운 상황을 전면적으로 받아들이지도 않고, 완전히 거부하지도 않았다. 대부분의 교회 지도자들은 이 새로운 상황들이 예기치 못한 기회들과 아울러 큰 위험들을 가져오고 있음을 볼 수 있었다. 따라서 이들 대부분은 예부터 신자들이 그러했듯이 황제에 대한 충성을 인정하면서도 자기들의 궁극적 충성은 하나님에게만 속한 것임을 분명히 했다. 이것이 교회의 위대한 "교부들"의 태도였다. 위험과 기회의 규모가 컸으므로 이 지도자들은 어려운 임무에 직면했다. 이들이 내린 결정들과 태도들 모두가 지혜로운 것이 아닐지도 모른다. 그러나 이 시대는 그 후 수세기 동안 교회와 그 신학의 모습을 결정지은 거인들의 시대였다.

제14장
어용신학: 가이사랴의 유세비우스

> 동쪽과 서쪽을 바라보고, 지구 전체를 바라보고 하늘을 바라보아도, 나는 언제 어디서나 콘스탄틴이 제국을 통치하시는 것을 발견한다. —가이사랴의 유세비우스—

가이사랴의 유세비우스는 당대의 최고 지식인이었을 것이다. 그는 콘스탄틴과 그 사역의 열렬한 지지자였다. 이런 까닭에 사람들은 그를 제국의 권력에 매료된 인물이라고 비판한다. 그러나 그의 생애를 살펴보면 문제가 그렇게 간단한 것이 아님을 알 수 있다.

유세비우스는 260년경 팔레스타인에서 출생한 듯하다. 그가 가이사랴에서 출생했는지는 확실치 않지만 생애의 대부분을 그곳에서 보냈고 그곳의 감독직을 맡았기 때문에 그는 가이사랴의 유세비우스라고 알려졌다. 그의 부모에 관해서는 알려진 것이 없고, 그가 기독교 가정에서 성장했는지, 젊어서 개종했는지도 확실치 않다.

어쨌든 유세비우스에게 깊은 감명을 준 인물은 가이사랴의 팜필루스

(Pamphilus of Caesarea)였다. 팜필루스는 오늘날 레바논의 베이루트 (Beirut)인 베리투스(Berytus) 출신으로 알렉산드리아의 피에리우스 (Pierius) 문하에서 수학했다. 피에리우스는 그곳에서 오리겐의 사역을 계승한 유명한 인물이다. 팜필루스는 베이루트에서 여러 요직을 거친 후 가이사랴로 갔다. 아마 그곳 감독의 초청이었던 듯하다. 가이사랴의 교회는 오리겐의 저술들을 보관하고 있었으므로 팜필루스는 책속에 묻혀 오랜 시간을 씨름했다. 이곳에서 팜필루스의 지성과 신앙에 감동을 받은 몇 사람이 그를 도왔다. 그중 하나가 유세비우스였는데, 그는 스스로 "팜필루스의 유세비우스"라 칭함으로써 팜필루스에 대한 존경심을 표현했다.

팜필루스와 유세비우스 및 몇 사람은 몇 년 동안 한 팀으로 사역했는데, 아마 같은 방에 함께 살면서 경제적 소유도 공유한 듯하다. 그런데 결국 제자가 스승보다 뛰어났고, 유세비우스는 기독교 기원에 관한 문서들을 찾기 위해 방방곡곡으로 여행했다. 유세비우스는 팜필루스와 함께 지내는 동안 몇 작품을 공저했는데, 그것들은 대부분 유실되었다.

그러나 이들의 평화로운 학문 연구는 곧 종말을 고하게 되었다. 항상 그림자처럼 드리워있던 박해가 디오클레티안 시대에 재개된 것이었다. 303년 6월 가이사랴에서 박해가 일어나 몇 년 만에 순교자들이 생겼다. 박해는 더욱 심해졌다. 305년 기독교를 증오하는 막시미누스 다이아가 황제가 되었다. 2년 후 팜필루스가 체포되었다. 그런데 잠시 사태가 호전되어 이 위대한 기독교 신학자는 2년 동안 감옥에서 살아있을 수 있었다. 이 기간에 그는 유세비우스와 함께 5권으로 된 『오리겐의 변호』 (Defense of Origen)를 저술했는데, 유세비우스는 스승이 순교한 후 제6권을 첨가했다.

유세비우스는 체포되지 않았는데, 그 이유는 분명치 않다. 그는 적어도 두 차례 그 도시를 떠났는데, 그 이유 중 하나가 체포를 피하기 위해서였는지도 모른다. 당시 대부분의 기독교인들은 박해 때에 피신하는 것을 수치로 생각하지 않았다. 왜냐하면 순교는 특별히 선택된 자들에게만 주어지는 것이라고 생각했기 때문이다. 어쨌든 스승과 많은 동료들이 순교자의 최후를 마쳤으나, 유세비우스는 그리 큰 위협과 고난을 겪지 않았다.

이러한 혼란 속에서 유세비우스는 그의 가장 중요한 업적이라 할 수 있는 『교회사』(Church History)를 저술했다. 그가 후일 개정 증보한 이 작품은 후대 기독교 사가들에게 비할 수 없이 중요한 의미를 갖는다. 유세비우스의 『교회사』가 없었다면 고대 교회사 자료의 대부분이 소멸되었을 것이다. 현대 기독교인들이 잘 알고 있는 고대 교회의 인물들과 사건들을 모으고 정리하여 출판한 인물이 유세비우스였다. 만약 그가 없었다면 초대 기독교의 역사에 관한 우리의 지식은 현재의 절반 이하였을 것이다.

311년 사태가 변화하기 시작했다. 기독교인들에게 신앙의 자유를 허락하는 갈레리우스의 칙령이 발표되었다. 그 후 콘스탄틴이 막센티우스를 물리치고, 밀라노에서 리키니우스와 만나 박해를 종식시켰다. 유세비우스 및 아직 생존해 있던 그의 동료들의 입장에서 볼 때 당시의 사건은 출애굽 사건들과 비슷한 하나님의 직접적 개입이었다. 그 후 유세비우스-그리고 자신의 의견들을 저술을 통하여 드러내지 않은 많은 기독교인들-는 콘스탄틴과 리키니우스를 하나님의 계획 속에서 움직이는

로마의 콜로세움 곁에 있는 콘스탄틴의 개선문은 그의 통치를 기념하는 소수의 기념물 중 하나이다.

도구들로 보기 시작했다. 결국 양자 사이에 분쟁이 시작되었을 때에 유세비우스는 리키니우스가 미쳐서 기독교를 박해하기 시작한다고 생각했다. 따라서 콘스탄틴만 하나님이 택하신 도구로 남았다.

콘스탄틴이 제국의 유일한 황제가 되기 몇 년 전 유세비우스는 가이사랴 감독에 선출되었다. 이것은 중대한 책임이었다. 왜냐하면 박해로 흩어진 양떼를 다시 불러 모아 조직해야 했기 때문이다. 그뿐 아니라 가이사랴의 감독은 그 도시 자체뿐만 아니라 팔레스타인 전체를 관할했다. 목회자요 행정가가 된 유세비우스는 더 이상 학문 연구와 저술에 전념할 수 없었다.

그가 가이사랴의 감독이 되고 나서 몇 년 후 교회의 평화를 위협하는 새로운 폭풍이 몰아쳤다. 그것은 세속정부에 의한 박해가 아니라 교회를 분열시킬 위험이 있는 신학 논쟁, 즉 예수의 신적 지위와 관련된 아리우스 논쟁이었다. 그에 대한 자세한 내용은 다음 장에서 다룰 것이다. 이 논쟁에서 유세비우스의 역할이 책망 받을 것이 없이 완전한 것은 아니었다. 그것은 그가 위선자나 기회주의자였기 때문이 아니었다. 유세비우스는 이 문제를 완전히 파악하지 못하고 있었다. 그는 교회의 평화와 통일을 무엇보다 중요하게 여겼다. 따라서 그는 처음에 아리우스주의에 가까운 경향을 보였지만 니케아 공의회에서는 반대편에 섰으며, 회의가 끝난 후에 다시 입장을 바꾸었다. 그는 존경 받는 유명한 감독이요 학자였기 때문에 많은 교회 지도자들이 그의 지도를 기대하고 있었는데, 유세비우스 자신의 혼란은 이 문제의 원만한 해결에 도움이 되지 못했다.

유세비우스는 몇 년 전 디오클레티안의 신하들과 함께 팔레스타인을 방문한 콘스탄틴을 만났었다. 그는 니케아 공의회에서 황제가 교회의 복리와 통일을 추구하는 모습을 보았다. 그는 여러 번 황제를 접견하고 서신 왕래도 했다. 특히 콘스탄틴이 새로 건축된 성묘교회 봉헌을 위해 예루살렘을 방문했을 때 황제와 친밀해진 듯하다. 이때의 축제는 콘스탄틴의 재위 30주년 기념행사의 일부였다. 아리우스 논쟁은 계속되고 있었으며, 이 큰 행사를 위해 처음에는 두로, 그리고 예루살렘에 모인 감독들과 황제는 이 논쟁에 깊은 관심을 가지고 있었다. 인근 지역에서 가장 큰 도시의 감독이었던 유세비우스는 축제 진행에서 중요한 역할을 맡았고 콘스탄틴을 찬양하는 연설을 했다. 아직까지 남아있는 이 연설문은 그가 아첨꾼이라는 비난을 듣는 이유 중 하나이다. 그러나 당시와 같은 상황에서 흔히 행해지던 기준으로 볼 때 유세비우스의 황제 찬양은 점잖다고 보아야 할 것이다.

어쨌든 유세비우스는 콘스탄틴의 군신도 아니고 가까운 친구도 아니었다. 콘스탄틴이 콘스탄티노플, 혹은 제국의 다른 지방에서 정사에 열중하고 있는 동안 그는 생애의 대부분을 가이사랴 및 인근 지역에서 교회를 위해 바쳤다. 양자의 접촉은 간헐적이며 단기간에 걸친 것이었다. 당시 유세비우스는 많은 동료들의 존경을 받고 있었으므로 황제는 그의 지지를 얻으려 했다. 또 유세비우스는 콘스탄틴을 하나님에 의해 특별히 선택된 인물이라고 생각했으므로 황제 지지하기를 주저하지 않았다. 그뿐 아니라 유세비우스는 337년 콘스탄틴이 사망한 후 교회에 평화를 가져온 이 지배자를 극찬하는 글을 저술했다. 따라서 그의 행동은 아첨배의 행동이 아니라 무비판적이기는 하나 감사의 정을 갖는 인물의 행동이었다. 이점에 있어서 유세비우스는 동시대인들보다 더 신중했다. 왜냐하면 그 시대의 역사가들에 의하면 당시 콘스탄틴의 조각상에게 제물을 바치는 기독교인들도 있었기 때문이다.

유세비우스의 감사는 말로 나타나는 찬양 이상의 의미를 지니고 있다. 콘스탄틴이라는 인물의 생애에서 일어났던 일들에 대한 유세비우스의 이해는 그의 작품에 깊은 영향을 미치는데, 특히 그의 시대까지의 교회의 역사를 이해하는 방식에 그러했다. 그의 교회사 최종판은 단지 고대 교회의 역사에 나타난 여러 사건들을 기록하려 한 것이 아니다. 이는 특히 로마제국이라는 맥락에서 본 인류 역사의 궁극적 목표가 곧 기독교임을 보여주기 위한 변증서라 해야 할 것이다. 2세기경 기독교 저술가들이 모든 진리들은 예수 그리스도 안에 성육하신 로고스로부터 비롯되었다고 주장한 것도 이와 비슷한 모습이다. 저스틴과 알렉산드리아의 클레멘트 등에 의하면 철학과 히브리 경전들은 복음을 위한 준비로서 인류에게 주어진 것이다. 또한 로마제국 및 로마제국이 지중해 연안에 이룩한 평화는 기독교 신앙을 전파하기 위해 하나님이 예정하신 것이라는 생각도 널리 퍼져 있었다. 이레네우스는 아담과 이브 이래 인류의 역사 전체가 하나님이 인류를 하나님과의 교제를 위하여 훈련시키시는 거대한 과정이라고 했다. 유세비우스는 이러한 여러 가지 이론들을 한데 모아 이것들이 교회와 제국의 역사적 사실들 속에서 성취되고 있음을 보여주었다. 그 결과 편찬된 역사는 단순히 과거 사실들의 종합이 아니라 인류 역사의 궁극적 목적인 기독교 진리의 증명이라 할 수 있었다.

이러한 논지를 뒷받침하는 데 있어서 콘스탄틴의 회심은 가장 중요한 이맛돌을 이룬다. 유세비우스에 의하면 박해의 가장 큰 이유는 당시 기독교가 로마 전통의 가장 좋은 요소들을 완성시키는 것임을 로마 당국자들이 몰랐다는 데 있다. 신앙과 제국은 신앙과 철학처럼 서로 상충되는 관계가 아니다. 반대로 기독교 신앙은 철학과 제국의 극점이었다. 따라서 콘스탄틴의 종교정책은 유세비우스의 역사 이해에 있어서 중요한 의미를 가진다. 단지 콘스탄틴의 종교정책이 교회에 유리했다는 것 이상의 깊은 의미들이 있다. 콘스탄틴 이후의 새로운 상황은 인류 역사가 지향하고 있는 복음의 진리를 증명하는 생생한 증거였다.

이러한 신학적 입장 때문에 유세비우스는 그 시대의 동향에 비판적 태도를 취하기가 어려웠다. 그는 콘스탄틴의 약점들, 특히 그의 경솔함과 잔인성을 잘 이해하고 있었던 듯하다. 그러나 유세비우스는 자신의 논거를 약화시키지 않으려고 그것들에 관해 침묵했다.

중요한 것은 유세비우스가 콘스탄틴에 관해 무엇을 기록하고 어떤 점을 생략하는 것이 아니다. 보다 중요한 것은 유세비우스의 작품이야말로 기독교 신학이 새로운 상황 속에서 형성되면서 전통적인 주제들 중 일부를 포기하는 상태에 이르기까지 변화하고 있음을 보여준다는 것이다.

새로운 상황에 신학이 어떻게 적응했는지를 보여주는 세 가지 보기가 있다. 첫째, 초대 교회와 신약에서는 복음이 가난한 이들에게 좋은 소식이므로 특히 부자들은 이를 받아들이기에 어려움을 겪었음을 볼 수 있다. 실제로 초기 기독교인들이 당면한 어려운 신학적 문제들 중 하나는 어떻게 부자가 구원을 받을 수 있을까 하는 것이었다. 그러나 콘스탄틴부터 시작하여 부와 장려함이 하나님의 은혜를 받았다는 증거로 받아들여지게 되었다. 다음 장에서 이러한 기독교 생활의 변천에 대항한 움직임의 하나로서 수도원운동이 발생했음을 살펴볼 것이다. 그러나 유세비우스 및 그가 대표하는 많은 신자들은 박해받던 교회가 권력자들의 교회로 변화하면서 발생한 변화의 위험성들을 의식하지 못했던 듯하다.

유세비우스는 당시 건축되고 있던 화려한 예배당의 모습을 기뻐하면서 자부심을 가지고 묘사했다. 그러나 이러한 건물들과 여기서 비롯된 예배 의식의 결과로서 세속 귀족층과 흡사한 종교 귀족층이 발전하게 되었으므로 성직자들과 평신도들 사이의 간격이 넓어져 갔다. 교회는 예배 의식뿐만 아니라 사회적 구조에 있어서도 제국을 닮아가기 시작했다.

마지막으로 유세비우스는 자기가 발전시킨 역사의 구조 때문에 초기 기독교 설교의 근본적 주제인 하나님의 완전한 통치에 대한 기대를 물리치고 연기했다. 유세비우스가 노골적으로 밝히지 않지만 그의 작품들을 읽어보면 콘스탄틴과 그의 후계자들을 통해 하나님의 계획이 완성되었음을 시사하는 듯한 인상을 받는다. 이제 기독교인들은 장래의 나라를 섬길 것인지, 하나님의 통치의 대리인이 된 현재의 나라를 섬길 것인지 결정할 필요가 없을 것이다. 눈에 보이는 정치적 질서를 초월하여, 기독교인들이 바랄 수 있는 것은 개인 영혼의 구원뿐이었다. 기독교의 소망은 장래의 삶이나 먼 미래로 밀려났고, 현재의 세계와 거의 관련이 없는 것처럼 보였다. 종교는 현세와 내세에서 하나님을 섬기는 길이 아니라 천국에 접근하는 방법이 되었다. 그리스도의 부활 안에서 새 시대가 열렸고 기독교인들이 세례와 성찬에 의해 그 안에 참여하는 자가 된다는 과거의 견해는 버림 받았고, 기독교의 소망은 죽은 후의 개인의 삶에만 한정되었다. 콘스탄틴 시대 이후 유세비우스 및 그와 비슷한 신학적 사조를 따르던 인사들의 작업으로 말미암아 주님이 곧 재림하여 평화와 정의의 왕국을 이룩하시리라는 초대교회의 소망을 무시하거나 경시하는 경향이 생겼다. 후일 이러한 소망을 다시 강조한 많은 집단들은 이단들과 파괴분자들로 분류되어 정죄되었다. 특히 콘스탄틴 시대가 끝나가면서 20세기와 21세기에 기독교 신학에서 종말론이 다시 중심 주제가 될 것이다.

유세비우스의 생애는 당시 일어나고 있던 변화들을 예증해주지만, 그에게만 그것들에 대한 책임이 있다는 의미는 아니다. 그 시대의 역사는 유세비우스가 기독교인들의 공통된 느낌을 표현하고 있었음을 보여주는 듯하다. 당시의 기독교인들은 콘스탄틴의 등장 및 그가 가져온 평화는 원수들에 대한 기독교의 최종적 승리로 느꼈다. 이 신자들은 유세비우스처럼 유창하고 유식하게 자신의 견해를 표현할 수는 없었지만 그 후 교회의 모습을 점진적으로 결정지은 사람들이었다. 유세비우스는 소위 "어용신학"의 창시자가 아니라 교회를 박해에서 구원하신 하나님의 은혜에 기뻐한 많은 신자들의 대변인이라 할 수 있다. 그러나 다음 장들에서 살펴볼 수 있듯이 신자들 모두가 이러한 새로운 상황을 환영한 것은 아니다.

제15장
수도원운동

> 물을 떠난 고기가 살 수 없듯이, 수실을 떠나거나 다른 이들과의 교제를 찾는 수도사는 평화를 잃는다. —안토니—

콘스탄틴 시대의 교회의 번영을 모든 이들이 환영한 것은 아니다. 당시의 평화를 하나님의 경륜에 의한 목적 달성이라고 생각한 가이사랴의 유세비우스와는 달리 새로운 상황을 기독교 신앙과 생활의 타락이라고 비판한 자들도 있었다. 그들이 볼 때 예수님이 말씀하신 좁은 문이 이제 너무 넓어져서 많은 사람들이 십자가를 지고 가야 하는 기독교인의 생활과 세례의 의미를 알지 못한 채 외부로 드러난 특권과 권위를 찾아 몰려드는 것 같았다. 감독들은 우위를 차지하기 위해 서로 경쟁하고 있었다. 부유하고 권세 있는 자들이 교회를 독차지한 것처럼 보였다. 가라지들이 빨리 자라서 알곡들을 질식시키고 있는 것 같은 상황이었다.

거의 300년 동안 교회는 계속되는 박해의 위협 속에서 살아왔다. 모든 기독교인들은 언젠가 로마 관리들에 의해 체포되어 죽음과 배교 중 하나를 선택해야 할 자리에 설 가능성이 있음을 잘 알고 있었다. 그러나 2세기와 3세기의 평화로운 시대가 계속되자 어떤 이들은 이것을 망각했다. 박해가 시작되었을 때 시련을 견디기에 너무도 약한 모습을 보여주었다. 이 때문에 어떤 신자들은 평안과 안전이 교회의 가장 큰 적이며, 비교적 평화로운 시대에 이러한 적들이 날뛴다고 확신했다. 교회의 평화가 보장된 듯이 보이자 많은 이들은 그러한 보장을 사탄의 것이라고 생각했다.

이러한 상황에서 어떻게 참 신자가 될 수 있는가? 교회가 세상 권력에 야합하고, 사치와 허식이 교회 안에 가득하며, 사회 전체가 좁은 문을 넓은 길로 만들고 있을 때 신자는 그 시대의 엄청난 유혹에 어떻게 저항할 수 있는가? 많은 교회 지도자들이 호화로운 저택에서 살고 있으며 궁

처음부터 수도사들 중에는 여성들이 많았는데, 그들 중 일부는 다른 여성들뿐만 아니라 남성들의 본보기가 되었다.

극적인 순교의 증언이 불가능할 때, 신자들은 어떻게 머리 둘 곳도 없었고 십자가에 못 박혀 죽으신 주님을 증언할 수 있겠는가? 신자들은 어떻게 사회가 제공하는 명예의 유혹에 빠진 동료들을 사탄의 마수에서 건져낼 수 있겠는가?

많은 사람들은 수도생활에서 해답을 찾았다. 즉 모든 재산을 버리고 인간 사회에서 벗어나 유혹에 넘어가기 쉬운 육체와 정욕을 절제하는 생활이었다. 그리하여 큰 도시들의 교회들이 수천 명의 세례준비자들에 의해 에워싸여 있을 때, 또 다른 수천 명은 고독 속에서 복을 찾으려 진정한 탈출을 이루었다.

수도원운동의 기원

콘스탄틴 시대 이전에도 다양한 이유로 특별한 생활을 하라는 소명을 받았다고 생각한 기독교인들이 있었다. 앞에서 "과부들과 처녀들"에 관해서 언급한 적이 있다. 이 여인들은 결혼하지 않고 시간과 정력을 교회

에 바쳤다. 얼마 후에 지혜로운 생활에 관하여 플라톤적 이상을 좇았던 오리겐은 생존을 위해 필요한 최저 수준의 생활을 하며 극단적인 금욕주의를 실행했다. 그는 "천국을 위해 스스로 고자된 자들"에 관한 그리스도의 말씀을 문자 그대로 따랐다고 전해진다. 비록 영지주의가 교회에 의해 배격되었으나 그 영향은 교회 안에서 널리 찾아볼 수 있었다. 즉 영과 육체 사이에는 근본적 대치 관계가 있으므로 충만한 영적 생활을 위해서는 육체를 복종시키고 벌해야 한다는 것이었다.

따라서 수도운동의 근원은 교회 안팎에서 찾아 볼 수 있다. 교회 내에서는 결혼하지 않은 이들이 주님을 보다 자유롭게 섬길 수 있다는 바울의 말씀에서 그 근거를 찾았다. 이러한 독신주의의 충동은 주님의 재림에 관한 기대로 강화되기도 했다. 만약 세상의 종말이 임박했다면 장래를 위해 계획을 세우고 있는 사람들이 결혼하고 정착생활을 하는 것은 아무런 의미를 갖지 못한다. 이밖에 또 다른 이유도 열거할 수 있다. 기독교인들은 장차 도래할 왕국의 증인들이 되어야 하며 예수님은 천국에서는 "더 이상 혼인과 결혼이 없다"고 선언하셨으므로, 현세에서 독신으로 남는 이들은 다가올 나라에 관한 살아있는 증인들이었다.

많은 외부의 영향들도 수도원운동을 발전시키는 원인이 되었다. 몇몇 고전 철학파들은 몸을 영혼의 감옥 혹은 무덤이므로 몸의 제한성을 초월해야 참 자유를 누릴 수 있다고 가르쳤다. 당시 유행하던 스토아학파에서는 진정한 지혜의 가장 큰 적이 정념이므로 지혜자들은 영을 완전케 하는 것과 정념을 다스리는 데 헌신한다고 했다. 지중해 연안의 일부 종교에는 자체의 신들을 섬기기 위하여 삶의 방식을 구별한 거룩한 처녀들, 독신 사제들, 고자들이 있었다. 몸, 특히 성적 활동이 악한 것이며 거룩한 생활에 헌신한 사람에게 적합하지 않다는 의식이 널리 퍼졌으므로, 325년 니케아 공의회에서는 이 극단적인 관습을 억제하기 위해서 거세한 성직자들을 해임할 것 및 그러한 행위를 한 사람들을 성직자로 받아들이지 말 것을 명했다. 그러나 고대 역사가들에 의하면 그 공의회에

안토니가 받은 유혹들은 종교 미술에서 사용되는 주제가 되었다. 이것은 15세기 독일 조각가의 작품이다.

는 성직자 독신제도를 원한 사람들이 있었다. 그러나 박해 때에 신앙을 지키고 독신생활을 함으로써 널리 존경받은 파프누티우스(Papnutius)는 성직자 독신제도에 반대했다. 따라서 초기 기독교 수도원운동의 이상은 성경뿐만 아니라 기독교와 전혀 관련이 없는 근원에서 생겨났다.

사막의 최초 수도사들

로마제국 전역에 수도사들이 있었으나, 수도원운동 발전을 위한 가장 비옥한 토양을 제공한 것은 사막, 특히 이집트의 사막이었다. "수도사"(monk)라는 단어의 어원은 헬라어로 "고독"(solitary)을 의미하는 모나코스(monachos)이다. 초기 수도사들의 강력한 동기는 고독추구였다. 따라서 소음과 활동이 가득한 사회는 수도사들의 목표를 방해했다. 후일 홀로 거주하는 수도사를 의미하게 된 "은자"(anchorite)는 원래 "도망자"(fugitive) 혹은 "피신한 사람"(withdrawn)이라는 의미였다. 사막은 이들에게 가장 매력적인 장소였다. 이는 그곳의 어려운 생활 조건 때문이 아니라 사람들로부터 멀리 떨어져 있었기 때문이었다. 이들이 찾아 나선 것은 뜨거운 모래사막이 아니라 사람들의 방해를 받지 않을 오아시스나 한적한 계곡이나 묘지였다.

초기 기독교 수도원운동이 국가가 부과하는 어려운 일들, 특히 세금 부과를 피해 마을을 버리고 떠난 사람들의 비슷한 운동과 제휴되었음을 보여주는 암시들이 있다. 초기 기독교 수도운동이 번창한 것과 거의 같은 시기에 이집트 농촌의 주민들이 감소했는데, 이것은 국가가 부과하는 의무들을 이행할 수 없게 된 사람들이 외딴 곳으로 도피했기 때문이다. 이들도 도망자 또는 은둔자였으므로, 거룩함을 찾아 사막으로 도피한 사람들과 이들의 구분이 항상 가능한 것은 아니었다.

사막의 최초의 수도사가 누구였는지는 알 수 없다. 최초의 수도사라고 일컬어지는 폴과 안토니의 명성은 이들에 관한 전기를 남긴 유명한 두 기독교 저술가들, 즉 제롬과 아타나시우스 덕분이었다. 그러나 아직까지도 누가 수도원운동의 창시자인지 알 수 없다. 수도원운동은 개인이 고안해낸 것이 아니라 갑자기 수천 명에게 영향을 미친 것으로 보이는 일종의 집단 탈출, 혹은 은둔사상의 전염이라 할 수 있다. 비록 폴과 안토니가 창시자가 아니라 할지라도 수도원운동 최초의 전형적인 모습을 알려준다는 점에 있어서 중요하다.

제롬이 쓴 폴의 전기는 거의 전설로 가득하며 내용도 단순하다. 어쨌든 이 이야기의 핵심은 진실일 것이다. 3세기 중엽 청년 폴은 박해를 피해 사막으로 갔는데, 그곳에서 위조범들이 거주하다가 버리고 간 은신처를 발견했다. 그는 이곳에서 거의 대추야자만 먹으며 평생을 기도로 보냈다. 제롬에 의하면 폴은 거의 100년 동안 이렇게 살았는데, 당시 그를 방문한 것은 야수들과 늙은 수도사 안토니뿐이었다. 이것은 과장된 것일 수도 있지만, 초대 수도사들에게 가장 중요했던 고독의 이상을 보여준다.

아타나시우스에 의하면 안토니는 나일 강 왼편 해변에 있는 작은 마을의 비교적 부유한 가정에서 태어났다. 그는 고대 이집트인의 후손으로서 당시 그리스인들과 로마인들의 압제와 차별에 시달리고 있던 콥트족이었을 것이다. 부모가 죽었을 때 안토니는 젊었으며, 자신 및 이제 자신이 돌보아야 하는 어린 누이가 평생을 안락하게 살 수 있는 유산을 물려받았다. 따라서 그는 하는 일 없이 지내다가 교회에서 복음서 설교를 듣고 삶을 완전히 바꾸었다. 젊은 부자 청년의 이야기는 부유한 안토니에게 충격적인 내용이었다. "네가 온전하고자 할진대 가서 네 소유를 팔아 가난한 자들에게 주라 그리하면 하늘에서 보화가 네게 있으리라"(마 19:21). 안토니는 재산을 처분하여 가난한 자들에게 나누어 주었다. 단지 여동생을 위해 약간만 남겨두었을 뿐이다. 그러나 그는 후에 "내일 일을 걱정하지 말라"는 마태복음 6장 34절의 말씀을 듣고 여동생을 위해 남겨두었던 재산마저 처분하고 그녀를 교회에 맡긴 후 사막으로 떠났다.

안토니는 수도생활 초기에 근처에 거주하는 노인에게서 수도생활에 관한 가르침을 받으면서 지냈다고 하는데, 이것은 안토니가 최초의 기독교 은자가 아니었음을 증명해준다. 젊은 안토니는 자기가 처분한 재산과 옛날의 쾌락을 그리워하기도 했으므로 이러한 생활이 쉬운 것은 아니었다. 안토니는 유혹을 받을 때면 엄격하게 스스로를 채찍질했다. 어떤 때는 한 번에 며칠씩 금식했고, 해가 진 후 한 끼만 먹고 지내기도 했다.

몇 년 후에 안토니는 자기를 가르치던 늙은 스승과 주위에 살던 수도사들에게서 떠나기로 결심했다. 그는 버려진 무덤에서 생활했으며, 어떤 이가 며칠에 한 번씩 가져다주는 빵만 먹고 살았다. 아타나시우스에 의하면 안토니는 그때 거의 계속하여 괴롭히는 악마들의 환상을 보기 시작했다. 어떤 때는 악마들과의 대결이 너무 심했기 때문에 며칠 동안 몸이 쑤시기도 했다.

안토니는 35세 되던 해에 환상을 보았다. 이 환상에서 하나님은 안토니에게 하나님을 의지하고 두려워하지 말라고 말씀하셨다. 이때 안토니는 당시 거주하고 있던 무덤도 인간 사회에서 충분히 떨어져 있지 않다고 판단하고 더 깊은 사막으로 옮겨갔다. 그는 버려진 성채를 찾아가 거주하기 시작했다. 악마들은 그곳까지 그를 따라왔으며 환상과 유혹들도 계속되었다. 그러나 안토니는 하나님의 도움을 확신했으므로 악마들과의 대결이 보다 용이했다.

수도생활을 추구한 안토니를 뒤쫓은 것은 악마들뿐만 아니었다. 그는 기도와 관상의 지혜, 그리고 수도생활에 관한 지식을 얻고자 하는 수도사들의 방문을 받았다. 또 그가 성자요 기적을 행하는 이로 유명해지면서 병자들과 호기심에 찬 방문객들이 그치지 않았다. 늙은 이 은자는 한적한 곳을 찾아 몇 차례 자리를 옮겼으나 그때마다 사람들이 그를 찾아내곤 했다. 그리하여 그는 결국 이러한 생활을 청산하고 그를 지나치게 자주 방문하지 않는다는 조건으로 몇 명의 제자들을 거느리는 데 동의했다. 그 대신 안토니는 정기적으로 제자들을 방문하여 수도생활의 요령과 하나님의 사랑, 그리고 관상 등에 관해 대화하기로 했다.

안토니는 두 차례 대도시 알렉산드리아를 방문해야 했다. 첫 번째로 디오클레티안 시대에 대박해가 발생하자 그는 순교자로서 최후를 맞이하기 위해 제자들을 거느리고 도시를 찾았다. 그러나 당시의 총독은 초라한 그 일행에게 관심을 기울이지 않았으므로 그는 신자들을 격려하는 데 만족할 수밖에 없었다.

여러 해가 지난 후 안토니는 하나님의 아들의 신성과 관련된 아리우스 논쟁에 관련하여 알렉산드리아를 두 번째로 방문했다. 당시 아리우스파에서는 아타나시우스에 대항하여 거룩한 성자로 알려진 안토니가 자기들의 편이라고 주장했으므로, 안토니는 이 오해를 풀기 위해 직접 알렉산드리아에 모인 감독들 앞에 출두할 수밖에 없었다. 아나타시우스에 의하면 헬라어를 전혀 몰랐기 때문에-게다가 문맹이었을 것이다-콥트어로 말할 수밖에 없었던 이 늙은 수도사는 깊은 지혜와 확신으로 아리우스파를 제압했다고 한다.

안토니는 생애의 말기에 젊은 두 수도사들과 동거하면서 그들로 하여금 자기를 돌보도록 했다. 그는 356년에 사망했는데, 자기가 매장된 장소를 비밀로 하고 자기의 전 재산인 겉옷 한 벌을 알렉산드리아 감독 아타나시우스에게 전하라고 유언했다.

폴과 안토니는 콘스탄틴 시대 이전에 사막을 찾았는데, 그때 이미 그곳에 살고 있는 사람들이 있었다. 그러나 콘스탄틴이 통치를 시작하면서 이 은자들의 모습은 사람들에게 큰 매력을 주었다. 과장이 섞인 표현이겠으나, 이 지역을 방문한 어떤 여행자들은 도시보다 사막에 더 많은

수도사들은 카파도키아의 거친 산악지대의 동굴에 거주했다.

이들이 살고 있다고 전했다. 어떤 이들은 이집트의 한 지역에만 이만 명의 여성과 만 명의 남자가 은둔 생활을 하고 있다고 전했다. 이 숫자가 얼마나 과장된 것이든 상관없이 그 모습은 분명하다. 즉 은자의 생활을 찾아 도시를 떠난 이들이 한없이 많았다.

이들의 생활은 극도로 소박했다. 일부는 텃밭을 일구었지만, 대부분은 바구니와 멍석을 짜서 빵과 기름과 교환했다. 이는 재료인 갈대가 풍부했을 뿐만 아니라 손으로 이것들을 짜면서 기도하고 시편을 낭송하고 성경을 암송할 수 있었기 때문이다. 이들의 식량은 대부분 빵이었고 가끔 야채, 과일, 기름을 섞었다. 이들의 재산은 최소한의 의복과 깔고 잘 멍석에 불과했다. 이들 대부분은 교만의 근원이 될 수 있는 서적의 소유를 거부했다. 이들은 기억에만 의존하여 성경 전체, 특히 시편과 신약을 서로 가르쳤다. 또 가장 존경받는 은자들로부터 비롯된 지혜의 말씀과 교훈적인 일화들을 서로 나누기도 했다.

이러한 사막생활은 큰 도시에 살면서 특권과 권력을 누리는 감독들로 구성된 계급제도를 지닌 교회와 어울리지 않았다. 많은 수도자들이 사제나 감독에 임명되는 것을 가장 큰 악운이라 생각했다. 이때 콘스탄틴의 회심이 가져온 변화의 하나로 기독교 목회자들을 "사제"라 부르기 시작했다. 성직임명을 받는 소수의 수도사들이 있었으나, 그것은 대부분 자신의 반대에도 불구하고 아타나시우스처럼 명성이 널리 알려진 감독의 간청에 의해서였다. 이는 곧 대부분의 은자들이 여러 해 동안 기독교 예배의 가장 중요한 부분인 성찬에 참여함이 없이 지낸다는 것을 의미한다. 이 때문에 어떤 지역에서는 토요일과 주일에 근처의 은자들이 모일 수 있도록 교회당들을 지었다. 이들은 주일에 성찬 후 함께 애찬을 나누고 다시 한 주 동안 이별했다.

이러한 생활은 또 다른 유혹을 불러왔다. 세월이 흐르면서 많은 수도사들은 자기들의 생활이 대부분의 감독들과 교회 지도자들의 생활보다 성결했으므로, 공식적 교회 지도자들이 아니라 자기들이 올바른 교리를 가르쳐야 한다고 생각하기 시작했다. 그러나 이 수도사들 대부분이 무지했고 광신주의로 쉽게 흘렀으므로, 이들은 결국 자기들의 목적을 위해 은자들을 조정한 보다 교육받고 권력 있고 교활한 인물들에 의해 이용되었다. 결국 5세기의 이러한 경향은 폭도로 변한 수도사들이 폭력을 사용하여 자기들이 정통 교리라 생각한 이론을 교회에 강요하는 데까지 이른다.

파코미우스와 공주수도생활

사막으로 은둔하는 사람들이 증가했는데, 그들 대부분은 경험 있는 스승에게서 배우려 했으므로 새로운 형태의 수도생활이 나타났다. 한 가지 예로 안토니는 그의 도움과 지도를 받으려는 수도사들을 피해 도망 다녔다. 점차 홀로 거주하는 수도생활은 공주생활의 형태로 변화했다. 이러한 공동체에서 생활하는 자들도 스스로를 "수도사"라 불렀다. 이는 원래 고독하다는 의미였지만, 완전히 혼자 생활하는 것이 아니라 세속으로부터 분리된 생활을 의미하게 되었다. 이러한 형태의 수도원운동은 흔히 "공주수도"(cenobitic)라 불리는데, 이는 "공동생활"을 의미하는 두 개의 헬라어 단어에서 유래된 것이다.

공주수도원의 형태 역시 그 창시자가 누구인지 확실히 알 수 없다. 이는 어떤 개인의 천재성이 아니라 상황의 압력에 의하여 여러 곳에서 동시에 나타난 것으로 보인다. 초기 수도사들의 완전한 고독 생활은 사막을 찾은 대부분의 신자들에게 맞지 않았다. 게다가 기독교 생활의 중심이 사랑이라면, 사람들과 접촉하지 않고 홀로 생활하는 사람이 어떻게 이웃사랑을 실천할 수 있는지에 관한 질문이 제기된다. 따라서 공주수도원운동은 거룩한 지도자를 중심으로 수도자들이 모이는 자연적인 경향과 복음의 본질에서 비롯된 운동이었다.

파코미우스는 공주수도원운동의 창시자는 아니지만 그 운동을 조직하고 발달에 기여한 인물이다. 파코미우스는 A.D. 286년경 남부 이집트의 작은 마을에서 태어났다. 그의 부모는 모두 이교도들이었으므로 집을 떠나 군대에 들어가기 전까지는 기독교에 관해 거의 몰랐던 것 같다. 익숙하지 못한 군대 생활의 비애에 젖어있을 때 신자들이 찾아와 그와 동료들을 위로했다. 파코미우스는 이러한 사랑의 행위에 감격하여 군대를 떠날 수만 있다면 자기도 남들에게 봉사하며 여생을 보내겠다고 맹세했다. 뜻밖에 이러한 소원이 이루어지자 곧 그는 어떤 사람을 찾아가 기독교 신앙에 대한 가르침과 세례를 요청했다. 수년 후 그는 사막으로 들어가 늙은 은자를 스승으로 삼았다.

파코미우스는 다른 곳으로 이동하라고 명령하는 음성을 들을 때까지 7년 동안 이 은자와 함께 생활했다. 그는 자기의 동생 존과 합류하기까지 스승과 함께 지은 오두막에 거주했다. 두 형제는 함께 기도와 관상에 전념했다.

그러나 파코미우스는 이에 만족하지 못하고 봉사할 수 있는 더 좋은 방법을 가르쳐 주시기를 하나님께 간구했다. 그는 결국 환상에서 천사로부터 온 인류를 섬기라는 명령을 받았다. 파코미우스는 자신이 사막에 온 것은 인간들을 섬기려는 것이 아니라 하나님을 섬기기 위함이라는 이유로 환상을 거부했다. 그러나 이 메시지는 몇 번 계속되었다. 그리하여 파코미우스는 군인 시절에 처음 행했던 서약을 기억하면서 수도 생활의 방향을 바꾸기로 결정했다.

그는 동생의 도움을 받아 여러 사람들이 함께 살기에 충분한 울타리를 짓고 새 공동체의 구성원들을 모으기 시작했다. 파코미우스는 이들에게 자기가 기도와 관상을 통해 배운 것을 가르치고 서로 돕는 공동체를 조직하려 했다. 그러나 그가 선발한 인물들은 적절한 사람들이 아니었고 규율이 깨졌으므로 결국 파코미우스는 그 무리들을 쫓아냈다.

파코미우스는 이에 굴하지 않고 공주수도운동을 다시 시도했다. 파코미우스가 처음 실패한 것은 그의 규율이 지나치게 엄격하다는 불평 때문이었다. 그런데 파코미우스는 이번에도 규율을 완화하기는커녕 더욱 강화했다. 처음부터 그는 공동체에 가입하려는 사람에게 재산을 완전히 포기하고 윗사람에게 절대 복종할 것을 서약 받았다. 그뿐 아니라 구성원들은 육체노동을 해야 했으며 어떤 사역도 거부할 수 없었다. 기본 규칙은 상호 봉사였으니 비록 명령하는 위치에 있는 자라도, 절대 복종의 서약에도 불구하고 하급자들을 섬긴다는 것이었다.

이러한 기반 위에 창설한 파코미우스의 수도원은 급격히 성장했다. 그의 생전에 수백 명의 수도사들이 속해 있는 아홉 개의 공동체가 생겼다. 파코미우스의 여동생 메리(Mary)도 여성들을 위해 비슷한 공동체를 세웠다. 당시 도시의 교회에는 과부들과 처녀들의 기관이 필요하지 않다고 여기는 사람들이 있었으므로 이러한 여인들의 다수가 도시를 떠나 수도공동체의 여인들이나 사막에 있는 여인들과 합류했다. 그 지역을 방문했던 사람들의 증언에 의하면, 이집트의 일부 지역에서는 여자 수녀원이 남자 수도원의 두 배였다고 한다.

이 수도원들은 입구가 하나뿐인 담에 둘러싸여 있었다. 그 안에 몇 개의 건물이 있었다. 그중 교회, 창고, 식당, 회의실 등은 전체 구성원들이 공동으로 사용했다. 나머지는 수도사들이 주어진 임무들에 따라 함께하는 주거공간이었다. 이에 따라 필요한 자들에게 식사를 제공하거나 수도원에 가입하기를 원하는 자들을 훈련하는 문지기들을 위한 건물이 있었고, 각 건물별로 직조하는 이들, 빵 만드는 이들, 신발 만드는 이들, 기타 다른 임무를 가진 자들이 배치되었다. 각 건물에는 공동 사용하는 방과 두 명의 수도사들이 함께 사용하는 침실이 있었다.

파코미우스 공동체의 일상생활은 노동과 예배로 구성되었는데, 파코미우스는 가장 힘든 일을 직접 행함으로써 형제들의 모범이 되었다. 경건 생활의 이상으로 "쉬지 말고 기도하라"는 바울의 명령을 채택했다. 이에 따라 빵을 만드는 이들과 신발을 만드는 이들은 빵을 굽거나 신발을 만드는 동안 시편을 노래하고 성경을 암송했으며, 소리를 내거나 침묵으로 계속 기도했다. 하루에 두 번 공동기도 시간이 있었다. 아침에는 전체 수도사들이 함께 모여 기도하고, 찬송하고, 성경 봉독을 경청했다. 저녁에는 소그룹으로 자기들의 숙소에서 공동으로 사용하는 방에 모여 비슷한 예배를 드렸다.

파코미우스 공동체들의 경제생활은 다양했다. 모두가 가난하게 살았으나 파코미우스는 일부 은자들처럼 극단적 빈곤을 강요하지 않았다. 빵, 야채, 과일, 생선을 먹었고, 고기는 금했다. 수도사들이 생산한 것들은 가까운 시장에서 매매했다. 이는 단지 식량과 기타 일용품을 구입하기 위해서가 아니라 이곳을 방문하는 극빈자들과 나그네들을 돌보기 위해서였다. 각 수도원에는 행정 감독자와 부관이 있어서 정기적으로 파코미우스가 살고 있는 중앙 수도원의 행정책임자에게 보고했다.

수도사들은 윗사람에게 복종해야 했으므로 계급제도가 분명하게 정의되어 있었다. 각 숙사에는 사감이 있었고, 사감은 다시 각 수도원의 지도자와 부지도자에게 복종했다. 이 수도원들의 지도자들 위에는 "원장"(abbots), 혹은 대원장(archimandrites)이라 불린 파코미우스나 그의 후계자들이 있었다. 파코미우스가 임종할 때 수도사들은 그가 후계자로 지명하는 이에게 절대 복종할 것을 맹세했다. 그리하여 전체 조직을 절대적으로 통솔하는 후계자를 각 원장들이 지명하는 전통이 생겨났다. 원장의 권위는 최종적인 것으로서, 그는 전체 체제 속의 각 공동체를 주관하는 지도자들을 지명하여 전임시키거나 사임시킬 수 있었다.

파코미우스의 수도사들은 1년에 두 차례 기도와 예배를 위해 모여 전체 공동체들을 위한 문제들을 의논했다. 또 원장이나 그의 사절들이 모든 수도원들을 자주 방문하여 감독했다. 파코미우스와 그의 추종자들은 교회의 공직을 맡지 않았으므로, 그들 중에는 안수 받은 사제들이 존재하지 않았다. 이들은 성찬에 참여하기 위해 토요일이면 근처 교회를 방문했으며, 주일이면 사제가 수도원을 찾아와 성만찬을 집례했다.

여성들의 공동체들도 비슷하게 조직되어 있었다. 파코미우스와 그의 후계자들인 원장이 여성 공동체들까지 다스렸다.

파코미우스의 공동체에 가입하려는 사람은 담으로 둘러싸인 수도원의 문 앞에 출두했다. 그 문은 쉽게 열리지 않았다. 며칠 동안 문 앞에 서서 애원한 후에 비로소 들어오는 것이 허락되었다. 이러한 행동을 통해 그들의 결심이 확고함과 아울러 어떠한 명령에도 순종하겠다는 겸손함을 보이는 것이다. 문이 열리면 문지기의 직분을 맡은 자들이 지원자들을 받아들이며, 실제로 공동체에 가입하기 전에 오랜 기간을 함께 생활한다. 그 후에 수도원 전체회의에 참석하게 되는데, 각 기숙사의 자리가 빌 때까지, 즉 수도생활을 위한 역할을 담당할 수 있을 때까지 특별히 지정된 자리에 앉았다.

파코미우스의 공동체 입문에 관하여 놀라운 사실은 지원자들의 대부분이 기독교 기본 교리를 교육받은 후 다시 세례를 받아야 했다는 점이다. 왜냐하면 이들은 기독교인들이 아니었기 때문이다. 이러한 사실은 4세기 사막의 생활이 지닌 엄청난 매력을 증명해준다. 그 매력이 어느 정도가 종교적이고 어느 정도가 이집트 농촌의 가난한 사람들의 거친 생활조건을 암시하는 것인지 구분할 수 없다. 그러나 이집트 사막으로 도망친 사람들의 대다수가 콥트인들, 즉 고대 이집트인들의 후손으로서 당시 이집트 사회의 가장 낮은 계층에 속한 사람들이었다.

수도원 이상의 전파

이집트에서만 수도원운동의 근원이 발견되는 것은 아니지만, 4세기경 이 지역에서 수도원운동이 가장 활발했음은 의심할 여지가 없다. 다양한 지역 출신의 헌신적이고 경건한 인물들이 이집트를 찾았다. 일부는 그곳에 계속 머물었고, 나머지는 사막에서 배운 이상과 생활을 가지고 고국으로 돌아갔다. 시리아, 소아시아, 이탈리아, 그리고 메소포타미아 지방에서 온 순례자들은 나일 강 유역을 향했으며, 고향에 돌아가 폴, 안토니, 파코미우스 등 많은 인물들에 관한 전설들을 유포시켰다. 제국의 동부 전역에서 적당한 장소가 발견되기만 하면 수도사들이 자리를 잡았다. 황폐한 신전의 기둥 위에서 사는 등 극단적인 금욕생활을 과시하는 경향도 있었으나, 또 다른 이들은 콘스탄틴 이후 유약해진 교회에 새로운 헌신과 열정을 불어넣었다.

수도원운동의 이상을 전파하는 데 가장 큰 공헌을 한 것은 이집트 사막의 생활을 답습한 은자들이 아니라 수도원운동에서 교회에 공헌할 수 있는 장점과 가치를 발견한 감독들과 신학자들이었다. 그리하여 초기 이집트 수도원운동은 교회의 계급제도와는 별개로 혹은 이에 대치하는 개념으로 존재했으나, 가장 큰 효과는 이러한 계급체제 속에 남아있는 인물들에 의하여 이루어졌다.

수도원운동의 확장에 공헌한 인물들 중 일부는 매우 중요하므로 다음 장들에서 특별히 다루겠지만, 여기서 수도원운동의 역사에 미친 그들의 중요성에 대해서 언급할 필요가 있다. 아타나시우스는 『성 안토니의 생애』(The Life of Saint Anthony)를 저술했으며, 자주 사막의 수도사들을 방문했다. 한때 황실의 박해를 받게 되자 이를 피해 그들 가운데 거주했다. 그는 수도사가 아닌 감독이었으나 수도원운동의 이상에 따른 규율과 헌신과 희생을 생활의 규범으로 삼았다. 그는 서방으로 유배되었을 때 이집트 사막에서 발생하고 있는 현상을 라틴어 사용권 교회에 알려주었다. 제롬은 『은자 폴의 생애』(Life of Paul the Hermit)를 집필한 것 외에도 파코미우스의 『규율집』(Rules)을 라틴어로 번역했고, 스스로 수도사가 되었다. 그는 깊은 학식을 소유한 인물이었다. 제롬은 당시 기독교인들로부터 큰 존경을 받았고 많은 영향을 끼쳤으므로 그의 작품들과 모범이 서방 교회에 중대한 영향을 미쳤으며, 이에 따라 서방 교회는 수도원운동의 정신에 보다 흥미를 갖게 되었다. 대 바실이라고 알려진 가이사랴의 바실은 격렬한 신학적 논쟁들에 관여하면서도 가난한 자들을 돌보고 경건을 훈련하는 수도원들을 세웠다. 그는 수도사들의 다양한 질문에 응답하기 위한 논문들을 작성했는데, 그것들은 원래 수도원을 위한 규율로 저술된 것이 아니었지만 결국 그러한 용도로 이용되고 사용되었다. 오늘날 터키에 소재한 카파도키아에는 수도사들이 많이 살았다. 힙포의 감독 어거스틴의 회심은 아타나시우스의 『성 안토니의 생애』를 읽은 것이 일말의 동기가 되었다. 그는 교회에서 적극적 역할을 담당할 때까지 수도사로서 살았다. 그는 감독이 된 후에도 동역자들을 조직하여 반 수도적 공동체(semi-monastic community)를 구성함으로써 그 후 『어거스틴의 규율집』(Canons of St. Augustine)이라 불린 규칙들을 형성하는 영감을 제공했다.

거룩한 감독이 수도원 이상의 대중화에 기여한 방식의 뛰어난 모범을 제공한 것은 투르의 마르틴(Martin of Tours)이다. 술피티우스 세베루스(Sulpitius Severus)가 저술한 『성 마르틴의 생애』(Life of Saint Martin)는 수세기 동안 서유럽에서 가장 널리 읽혀진 책이었으며, 서방 수도원운동의 모습을 결정짓는 중요한 영향력들 중 하나였다.

마르틴은 A.D. 335년경 오늘날의 헝가리인 판노니아(Pannonia) 지방에서 태어났다. 그의 아버지는 이교도로서 군인이었으며 마르틴은 어릴 때 제국 여러 곳을 전전하면서 살았다. 북부 이탈리아의 파비아(Pavia)가 가장 큰 영향을 미친 거주지였던 듯하다. 그는 어린 시절 부모님의 뜻을 거역하고 기독교로 개종하기로 결심했다. 그리하여 그의 이름이 세례입문자 속에 들어갔다. 그의 아버지는 마르틴을 기독교의 영향으로부터 떼어놓기 위해 군대에 입대시켰다. 그것은 줄리안-후에 "대배교자"로 알려진-황제의 첫 번째 군사원정 시대의 일이다. 줄리안 황제 아래서 몇 년 동안 군대 생활을 했다. 이 몇 년 동안 발생한 한 사건이 마르틴을 전설적 인물로 만든다.

친구들과 함께 아미엥(Amiens) 시에 들어가던 마르틴은 입구에서 헐벗고 병든 거지를 만났다. 마르틴은 돈이 없었기 때문에 입고 있던 외투를 벗어 반으로 잘라 한쪽을 거지에게 주었다. 전설에 의하면 마르틴은 그 후 꿈속에서 그 외투 반쪽을 걸친 예수님을 만났다. 예수님은 "내 형제들 중 가장 작은 자에게 베푼 것이 곧 나에게 베푼 것이다"라고 말씀하셨다. 이 사건이 널리 알려져 마르틴은 항상 거지에게 외투를 잘라주

마르틴이 망토를 찢어 거지와 나누어 입었다는 이야기는 기독교 예술에 종종 등장하는 주제이다.

는 모습으로 표현된다. 이 사건에서 현재의 "채플"(chapel)이라는 말이 생긴다. 마르틴의 것이라고 전해지는 외투 조각이 한 작은 교회에 걸려 있었는데 이 외투, 즉 라틴어로 카펠라(capella)로부터 유래되어 작은 교회를 "채플"이라 부르게 되었고, 이러한 교회를 섬기는 목회자를 "채플린"(chaplains)이라 부르게 되었다.

술피티우스 세베루스가 전하는 바에 의하면 이 사건 직후 마르틴은 세례를 받았고, 2년 후 군대를 떠날 수 있게 되었다. 마르틴은 당시 성자로 알려진 푸와티에(Poitiers)의 감독 힐라리(Hilary)를 방문하여 가까운 친구가 되었다. 마르틴은 여러 가지 임무를 띠고 제국의 곳곳을 돌아다니다가 결국 푸와티에 근처의 투르 외곽에 자리 잡았다. 그는 이곳에서 수도사의 생활에 전념했는데, 그의 이름이 성인으로 널리 알려졌다. 하나님은 그를 통해 놀라운 사역들을 행하셨으나 그는 항상 겸손하게 스스로를 가리켜 기독교인으로서의 입문자에 불과하다고 말했다 한다.

투르의 감독직이 공석이 되자 신자들은 마르틴을 선출하려 했다. 그러나 회의에 참석한 일부 감독들은 마르틴이 항상 더럽고 누추한 의복에 초라한 생활을 했으므로 이러한 선출은 감독직의 명예를 훼손시키는 것이라며 반대했다. 결정에 도달하지 못한 채 성경을 읽을 시간이 되었다. 그런데 지정된 성경봉독자가 나타나지 않았으므로 참석한 신자들 중 하나가 자기 원하는 대로 성경을 펴고 읽기 시작했다: "주의 대적으로 말미암아 어린아이들과 젖먹이들의 입으로 권능을 세우심이여 이는 원수들과 보복자들을 잠잠하게 하려 하심이니이다"(시 8:2). 군중은 이것을 하늘의 직접계시로 받아들였다. 그리하여 감독들의 경멸을 받았던 누추하고 초라한 인간 마르틴은 하나님에 의해 선택되어 감독들을 침묵케 했다. 마르틴은 아무런 이의 없이 투르의 감독으로 선출되었다.

그는 감독이 된 후에도 수도생활을 버리려 하지 않았다. 그는 성당 옆에 조그마한 독방을 짓고 자유 시간을 수도생활에 헌신했다. 그의 명성이 높아져 이곳에서도 평안과 휴식을 찾을 수 없게 되자 시의 외곽으로 옮겨가서 목회 임무를 수행하려 했다.

마르틴이 사망했을 때 많은 이들은 그가 성자였다고 확신했다. 그의 명성과 모범으로 인하여 많은 이들이 진정한 감독이라면 그와 같아야 한다고 확신했다. 처음에 감독들의 세속성과 사치에 대한 저항으로 발생한 수도원운동이 결국 성직제도가 추구해야 할 이상으로 남게 되었다. 그리하여 수세기를 두고, 그리고 어떤 지역에서는 현재까지도 진정한 감독은 가능한 한 수도적 이상에 가까워야 한다고 생각된다. 그러나 이러한 과정을 통해 수도원운동 자체의 성격이 변화되었다. 처음 이 운동에 참여한 인물들은 자신의 구원을 찾기 위해 사막으로 피신했는데, 세월이 흐르면서 특히 서방에서 수도원운동이 교회의 구제와 선교를 담당하는 도구가 되었다

수도원운동은 초기 단계에서 다양한 방향으로 진보할 수 있는 가능성을 보여주었다. 초기 은둔자들의 독거생활로부터 진보하여 큰 공동체로 발전했는데, 일부 공동체에는 수백 명의 수도사들이 있었다. 처음에는 서적과 학문을 멀리했으나 곧 제롬, 어거스틴, 바실 등의 학자들을 받아들였다. 원래 조직화된 교회의 생활 대부분을 거부한 평신도 운동을 감독들이 받아들였고, 결국 모든 감독들의 이상적인 표준이 되었다. 세월이 흐르는 동안 이와 같은 적응성이 지속되었다. 수백 년 후 수도사들이 선교사, 학자, 교사, 고대 문화의 전통 보존자, 신세계의 정착자, 군인

등이 되었다.

이 모든 것에는 하나의 공통점이 있다. 즉 기독교적 삶의 이상이 개인적인 가난과 공동소유에 속한 것이라는 확신이 있었다. 과거 기독교 공동체들이 재산을 공동으로 소유하던 관습이 이제 교회가 아니라 수도사들과 수녀들에게 기대되는 바 수도원운동의 전형적인 특징이 되었다. 이제 거의 모든 주민들이 기독교인들이 되었으므로 많은 사람들이 공동소유를 면제받았지만, 수도사들은 과거의 전통을 이어갔다. 그리하여 대부분의 교회사의 특징이 될 것인 바 기독교인들이 두 개의 차원으로 구분되었다. 이 구분은 수도사들만 행하는 독신서원과 순명의 서원에 의해 강화되었다.

제16장
분파주의적 반작용: 도나투스주의

> 도나투스 파와 우리 사이의 논쟁의 초점은 교회이신 그리스도의 몸을 어디서 찾아야 하는가이다. 우리의 말에서 대답을 찾을 것인가, 아니면 이 몸의 머리이신 우리 주 예수 그리스도의 말씀에서 해답을 찾아야 할 것인가? ―힙포의 어거스틴―

수도적 생활방식을 따르는 사람들은 사막으로 들어감으로써 새 질서에 대한 불만을 표시한 데 반해, 당시의 교회가 전반적으로 부패했음을 선포하고 자기들이 참 교회라고 주장하는 사람들이 있었다. 비슷한 견해를 가진 집단들이 여럿 있었으나, 그 중 다수를 차지한 것은 도나투스 파(Donatists)였다.

도나투스주의 논쟁은 배교자 처리 문제로 교회가 분열된 또 하나의 사례였다. 박해가 끝난 후면 교회는 박해 때에 신앙을 저버렸으나 다시 기독교 공동체로 돌아오고자 하는 자들의 처리 문제에 직면했다. 3세기에 이 문제로 로마에서 노바티안 분파가 생겼고, 북아프리카에서는 카르타고 감독 키프리안이 배교자 처리 문제를 결정할 권한을 가지고 있다고 주장하는 고백자들에 대항하여 그의 감독으로서의 권위를 수호해야 했다. 4세기에 배교자들의 복원 문제에 관한 논쟁이 북아프리카에서 격렬하게 진행되었다.

그곳의 박해는 혹심했으며 굴복한 사람들이 많았다. 다른 경우들과 마찬가지로 신앙을 포기한 이들의 모습과 정도도 각기 달랐다. 어떤 감독은 박해를 피하기 위하여 이단들의 서적을 기독교 경전들인 양 넘겨주었다. 어떤 이들은 진짜 성경들을 넘겨주었는데, 그렇게 함으로써 유혈의 참극을 회피하는 것이 목회자로서의 책임을 다하는 것이라 주장했다. 제국의 압력에 굴복하여 이교의 신을 예배한 성직자들과 신자들도 많았다. 이 때문에 한때 이교 신전들에 사람들이 넘쳐났다고 기록되어 있다.

반면 신앙을 지켜 투옥과 고문과 죽음을 당한 기독교인들도 많았다. 이미 언급한 바처럼 투옥과 고문을 견뎌낸 이들은 "고백자"라고 불렸으며, 이들에 대한 교회의 존경은 각별했다. 키프리안의 시대에는 일부 고백자들이 교회 당국과 의논 없이 배교자들을 쉽게 받아들였다. 콘스탄틴의 회심 이후에는 많은 고백자들이 정반대의 입장을 취하여 교회 당국보다 더 엄한 처벌을 요구했다. 고백자들은 이교 신들에게 제사 드린 자들뿐만 아니라 당국에 경전들을 넘겨 준 자들까지 배교자로 분류해야 한다고 주장했다. 성경의 일점일획을 고치는 것이 큰 죄라면 성경을 태우고 파괴하도록 넘겨주는 죄는 더욱 크다는 것이 이들의 이론이었다. 이들에 의해 일부 감독들과 교회 지도자들이 "배반자"라는 치욕적 칭호를 받게 되었으니, 이것은 가룟 유다에게 적용된 바 신앙을 버리거나 배반한 인물이라는 의미이다.

이 때 매우 중요한 자리인 카르타고의 감독직이 공석이 되어 카이실리안(Caecilian)이 새 감독으로 선출되었다. 그러나 엄격주의자들은 이에 불복하여 마조리누스(Majorinus)를 따로 선출했다. 선거 과정에서 양측 모두 음모와 술수를 동원했으므로 각기 상대편의 선거가 무효라고 주장할 근거를 가지고 있었다. 그런데 마조리누스가 감독으로 선출된 직후에 사망했으므로 그의 도당들은 카새 니그래 (Casae Nigrae) 출신의 도나투스(Donatus)를 감독으로 선출했다. 도나투스는 그 후 거의 50년간 이들을 지도했으며, 도나투스주의(Danatism)라는 명칭도 그로부터 연유되었다.

이 북아프리카의 분파로 인해 교회는 큰 혼란에 빠졌다. 왜냐하면 카르타고의 감독을 한 사람만 인정해야 했기 때문이다. 로마 감독들과 기타 중요한 도시들의 지도자들은 카이실리안이 카르타고의 진정한 감독이며 마조리누스와 도나투스는 허위라고 주장했다. 제국의 통일을 위해

지금은 폐허가 되었지만 카르타고는 북아프리카에서 로마의 통치와 교회의 중심이었다.

교회의 통일을 유지하고자 한 콘스탄틴은 감독들의 의견을 받아들여 북아프리카에 주둔한 관리들에게 카이실리안 및 그를 지지하는 종교인들만 인정하라고 지시했다. 이는 중요한 실질적 결과를 가져왔다. 왜냐하면 콘스탄틴은 성직자들에게 대한 면세조처와 같이 기독교에 우호적인 법률을 발표했기 때문이다. 북아프리카에 보낸 그의 지시에 따라 카이실리안과 교제하는 자들만 이 특혜를 누릴 수 있었고, 콘스탄틴이 교회에 주는 선물들도 이들에게만 전달되었다.

도나투스파가 발생한 원인은 무엇이었을까? 위에 설명한 것은 그 기원에 관한 외형적 역사에 지나지 않는다. 이 분파는 신학적·정치적·경제적 이유를 가지고 있었다. 가장 중요한 신학적 이유, 즉 분파의 직접적 원인은 박해 때 신앙을 버렸던 자들의 처리와 관련된 문제와 관련이 있었다. 도나투스주의자들에 의하면 카이실리안에게 안수한 세 감독들 중 하나는 배반자, 즉 성경을 관원들에게 넘겨준 인물이므로 카이실리안의 성직 임명 자체가 무효였다. 카이실리안과 그의 지지자들은 문제의 감독이 배반자가 아니었으며, 만약 그가 배반자라 할지라도 그가 행한 카이실리안의 성직임명 자체는 유효하다고 주장했다. 따라서 문제의 감독이 배반자인가 아닌가 하는 사실적 상황과 함께, 자격 없는 감독에 의해 시행된 안수와 성직임명의 유효성 문제가 대두되었다. 도나투스주의자들은 이러한 행위의 유효성 여부는 이를 시행하는 감독의 자격과 가치에 달려있다고 주장했다. 그러나 카이실리안과 그의 지도자들은 성례 및 이에 준한 행위들은 이를 실시하는 인간의 자격과 가치 여부에 좌우될 수 없다고 응답했다. 왜냐하면 그렇게 될 경우 모든 기독교인들은 자기들의 세례와 성찬의 유효성에 대해서 회의와 의심을 떨쳐 버릴

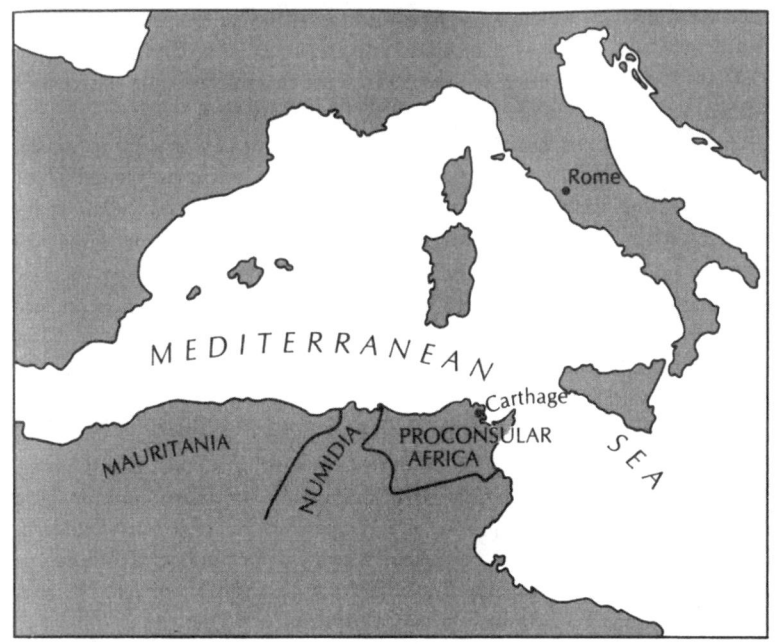

도나투스주의의 발상지

수 없게 되기 때문이다. 즉 성례전을 집전하는 목회자의 영적 상태를 알 수 있는 길이 없으므로 그 유효성에 관한 의심을 해소할 방도가 없다는 것이다.

그러나 도나투스주의자들은 배반자가 참여한 가운데 실시된 카이실리안의 성직임명은 무효이므로 카이실리안은 참 감독이 아니며, 그렇기 때문에 카이실리안이 임명한 성직자들도 가짜이므로 이들에 의해 시행된 성례전이 무효라고 주장했다. 그뿐 아니라 그의 성직임명에 참여한 다른 감독들도 카이실리안 및 그의 지지자들과 교제하는 죄를 범했으므로 그들이 시행한 성례와 성직임명도 무효라고 주장했다.

이 두 가지 입장에서 볼 때, 카이실리안의 추종자가 도나투스파에 가입하려면 새로 세례를 받아야 했다. 다른 한편으로 도나투스파에 속했다가 떠난 사람들은 카이실리안과 그의 추종자들에 의해서 다시 세례를 받지 않았는데, 왜냐하면 카이실리안파에서는 세례가 행한 사람의 가치와 상관없이 유효하다고 주장했기 때문이다.

이것들이 그 논쟁에 포함된 주요한 신학적 문제들이다. 그러나 그 시대 문서들의 행간을 읽어보면, 이러한 신학 논쟁들에 의해 가려진 분쟁의 다른 원인들이 있음을 감지하게 된다. 즉 도나투스주의자들 중에도 당국에 성경을 넘겨주었을 뿐만 아니라 당국에 바치기 위하여 교회 의식에 쓰이는 물품들의 목록을 작성한 사람들이 있었음을 알 수 있다. 이러한 인물들도 도나투스파에 의해 수용되었다. 그뿐 아니라 도나투스파의 초기 지도자들 중 하나인 푸르푸리우스(Purpurius)는 조카 둘을 살해한 자였다. 따라서 도나투스파가 교회에 갖게 된 적개심의 진정한 이유가 교회의 순수성을 유지하려는 열심 때문이라고만 볼 수 없다.

이 두 집단은 곧 사회적 · 지리적 분계선을 따라 분리되었다. 카르타고와 인근 지역, 즉 총독령 아프리카에서는 카이실리안과 그의 지지자들이 득세했다. 서쪽의 누미디아(Numidia)와 모리타니아(Mauritania)에서는 도나투스파가 우세했다. 누미디아와 모리타니아는 농경 지대였다. 이곳의 생산물 중 많은 양이 카르타고를 통해 이탈리아로 수출되었으므로, 노동력을 들이지 않은 카르타고인들이 농사를 지은 자들보다도 더 많은 이익을 취했다. 그뿐 아니라 누미디아와 모리타니아는 카르타고 및 인근 지역에 비해 덜 로마화 되어 있었다. 로마화 되지 않은 지역의 주민들은 조상 전래의 언어와 전통을 유지하고, 로마 및 이와 관련된 모든 것을 외부로부터 침입해온 세력으로 보았다. 반면 카르타고 시내에는 라틴화 된 계층의 지주들과 대상들과 장교들이 존재했는데, 이들은 로마와의 교역 및 접촉을 통해 이익을 얻는 계층이었다. 따라서 이들에게 있어서는 로마를 비롯하여 제국의 다른 지역들과 좋은 관계를 유지하는 것이 중요했다. 그런데 카르타고 및 그 인근 지역에도 누미디아인들과 모리타니아인들과 비슷한 감정을 가진 하층계급 출신이 많았다.

콘스탄틴이 등장하기 오래 전부터 기독교는 누미디아인들과 총독령 아프리카의 하층계급에 깊이 침투해 있었으며, 그보다는 못하지만 모리타니아에도 영향력을 미치고 있었다. 이 새 신자들의 신앙은 제국이 극복할 수 없을 정도였다. 동시에 카르타고의 로마화 된 계층에 속한 소수의 인물들도 기독교를 받아들였다. 이 때문에 기독교 공동체 내에 일반 사회에서 볼 수 있는 계층 간의 갈등이 생겼다. 그러나 당시 개종한 사람들, 특히 상류층 출신은 사회적 접촉을 단절해야 했으므로 교회 내에서의 갈등과 긴장이 예상처럼 심하지는 않았다.

콘스탄틴의 등장으로 교회가 평화를 누리게 됨에 따라 상황은 극변했다. 훌륭한 로마 시민인 동시에 충실한 기독교 신자가 되는 것이 가능하게 되었다. 황제의 뒤를 따라 로마화 된 계층들이 교회로 몰려들었다. 이전에 기독교로 개종한 상류층 인사들은 이 현상을 긍정적 발전으로 이해했다. 왜냐하면 이미 내린 그들의 결단이 다른 중요한 인물들에 의해 옳은 것으로 입증되었기 때문이다. 그러나 하류층 출신의 기독교인들은 새로운 사건의 전개를 교회가 부패해가는 과정으로 해석했다. 이들이 로마제국에 관해 증오하고 싫어했던 점들이 교회의 일부가 되고 있었다. 곧 권력층, 즉 정치와 경제를 지배하는 자들이 교회를 지배하게 될 것이었다. 따라서 이 과정에 대한 저항이 필요할 뿐만 아니라 새로 개종한 유력 인사들이 아직 이교 신들을 섬기고 있을 때 소위 무식하고 무지한 누미디아인과 모리타니아인들은 이미 진리를 알고 있었음을 상기시킬 필요가 있다고 생각되었다.

당시의 갈등이 심화되어 가는 모든 단계에서 이러한 모습을 찾아볼 수 있다. 카이실리안은 로마화 된 카르타고 기독교 신자들의 지지를 받아 선출되었다. 반면 그의 선출은 총독령 아프리카의 하층 계급들과 누미디아의 거의 모든 신자들과 성직자들의 반대를 받았다. 콘스탄틴은 당시 발생한 문제들을 깊이 연구해 보지 않은 채 카이실리안파가 합법적 교회를 대표한다고 결정했다. 라틴계 대도시들의 감독들이 이에 찬성했고, 헬라계 도시들도 합류했다. 반면 도나투스파는 박해 때 약한 모습을 보였던 누미디아 성직자들의 지지를 받아들였다.

이것은 도나투스주의가 처음부터 의식적인 정치적 움직임이었다는 의미는 아니다. 초기 도나투스주의자들은 제국이 아니라 "세상"을 대적했다. 이들이 볼 때 제국이 행하는 많은 행동은 세속적이었다. 초기 도나투스주의자들은 콘스탄틴이 카이실리안을 지지하기로 한 결정이 실수였음을 납득시키려 했다. 그 세기 후반 줄리안의 재위 시절까지도 일부 도나투스주의자들은 로마 당국자들이 실수를 깨닫고 자기들을 지지해주기를 바랐다.

340년경 도나투스파에서 "키르쿰켈리온"(circumcellions)이라 불리는 집단이 등장했다. 이 명칭의 기원은 확실치 않으나 순교자들의 유적지에 본부를 두었다는 데서 연유된 듯하다. 이들은 주로 폭력에 호소한 누미디아와 모리타니아 출신의 도나투스파 농부들로 구성되었다. 어떤 학자들은 이들을 가리켜 종교적 이상을 내세운 산적들에 불과하다고 주장했으나, 이들은 광신주의에 이를 정도로 종교적 열정을 지니고 있었다. 이들은 순교자들의 죽음보다 더 영광스러운 죽음은 없다고 확신했으며, 이제 옛 방식의 박해가 사라졌으므로 순수한 신앙을 더럽히는 전쟁에서 죽는 것도 순교라고 생각했다. 순교에의 열정이 뜨거워 절벽에서 뛰어내려 집단자살을 꾀하는 이들도 있었다. 이것이 광신주의일 수 있지만 기회주의적 위선은 아니다.

키르쿰켈리온은 도나투스파의 중요한 요소로 등장했다. 때때로 도시의 도나투스파 지도자들은 이 과격한 집단과 관련을 맺지 않으려고 애를 썼다. 그러나 직접 전투 인력이 필요할 때면 키르쿰켈리온에게 호소했다. 이들의 준동으로 말미암아 도시에서 떨어진 별장들과 농장들을 포기해야 할 지경이 되었다. 부자들과 제국 관리들은 삼엄한 경비 없이 변경을 여행하기를 두려워했다. 키르쿰켈리온은 경비가 강화된 도시들의 성문에까지 출몰했는데, 이 때문에 상업과 교역이 큰 타격을 받았다.

이에 대응하여 로마 당국도 폭력을 사용했다. 이들을 설득하고 학살하고 무력으로 점령하는 박해들이 발생했다. 그러나 효과가 없었다. 키르쿰켈리온은 당시 주민들 사이에 퍼져있던 깊은 불만의 표현이었으며, 제국은 이 운동을 종식시킬 수 없었다. 얼마 후 반달족(Vandals)이 이 지역에 침입하여 로마의 통치를 종식시켰다. 그러나 반달족 아래서도 그 운동은 계속되었다. 6세기 콘스탄티노플에 수도를 둔 동로마제국이 이 지역을 정복했지만, 키르쿰켈리온은 계속되었다. 7세기 모슬렘 정복 후에 비로소 도나투스주의와 키르쿰켈리온이 사라졌다.

결론적으로 도나투스주의, 특히 극단적 분파인 키르쿰켈리온은 콘스탄틴의 회심에 의해 발생한 새로운 상황들에 대항한 반응이었다. 일부 기독교인들은 새 질서를 환영한 반면, 다른 이들은 사막으로 도피했고, 도나투스파는 제국의 동지로 변한 교회의 존재를 거부했다. 이들이 교회 본질과 성례의 유효성에 관해 던진 심각한 신학적 문제들이 다른 기독교인들, 특히 어거스틴으로 하여금 깊이 씨름하게 만들었다. 어거스틴을 비롯한 여러 사람들이 교회에 대한 교리, 성례전의 정당성에 대한 견해, 정전론(Just War Theory)을 발전시킨 것은 부분적으로 도나투스파에 대한 반응이었다. 따라서 교회가 이단자요 분파주의자로 여겨 거부했던 무리는 자기들을 논박하기 위해서 계발된 신학에 흔적을 남겼다.

제17장
아리우스 논쟁과 니케아 공의회

> 그리고 우리는 한 분이신 주 예수 그리스도를 믿는다. 그분은 하나님의 외아들이시며, 아버지에게서 나셨으며, 곧 아버지의 본질에서 나셨다. 하나님에게서 나신 하나님이시며, 빛에게서 나신 빛이시며, 아버지와 본질에서 같으시다. -니케아 신경-

기독교 역사는 처음부터 신학적 논쟁들로 점철되었다. 바울 시대의 가장 중요한 문제는 유대인과 이방인 개종자들의 관계였다. 그 후 영지주의적 사변에 관한 결정적 논쟁들이 야기되었다. 키프리안이 카르타고의 감독으로 있던 3세기 논쟁의 초점은 배교자들의 복원 문제였다. 이 논쟁들은 모두 중요했고 치열했다. 초기 시대에 이러한 논쟁에서 승리할 수 있는 유일한 방법은 확고한 논거와 생활의 성결이었다. 당시 세속 당국은 교회의 신학적 논쟁에 주의를 기울이지 않았으므로 논쟁에 관련된 당파들은 논쟁에서 승리하기 위해 세속 당국에 호소하거나, 신학적 패배를 세속 당국과의 연합을 통해 번복시키려 하지 않았다.

콘스탄틴의 회심 이후 사태가 변화했다. 이제 신학적 문제를 해결하기 위해 국가 권위를 동원할 수 있게 된 것이다. 제국은 콘스탄틴이 제국을 결속시키는 기반으로 작용하기를 바랐던 교회의 통일에 큰 관심을 가지고 있었다. 따라서 국가는 권력을 사용하여 기독교인들에게 신학적 문제에 동의하기를 강요하기 시작했다. 실제로 이런 과정에서 타파된 신학 이론들 중에는 기독교 메시지의 핵심을 위협할 만한 내용들도 있었다. 제국의 개입이 없었다면 문제들은 옛날과 마찬가지로 오랜 논쟁을 거쳐 합의에 도달하는 방법으로 해결되었을 것이다. 그러나 많은 통치자들은 교회 안에서 지루한 논쟁이 계속되는 것을 못마땅하게 생각하여, 황제의 권위에 의해 옳은 자를 가려내고 틀렸다고 생각되는 인사들을 침묵시키기 시작했다. 그 결과 논쟁에 관련된 많은 인사들이 자신의 적들이나 교회를 설득하고 납득시키기보다는 황제를 설득하려 했다. 결국 신학적 논쟁들이 정치적 음모의 침해를 받기 시작했다.

이 과정의 출발점은 한 도시의 감독과 사제 사이의 갈등으로 시작되어 급기야는 콘스탄틴이 개입하게 되고 양측 모두가 상대방을 물리치기 위해 정치적 술수를 동원하게 된 아리우스 논쟁에서 찾아볼 수 있을 것이다. 언뜻 보기에 이 사건의 전개는 그리 덕스러운 이야기가 아니다. 그러나 깊이 관찰할 때에 놀라운 것은 정치적 술수로 점철된 신학적 논쟁 자체가 아니라 이처럼 험난한 상황에서도 교회가 기독교 메시지의 핵심을 위협한 이론들을 배척할 수 있는 힘과 슬기를 유지했다는 데 있다.

논쟁의 발단

아리우스 논쟁의 근원은 콘스탄틴이 등장하기 오래 전에 발생한 신학적 현상들에서 찾아야 한다. 실제로 이 논쟁은 저스틴, 알렉산드리아의 클레멘트, 오리겐 등 여러 학자들의 사역으로 인하여 기독교인들이 하나님의 본질을 생각하게 된 방식의 직접적 결과였다. 최초에 제국 전역에 메시지를 선포한 기독교인들은 무식한 무신론자들로 취급되었는데, 이는 그들에게는 눈에 보이는 신들이 없었기 때문이다. 이에 대한 반응으로 일부 유식한 기독교인들은 많은 이들에 의해 지혜자로 존경받는 고전적 철학자들의 권위에 호소했다. 뛰어난 이교도 철학자들은 전체 우주 위에 지존의 존재가 있다고 가르쳤으며, 어떤 이들은 이교의 신들이 인

중세 예술에서는 종종 삼위일체 하나님을 세 개의 얼굴을 가진 한 몸으로 묘사했다.

간의 창조물이라고 단언했다. 기독교인들은 이 존경받는 권위자들에 호소하면서 자기들이야말로 철학자들이 소개한 지존의 존재를 믿고 있으며, 자기들이 말하는 하나님이 이를 가리키는 것이라 주장했다. 이러한 이론이 설득력이 있었기 때문에 지식층들이 쉽게 기독교를 수용했다.

그러나 이것은 위험한 이론이었다. 즉 자기들의 신앙과 고전적 철학자들 사이의 유사점을 밝히려는 열심 때문에 신자들은 선지자들과 성경 저자들의 방법이 아니라 플라톤과 플로티누스를 비롯한 철학자들과 같은 방법으로 하나님에 관해 말해야 한다고 확신하게 될 수 있었기 때문이다. 이 철학자들은 완전의 개념을 불변하시고 무감정적이시며 움직이지 않는 것이라고 생각했으므로 많은 기독교인들 역시 이러한 존재가 성경의 하나님이라는 결론에 도달했다.

하나님에 관한 성경의 기록과 불변하고 고정적인 지존의 존재라는 고전적 개념을 조화시키기 위해 두 가지 방법이 사용되었다. 즉 성경 구절의 풍유적 해석과 로고스의 교리였다. 풍유적 해석은 쉽게 적용할 수 있었다. 성경이 하나님에 관해 "가치 없는 방법으로" 표현할 때, 즉 지존의 존재의 완전성에 걸맞지 않은 표현이 나타날 때면 그 표현들을 문자 그대로 받아들이지 않는 것이다. 그리하여 예를 들어 만약 성경에서 하나님이 정원을 걸으셨다거나 말씀하셨다고 할 때, 신자들은 불변의 존재는 걷거나 말할 수 없음을 기억해야 한다는 것이다. 지성적으로 본다면 이것은 많은 지성인들을 만족시켰지만 감정적으로는 미흡했다. 왜냐하면 교회생활은 인격적인 하나님과의 직접적인 관계가 가능하다는 신앙 위에 기초하고 있었기 때문이다. 철학자들이 그려낸 지존의 존재는 결코 인격적 존재가 되지 못했다.

지존의 존재에 관한 철학적 개념과 성경의 증언 사이에 존재하는 갈등을 해소할 수 있는 또 다른 방법이 있었으니, 곧 저스틴, 클레멘트, 오리겐 등에 의해 발전된 로고스의 교리이다. 이들의 이론에 따르면 비록 지존의 존재-성부-가 불변이요 고정적이지만 동시에 세상 및 인간들과의 직접적 관계를 가능하게 하는 인격적 존재, 즉 로고스, 말씀 혹은 하나님의 이성이 있다는 것이다. 따라서 저스틴에 의하면 성경에서 하나님이 모세에게 말씀하셨다고 할 때 그 진정한 의미는 곧 하나님의 로고스가 그에게 말씀하셨다는 것이다.

오리겐 및 그의 제자들의 영향으로 인하여 이러한 이론들은 특히 라틴어가 아닌 헬라어를 사용하는 지역에 널리 퍼져 있었다. 당시에 일반적으로 받아들여진 관념은 불변의 존재와 변화하는 세계 사이에는 말씀 혹은 하나님의 로고스가 위치한다는 것이다. 이러한 맥락에서 아리우스 논쟁이 시작되었다.

논쟁은 리키니우스가 동방을, 그리고 콘스탄티누스가 서방을 다스리고 있을 때에 알렉산드리아에서 시작되었다. 당시 알렉산드리아의 감독 알렉산더(Alexander)는 몇 가지 문제로 이 도시에서 가장 뛰어나고 인기 있는 장로들 중 하나인 아리우스(Arius)와 충돌했다. 두 사람은 많은 문제에 관해 논란을 벌였으나, 논쟁의 초점은 과연 하나님의 말씀인 로고스가 하나님과 함께 영원한가의 여부였다. 그 후 아리우스파의 모토가 된 "그분이 존재하지 않을 때가 있었다"(there was when He was not)는 구절은 이 문제를 정확하게 표현해준다. 알렉산더는 말씀이 성부와 함께 영원히 존재한다고 주장했다. 아리우스는 말씀이 성부와 함께 영원히 존재하지 않는다고 주장했다. 이것은 큰 차이가 아닌 것 같지만 궁극적으로 말씀의 신성(divinity of the Word)이 여기에 달려 있었다. 엄밀하게 말해 아리우스는 말씀은 하나님이 아니라 모든 피조물 중 으뜸 되는 존재라고 주장했다. 아리우스가 말씀이 성육신 이전에 존재했음을 부인한 것은 아니었다. 말씀의 선재(preexistence)에 관하여는 양자 모두 동의했다. 아리우스의 이론은 이 세상의 다른 모든 것이 만들어지기 전에 말씀이 하나님에 의해 창조되었다는 것이다. 그러나 알렉산더는 말씀은 신적인 것이므로 창조될 수 없고, 성부와 함께 영원한 존재라고 주장했다. 다시 말해 하나님과 피조세계 사이에 줄을 긋는다면, 아리우스는 말씀이 피조세계 안에 포함되도록, 그리고 알렉산더는 성부와 영원한 말씀이 한편에 위치하고 이와 구별되어 다른 모든 피조세계가 존재하도록 명확하게 구분하는 선을 그을 것이다.

양측 모두 성경에서 뽑아낸 증빙 구절들 외에 상대방의 주장을 붕괴시킬 수 있을 듯한 논리적 근거들을 가지고 있었다. 아리우스는 알렉산더가 기독교적 유일신론을 부인한다고 주장했다. 왜냐하면 알렉산드리아 감독의 주장에 의하면 신성을 지닌 존재가 둘이 되므로 결국 두 신이 존재한다는 것이다. 알렉산더는 이에 답변하기를 아리우스의 이론이 말씀의 신성을 부인하므로 예수님의 신성이 부인된다고 했다. 교회는 처음부터 예수 그리스도를 예배해왔는데, 아리우스의 이론에 의하면 교회는 그러한 예배를 중지하든지, 아니면 피조물을 예배하고 있었다고 선언해야 한다. 이것은 교회에서 받아들일 수 없는 것이므로 결국 아리우스의 이론은 틀린 것이다.

이것들이 논쟁에서 논의된 문제들이었지만, 문제의 핵심은 그리스도의 구원 방식의 문제였다. 알렉산더 및 그의 견해를 옹호한 사람들, 특

현재 폐허 속에 남아 있는 니케아의 성문

히 아타나시우스의 견해에 의하면, 그리스도 안에서 하나님이 인류 역사에 들어오시어 우리가 하나님에게 돌아갈 수 있는 길을 열어주셨기 때문에 그리스도가 우리의 구원을 이루셨다. 아리우스와 그의 추종자들은 그러한 견해가 구세주로서의 그리스도의 역할을 위험하게 만든다고 여겼다. 왜냐하면 예수께서 하나님에게 순종하심으로써 구원의 길을 여셨는데, 만일 예수님이 피조물이 아닌 신이라면 그러한 순종은 무의미한 것이 될 것이기 때문이었다.

알렉산더가 감독의 권위와 책임에 근거하여 아리우스의 가르침을 정죄하고, 그를 알렉산드리아 교회의 모든 직분에서 축출함으로써 논쟁은 공개적 성격을 띠었다. 아리우스는 이러한 처분에 승복하지 않고 알렉산드리아 시민들과 안디옥에서 그와 함께 수학했던 동방 제국의 중요한 감독들에게 호소했다. 곧 알렉산드리아에서는 아리우스의 신학적 요절들을 외치며 행진하는 일반인들의 시위를 볼 수 있었다. 또 아리우스의 호소를 받은 감독들-이들은 안디옥에서 활동한 자기들의 지도자를 찬양하여 스스로를 루키아누스 동아리(fellow Lucianists)라고 불렀다-이 해임된 장로가 옳으며 알렉산더가 거짓 교리를 가르치고 있다는 내용의 편지를 띄우기 시작했다. 그리하여 알렉산드리아의 지역적 신학 논쟁이 전체 동방교회를 분열시킬 위협을 가져왔다.

이것이 리키니우스를 패배시킨 직후 콘스탄틴이 중재에 나섰을 때의 상황이었다. 콘스탄틴은 우선 종교문제에 관한 고문이었던 코르도바의 감독 호시우스를 파견하여 양 파의 화해를 꾀했다. 호시우스가 양자 간의 갈등이 중재로 해결될 수 없다고 보고하자, 콘스탄틴은 자신이 한동안 생각해온 방책을 동원하기로 결정했다. 그는 이리하여 제국 전역으로부터 교회의 감독들을 소집하여 총회를 열었다. 이 총회에서는 표준적인 정책들의 확립을 필요로 하는 문제들을 다룰 뿐만 아니라 알렉산드리아에서 발생한 논쟁을 해결해야 했다.

니케아 공의회

후대인들에 의해 최초의 에큐메니칼 공의회(Ecumenical Council), 즉 보편공의회라고 알려지게 된 모임을 위해 콘스탄티노플에서 쉽게 도달할 수 있는 소아시아의 니케아(Nicea)에 감독들이 모인 것은 서기 325년이었다. 정확한 참석 인원은 알 수 없으나 약 300명 정도로 추정된다. 고대 사가들이 기록한 318명은 아브라함 시대에 할례를 받은 사람들의 숫자와 동일하기 때문에 일부 학자들은 그 진위를 의심한다. 이들은 대부분 헬라어를 사용하는 동방에서 온 사람들이었으나 서방 교회의 대표들도 있었다. 회의에 참석한 사람들의 관점에서 그 사건을 보려면 이 총회에 참석한 사람들 중 일부가 최근에 투옥되거나 고문 받거나 유배되었던 인물들이었으며 어떤 이들은 신실함의 흔적을 몸에 지니고 있었음을 기억해야 한다. 불과 몇 년 전에 그러한 시련을 겪었던 감독들이 황제의 융숭한 대접 속에 니케아에 초대된 것이다. 이곳에 참석한 많은 이들은 소문과 서신 왕래를 통해 서로를 알고 있었다. 그러나 이제 기독교 역사상 최초로 이들은 교회의 보편성을 증언하는 사건에 직접 참여하게 된 것이었다. 이곳에 참석했던 가이사랴의 유세비우스는 그의 『콘스탄틴의 생애』(Life of Constantine)에서 당시 장면을 다음과 같이 묘사한다.

"유럽, 리비아(즉 아프리카), 그리고 아시아의 많은 교회들로부터 가장 뛰어난 하나님의 종들이 모여들었다. 마치 하나님의 손에 의해 직접 확장된 듯한 하나의 기도의 집에 시리아인들과 길리기아인들, 페니키아인들과 아랍인들, 팔레스타인

아직 세례를 받지 않은 콘스탄틴이 니케아 회의를 주재했다.

제17장_ 아리우스 논쟁과 니케아 공의회

과 이집트, 테베와 리비아에서 온 대표들이 메소포타미아 출신들과 함께 거하게 되었다. 페르시아와 스키티아, 본도, 갈라디아, 밤빌리아, 갑바도기아, 아시아 등으로부터도 감독들이 왔다. 브리기아도 트라케, 마케도니아, 아카이아, 그리고 에피루스와 함께 가장 뛰어난 감독들을 파견했다. 스페인으로부터도 그 유명한 인물(코르도바의 호시우스)이 직접 와서 이 위대한 회의의 일원으로 참석했다. 로마의 감독은 노령 때문에 오지 못했으나 그의 장로들을 파견했다. 콘스탄틴은 이 평화의 매는 줄로 하나의 화관을 엮어서 대적들을 물리치게 해주신 승리에 대한 감사로 구세주에게 바친 최초의 통치자였다."[1]

이처럼 기쁨의 분위기 속에서 감독들은 박해 후에 시급히 처리해야 했던 많은 안건들을 의논했다. 이들은 배교자들을 다시 교회에 받아들이는 절차, 장로들과 감독들의 선출 및 안수, 그리고 여러 교구들의 우선순위에 관한 기준을 마련했다. 그들은 감독들과 장로들과 집사들이 도시를 옮겨 다닐 수 없다고 명했지만, 이 규칙은 곧 무시되었다.

이 회의가 직면한 가장 어려운 문제는 아리우스 논쟁이었다. 이 안건에 관하여는 서로 입장을 달리하는 집단들이 존재했다.

우선 니코메디아의 유세비우스가 이끄는 소수의 철저한 아리우스주의자들이 있었다.(논쟁 초기에 중요한 역할을 발휘한 이 감독은 역사가 가이사랴의 유세비우스와는 다른 인물이다. 가이사랴의 유세비우스는 이 회의에 참석하지 않았다.) 아리우스는 감독이 아니었으므로 회의에 참석할 수 없었으

---

1) Eusebius of Caesarea, *Life of Constantine* 3.7.

며, 이 때문에 니코메디아의 유세비우스가 아리우스와 아리우스가 제출하는 입장을 대변했다. 이 소수파는 아리우스의 가르침이 옳으므로 논거를 분명하게 설명한다면 회의에서 아리우스의 정당성이 인정되고 알렉산더가 정죄될 것이라고 확신했다.

아리우스파와 정면으로 대결하는 또 다른 소수의 감독 집단은 알렉산드리아의 알렉산더가 이끌고 있었다. 이들은 아리우스주의가 기독교 신앙의 핵심을 위협하므로 정죄되어야 한다고 확신했다. 알렉산더의 추종자들 중에는 당시 집사에 불과했으므로 회의에 참석할 수 없었으나, 후일 니케아 정통의 수호자로 유명해진 알렉산드리아의 아타나시우스(Athanasius of Alexandria)라는 젊은이가 있었다.

라틴어 사용권인 서방 교회를 대표하는 감독들의 대부분은 이 논쟁에 그리 큰 관심을 기울이지 않았다. 이들은 당시의 논쟁을 오리겐의 추종자인 동방교회 출신들 사이에 발생한 논쟁으로 생각했다. 이들은 이미 오래전 터툴리안이 선포한 대로 하나님은 "세 위격들과 한 본질"(three persons and one substance)이라고 정의하는 것으로 충분하다고 보았다.

서너 명으로 구성된 또 다른 작은 집단이 "성부고난설"(patripassianism)을 주장했는데, 이는 성부와 성자는 동일하므로 성부가 고난을 받았다는 것이었다. 이 감독들은 아리우스주의가 오류라는 데 동의했으나, 이들의 교리도 그 후 교회가 삼위일체 교리를 명확하게 정의하는 과정에서 정죄되었다.

회의에 참석한 감독들의 대부분은 어느 집단에도 소속되지 않았다. 이들은 드디어 박해가 종식되고 새로운 기회들과 많은 문제들이 출현하는 가운데 교회를 분열시킬 가능성이 있는 논쟁이 발생한 것 자체를 걱정했다. 따라서 회의 초기에 이 감독들은 다른 문제들을 해결하기 위해 모든 이들이 동의할 수 있는 타협책을 찾기에 부심했던 듯하다. 이러한 태도를 견지한 대표적 인물은 동료 감독들로부터 많은 존경을 받고 있던 학식 있는 역사가 가이사랴의 유세비우스였다.

당시 참석한 인사들이 남긴 기록에 의하면 상황을 크게 변화시킨 것은 니코메디아의 유세비우스가 아리우스의 이론과 동일한 자기의 입장을 명확하게 설명한 것이었다. 그는 자기의 신념을 명료하게 설명하면 회의 참석자들이 동의하리라고 확신했던 듯하다. 그러나 그의 설명을 청취한 감독들의 반응은 니코메디아의 유세비우스가 예측했던 바와는 정반대였다. 말씀, 혹은 성자가 아무리 지위가 높다 해도 피조물에 불과하다는 주장은 많은 감독들의 분노를 불러일으켰다. 감독들은 "거짓말쟁이, 신성모독, 이단"이라고 소리쳤다. 유세비우스는 말을 마치지 못한 채 단상에서 끌려 내려왔으며, 전하는 바에 의하면 그의 연설문이 사람들의 손에 의해 조각조각 찢겨 발에 밟혔다고 한다.

이제 대다수의 감독들의 생각은 변화했다. 이들은 처음에는 어느 편의 교리도 정죄함이 없이 화해와 타협으로 문제를 해결하려 했었지만 이제 가능한 한 가장 분명하게 아리우스주의를 정죄해야 한다고 확신했다.

총회에서는 처음에 성경 구절들을 사용하여 그 일을 하려 했다. 그러나 성경 구절만 사용할 경우 명확하게 아리우스주의에 대한 반대를 표현하기에 어려움을 발견했다. 그리하여 아리우스주의를 명확하게 배제할 수 있는 방법으로 교회의 신앙을 표현할 신경을 작성하는 데 합의했다. 그 후 취해진 과정은 확실히 남아있지 않다. 아직까지도 학자들 사이에서 논란이 되고 있는 확실치 않은 이유들 때문에 가이사랴의 유세비우스는 자기 교회에서 사용할 신경을 작성했다. 콘스탄틴은 그 신경에 호모우시오스(homoousios), 즉 동일본질이라는 단어를 삽입하도록 종용했다. (콘스탄틴이 그 단어와 관련하여 논쟁이 시작될 것을 알고 있었는가? 또는 교회문제에 관한 조언자인 코르도바의 호시우스가 그에게 제안했는가?) 마침내 회의에서는 가이사랴의 신경을 기초로 하되 아리우스주의를 분명히 거부하는 내용이 다수 추가된 신경에 합의했다:

우리는 한 분이신 하나님을 믿는다. 그분은 전능하신 아버지이시며, 유형무형한 만물의 창조주이시다.

그리고 우리는 한 분이신 주 예수 그리스도를 믿는다. 그분은 하나님의 외아들이시며, 아버지에게서 나셨으며, 곧 아버지의 본질에서 나셨다. 하나님에게서 나신 하나님이시며, 빛에서 나신 빛이시며, 참 하나님에게서 나신 참 하나님이시다. 그분은 창조되지 않고 나셨으며 아버지와 본질에서 같으시다. 그분으로 말미암아 만물이, 하늘에 있는 것들이나 땅에 있는 것들이 생겨났다. 그분은 우리 인간을 위하여, 우리의 구원을 위하여 내려오시어 육신을 취하시고, 사람이 되셨으며, 고난을 받으시고, 셋째 날에 부활하시고, 하늘로 올라가셨으며, 산 이와 죽은 이들을 심판하러 오실 것이다.

그리고 우리는 성령을 믿는다.

"그분이 존재하지 않은 시대가 있었다.", "나시기 전에 존재하지 않았다."라고 말하는 사람들을, 또는 비존재에서 생겨났다거나, 다른 히포스타시스(hypostasis) 또는 우시아(ousia)에서 존재한다고 말하는 사람들을, 또는 하느님의 아들은 창조되었으며, 변할 수 있으며, 달라질 수 있다고 말하

는 사람들을, 보편교회는 저주한다.[2]

이 신경은 그 후에 첨가된 부분들과 함께 그리고 마지막 구절의 저주 부문을 삭제한 형태로서 가장 널리 받아들여지고 있는 기독교 신경인 "니케아 신경"(Nicene Creed)의 모체를 이룬다. (원래 로마에서 기원한 "사도신경"[Apostles' Creed]은 가톨릭교회와 프로테스탄트 종교개혁으로부터 비롯된 서방에 기원을 둔 교회에만 알려지고 사용되었다. 반면 니케아 신경은 서방 교회들뿐만 아니라 동방 교회, 즉 그리스 정교, 러시아 정교 등에 의해서도 인정되었다.)

니케아 공의회에 참석한 감독들에 의해 채택된 신경을 읽어보면 이들의 가장 큰 관심이 성자 혹은 말씀-로고스-이 피조물이거나 신성에 있어서 성부보다 떨어진다는 개념을 배격하는 데 있었음을 알 수 있다. 이것은 특히 "하나님에게서 나신 하나님이시며, 빛에서 나신 빛이시며, 참 하나님에게서 나신 참 하나님이시다"라는 진술에서 찾아볼 수 있다. 이 이유 때문에 신경은 아버지가 "창조되지 않고 나셨으며"라고 선포한다. 이 신경이 성부 하나님을 "유형무형한 만물의 창조주"라고 선포하고 있음에 주의해야 한다. 그리하여 성자가 "창조되지 않고 나셨다"라고 선언함으로써 그는 성부 하나님에 의해 창조된 "유형무형한" 사물들로부터 배제되는 것이다. 그뿐 아니라 마지막 구절에서는 성자가 다른 피조세계처럼 무에서 비롯되었다고 주장하는 자들을 정죄한다. 또한 신경의 본문에서 성자는 "아버지의 본질에서 나셨다"라고 기록하고 있다.

---

2) Eusebius of Caesarea, *Epistle to the Caesareans*.

뉘렘베르크 연대기에 묘사된 니케아 공의회

논란의 대상이 된 것은 호모우시오스("동일본질")라는 단어다. 이 단어는 성자가 성부와 동일한 신성을 지니고 있음을 분명히 전달하려는 의도를 지닌다. 그러나 이 구절은 그 후 니케아 신경에 대한 반대를 불러일으키는 주된 원인이 된다. 왜냐하면 이 구절이 성부와 성자 사이의 구별을 부인함으로써 성부고난설을 시사하는 듯이 생각되었기 때문이다.

니케아 공의회에 참석한 감독들은 그들이 합의한(그리고 분명한 저주를 덧붙인) 신경에 의해 아리우스 논쟁이 끝나기를 바라며 이에 서명했다. 니코메디아의 유세비우스를 포함한 극소수는 서명을 거부했다. 회의는 이들을 이단으로 규정하고 직분을 박탈했다. 그러나 콘스탄틴은 이미 내린 처벌에 첨가하여 이미 면직된 감독들을 그들의 도시에서 추방했다. 아마도 사회적 불안이 다시 발생하는 것을 피하려는 의도였을 것이다. 그러나 교회 문제에 세속적 처벌을 첨가한 행위는 그 후 심각한 결과를 초래했다. 왜냐하면 교리의 정통성 여부 문제에 관하여 세속 권력이 개입한 전례를 남겼기 때문이다.

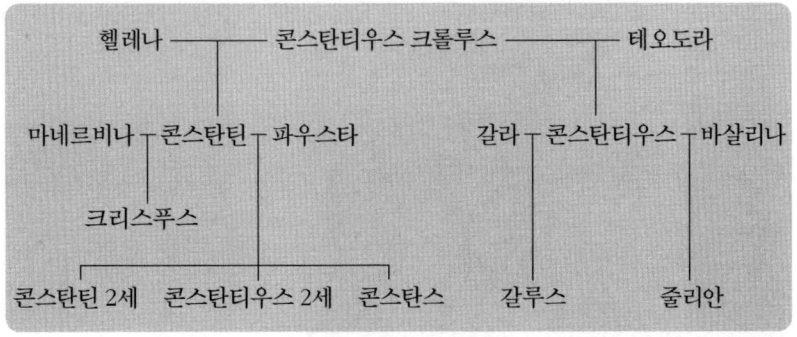

콘스탄틴의 가족들

그러나 감독들의 소망과는 달리 니케아 공의회가 논쟁을 종식시키지는 못했다. 니코메디아의 유세비우스는 뛰어난 정략가였으며, 일설에 의하면 황제의 먼 친척이었다 한다. 그는 콘스탄틴을 회유하는 데 전력하여 얼마 후 니코메디아로 귀환했다. 니코메디아에는 황제의 여름 별장이 있었으므로 유세비우스는 다시 콘스탄틴에게 호소했다. 결국 황제는 아리우스파에 대한 조처가 지나쳤다고 결정했다. 아리우스는 귀양에서 풀려났으며, 콘스탄틴은 콘스탄티노플의 감독에게 그를 성찬에 참여시키라고 명령했다. 감독이 황제와 자신의 양심 중 어느 쪽을 따를 것인가 고민하던 중 아리우스는 사망했다.

328년에 알렉산드리아의 알렉산더가 사망했고 아타나시우스가 감독직을 계승했다. 그는 집사로서 니케아 공의회에 참석했었으며, 이제 니케아 정통 신앙의 수호자가 된다. 그는 그 후 사건의 전개와 밀접하게 관련된 생애를 보냈으므로, 그의 전기를 추적해보면 아리우스 논쟁의 그 후 역사를 알 수 있을 정도이다. 이 문제는 제19장에서 다룰 것이므로 상세하게 사건 전개를 취급하지 않고, 다만 니코메디아의 유세비우스 및 그 일당이 콘스탄틴을 조종하여 아타나시우스를 유배시키는 데 성공했다는 것을 언급하는 것으로 충분할 것이다. 그 무렵 니케아파 지도자들 대부분이 함께 유배되었다. 콘스탄틴은 임종 때 세례를 청하여 니코메디아의 유세비우스에게서 세례를 받았다.

잠시 공백 기간 후 콘스탄틴의 뒤를 그의 세 아들 콘스탄틴 2세, 콘스탄스(Constans), 그리고 콘스탄티우스 2세(Constantius II)가 계승했다. 콘스탄틴 2세는 고울 지방, 영국, 스페인, 그리고 모로코를 통치했다. 동방 제국의 대부분은 콘스탄티우스의 영역이었다. 콘스탄스는 이탈리아와 북아프리카를 포함하여 두 형제 사이의 영토를 분배받았다. 처음에는 니케아파에게 사태가 유리한 듯했다. 왜냐하면 콘스탄틴의 맏아들이 이들의 편을 들어 아타나시우스 및 다른 인사들을 유배지에서 귀환시켰기 때문이다. 그러나 곧 콘스탄틴 2세와 콘스탄스 사이에 전쟁이 벌어져, 동방을 통치하던 콘스탄티우스는 자기가 원했던 대로 친 아리우스주의 정책을 펼 수 있었다. 이때 아타나시우스는 다시 유배의 길을 떠났다가 콘스탄틴 2세의 사망 후 서방 제국이 콘스탄스 아래 통일되었을 때 귀환했다. 콘스탄티우스는 온건한 정책을 시행할 수밖에 없었다. 그러나 결국 콘스탄티우스가 전체 제국을 지배하는 통치자의 자리에 올랐으니, 이때 제롬이 한탄한 대로 전 세계는 깊은 잠에서 깨어나 자기가 아리우스주의자가 되었음을 발견했다. 니케아파 지도자들은 또다시 자기들의 도시에서 축출되었으며, 당시 황제로부터의 압력 때문에 노령인 코르도바의 호시우스와 로마 감독 리베리우스(Liberius)도 아리우스파 신앙고백에 서명해야 했다.

이때 콘스탄티우스가 갑자기 사망함으로써 상황이 바뀌었다. 왕위는 후일 기독교 역사가들에게 "배교자"라고 알려진 사촌 형제 줄리안에게 계승되었다. 기독교인들의 끝없는 내분에 힘입어 이교도들의 반동이 세력을 얻었다.

제18장
이교도들의 반동: 배교자 줄리안

> 매우 인간적이라는 콘스탄티우스는 우리를 다음과 같이 취급했다. 우리가 그의 가까운 친척이었음에도 불구하고 정당한 재판을 거치지 않고 우리의 사촌 여섯 명과 그의 삼촌인 나의 아버지, 나의 아버지 쪽의 또 다른 삼촌, 그리고 나의 형을 살해했다. —배교자 줄리안—

　줄리안에게는 콘스탄티우스 및 그가 고백한 기독교 신앙을 혐오할 많은 이유가 있었다. 콘스탄틴의 사망 당시 황제의 가까운 친척들 대부분이 학살되었다. 그의 제위를 계승한 세 아들과 그들의 사촌 형제인 갈루스(Gallus)-줄리안의 형-와 줄리안이 예외였다. 어떠한 상황에서 이러한 살인이 일어났는지는 확실치 않다. 따라서 콘스탄틴만 비난하는 것도 옳지 못할지 모른다. 그러나 콘스탄틴의 사후 누가 제위를 계승할까 하는 문제 때문에 군부는 그의 친척들 대부분을 제거했다. 이는 권력이 순조롭게 콘스탄틴의 세 아들에게 계승되도록 하기 위함이었다. 이들 중에서 콘스탄티우스만 학살 현장인 콘스탄티노플에 머물고 있었으므로, 일반인들은 그가 이러한 살해를 명령했거나 묵인했다고 인정했다.

배교자로 알려진 줄리안은 고대 로마의 영화를 회복하려 한 유능한 통치자였다.

어쨌든 줄리안은 사촌형이 책임을 져야 한다고 생각했다. 줄리안의 아버지는 콘스탄틴의 이복형제였으므로 줄리안은 새로운 세 황제의 가장 가까운 사촌이었다. 줄리안의 대가족 중에 그와 이복형만 살아남았다. 후일 줄리안은 당시 이복형 갈루스가 중병을 앓고 있었고 줄리안 자신은 겨우 6세여서 제위의 위협이 되지 못했으므로 죽음을 면할 수 있었다고 주장했다. 이들이 반란을 일으키기에는 너무 어렸으므로 콘스탄티우스가 살려주었을 가능성이 있다. 만약 콘스탄틴의 세 아들이 후손 없이 사망한다면 이 어린 사촌 동생들이 그 위(位)를 계승할 수 있다는 계산도 있었을 것이다.

어쨌든 갈루스와 줄리안은 궁정에서 멀리 떠나 생활하게 되었다. 갈루스는 육체적 연마에 전념했는 데 반해 동생은 철학 연구에 흥미를 느꼈다. 둘은 모두 세례를 받고 기독교 교육을 받았으며, 궁정을 떠나 유배된 기간에 교회의 "성경봉독자"로 임명되었다.

A.D. 350년 제국의 유일한 통치자가 된 콘스탄티우스는 통치를 돕거나 제위를 계승할 후사가 없었으므로 갈루스를 불러들였다. A.D. 351년

줄리안은 아테네에서 철학을 공부했다.

콘스탄티우스는 갈루스에게 "카이사르", 즉 부황제의 칭호를 주고 방대한 영역을 맡겼다. 그러나 갈루스는 유능한 통치자가 못되었으며, 그가 사촌형을 제거하려는 음모를 꾸민다는 소문이 돌았다. 그리하여 콘스탄티우스는 그를 카이사르에 임명한 지 몇 년 후 체포하여 참수했다.

한편 줄리안은 고대 고전학문의 중심지인 아테네에서 철학 연구를 계속했다. 그는 이곳에서 경건한 기독교 신자이며 후일 유명한 감독이 된 가이사랴의 바실을 만났고, 고대 신비종교들에 흥미를 갖게 되었다. 그는 기독교를 포기하고 고대 그리스 문학과 종교에서 진리와 미를 추구했다.

 콘스탄티우스는 갈루스 때문에 빚어진 나쁜 경험을 잊기로 결심하고 생존하고 있던 유일한 친척을 불러들여 권력을 나누어 주고 카이사르의 칭호를 준 후 고울 지방의 통치를 맡겼다. 그때까지 독서와 철학에 심취해 있던 줄리안이 뛰어난 통치자가 되리라고는 아무도 기대하지 않았으며, 콘스탄티우스 역시 별로 그를 지원하지 않았다. 그러나 줄리안은 고울 지방에서 뛰어난 행정적 수완을 발휘하여 세인을 놀라게 했다. 그는 야만족과의 전투를 지휘하면서 유능한 전술가로서 군부의 지지를 얻었다.

 콘스탄티우스는 이러한 사태를 반기지 않았다. 왜냐하면 줄리안의 모반을 우려했기 때문이었다. 그리하여 두 사촌 형제 사이에 긴장이 감돌기 시작했다. 페르시아 원정을 준비하고 있던 콘스탄티우스가 고울의 병력을 동방으로 배치하려 하자, 고울의 병력이 반란을 일으켜 줄리안을 "아우구스투스"로 선포했다. 콘스탄티우스는 페르시아로부터의 위협에서 벗어나게 되자 줄리안 및 그가 이끄는 반군에 대한 평정을 시작했다. 양자 사이의 전쟁이 불가피하게 되었고, 양측이 전쟁을 준비하고 있는 중에 콘스탄티우스가 사망했다. 따라서 줄리안은 어려움 없이 콘스탄티노플에 입성하여 제국의 통치를 시작했다. 이것이 서기 361년의 일이었다.

 줄리안은 자기를 적대하던 사람들에 대한 보복을 시작했다. 그는 이를 위해 명목상으로는 독립적 위치를 지녔으나 실상은 자기의 명령대로 움직이는 법원을 조직하고, 이 법원을 통해 숙적들을 처형했다.

 이러한 행위를 제외한다면 줄리안은 유능한 통치자로서 광대한 제국

영역에 새로운 질서를 확립했다. 그러나 줄리안은 유능한 행정 때문이 아니라 종교정책 때문에 후세에 이름을 남기게 되는데, 이로 인하여 역사가들은 그를 "배교자"(the Apostate)라 부른다.

줄리안의 종교정책

줄리안은 이미 상실된 이교의 영광을 회복하고 기독교의 확장과 성장을 근절하려 했다. 콘스탄틴 시대부터 이교는 고대의 영광을 상실하고 있었다. 콘스탄틴은 이교를 박해하거나 이교도들을 강제로 개종시키려 한 적이 없었다. 그러나 그는 새로운 수도를 장식하고 치장하기 위한 예술품들을 구하려고 고대 신전들을 약탈했었다. 그리고 그의 아들들 시대에 기독교를 선호하는 법률들이 통과되었다. 이 때문에 줄리안이 황제에 즉위했을 때 고대의 신전들은 텅 비어 있었으며, 이교 사제들은 누더기 옷을 입었고, 많은 방법으로 빈약한 수입을 보충하려 했으며, 고대 의식을 거행하는 데에는 거의 관심을 기울이지 않았다.

줄리안은 이교 신앙을 완전히 회복하고 개혁하려 했다. 이를 위해 신전에서 약탈했던 예술품들과 장식물들을 돌려주라고 명령했다. 그는 이교도의 사제제도를 당시 교회의 것과 비슷한 계급체제로 정비했다. 그리하여 전체 제국을 구역별로 분할하고 각 지역의 이교도 사제들을 통솔하는 대사제(archpriests)를 두었다. 각 지역들의 대사제들 위에는 이들을 통솔하는 대사제장이 있었다. 줄리안 자신은 "최고 사제"(supreme priest)로서 이들 모두를 지배했다. 이 계급에 속해 있는 전체 사제들은 모범적 생활을 하도록 명령하고, 제사와 예배뿐만 아니라 가난한 자들을 위한 구제와 자선에도 헌신하도록 명령했다. 줄리안은 기독교를 배척했으나 이로부터 많은 것을 배웠다고 할 수 있다.

줄리안은 이교 재건을 위해 거대한 계획을 수립하는 한편, 이교 신들을 섬기는 고대 제사의식을 재생시키기 위해 직접적인 절차들을 실행했다. 그는 스스로를 이 과업을 위해 지명된 인물이라고 생각했다. 따라서 전체 제국이 고대의 신앙으로 돌아오기를 기다리면서 스스로 모범을 보였다. 그의 명령에 의해 신들에게 수백 마리의 황소들과 기타 짐승들이 바쳐졌다. 그러나 영리한 통치자 줄리안은 자신이 의도한 이교의 복원이 국민들의 지지를 받지 못함을 잘 알고 있었다. 시민들은 제사에 참여하면서도 황제의 새로운 제전을 비웃었다. 그 이유 때문에 그는 이교를 지원할 뿐만 아니라 가장 강력한 적수인 기독교를 저지하는 것이 필요하다고 생각되었다.

줄리안은 이를 위해 몇 가지 조처를 행했는데, 기독교인들에 대한 박해를 명한 적은 없었다. 일부 기독교인들이 순교했지만, 이는 황제의 명령 때문이 아니라 폭도들이나 지나친 충성심을 과시하려던 지방 관료들의 소치였다. 줄리안 자신은 기독교인들에 대한 박해가 그의 정책을 수행하는 데 도움이 되지 않는다고 확신하고 있었다.

줄리안은 기독교인들을 박해하기보다는 그들의 진보를 저지하고 비웃는 두 가지 정책을 수행했다. 우선 그는 기독교인들이 고전 문학을 가르치는 것을 금지하는 법안들을 통과시켰다. 그는 이를 통해 자신이 신성하다고 여기는 것을 모독하는 것을 금지시키는 한편, 2세기 저스틴 시대부터 행해져온 바 기독교인들이 신앙을 전파하기 위해 고전 걸작품을 사용하지 못하게 했다. 두 번째로 그는 자기가 "갈릴리인들"(Galileans)이라고 부른 기독교인들에 대한 멸시를 노골적으로 표현했다. 그는 이러한 의도로 『갈릴리인들을 논박함』(Against the Galileans)이라는 논문을 저술했는데, 거기서 줄리안은 자신이 성경을 잘 알고 있음을 증명하고 성경의 내용과 예수의 가르침을 조롱했다. 이 저서는 현존하지 않지만 그 영향이 컸다. 그리하여 8년 후 알렉산드리아의 감독 키릴은 줄리안의 논거들이 지닌 힘은 그가 기독교인이었고 성경과 기독교 교리를 알고 있었음에서 비롯된 것임을 인정하는 반박문을 저술해야 했다. 줄리안의 주된 논거들 중 하나는 "갈릴리인들"이 유대교 경전을 왜곡하고 잘못 해석했다는 것이었다. 이러한 논거들을 정책적으로 강화할 필요가 있었으므로, 줄리안은 예루살렘에 성전을 재건하기로 결정했다. 이는 그가 유대교를 특별히 좋아했기 때문이 아니라 성전 파괴가 구약 성경 예언들의 성취라는 기독교인들의 주장을 반박하기 위해서였다.

　이러한 계획들이 진행되고 있는 중에 줄리안은 뜻하지 않게 죽음을 맞이했다. 그는 페르시아 원정에서 적의 창에 치명상을 입었다. 역사적 근거는 없으나 유명한 전설에 의하면 그의 마지막 말은 "갈릴리인이여, 그대가 정복하였도다!"였다.

제19장
알렉산드리아의 아타나시우스

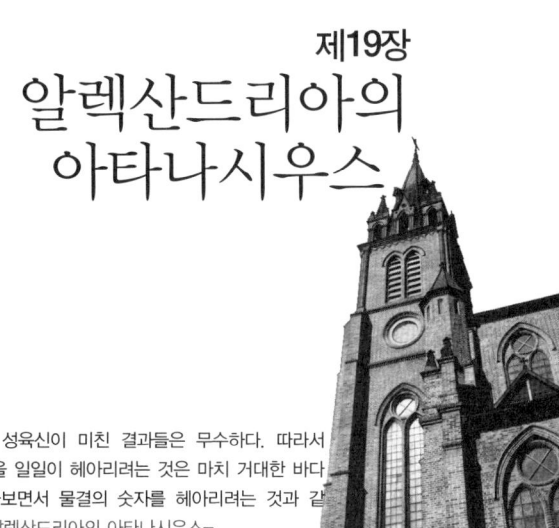

> 주님의 성육신이 미친 결과들은 무수하다. 따라서 그것들을 일일이 헤아리려는 것은 마치 거대한 바다를 바라보면서 물결의 숫자를 헤아리려는 것과 같다. −알렉산드리아의 아타나시우스−

니케아 공의회에 참석한 사람들 중에는 피부가 검고 키가 작았기 때문에 나중에 적들에 의해 "검은 난쟁이"라 불린 사람이 있었다. 그가 곧 알렉산더의 비서였던 아타나시우스였으니, 곧 논쟁의 중심인물이자 니케아 정통신학의 수호자가 된 사람이다. 그는 4세기 교회를 이끈 위대한 지도자들 혹은 교부들 중 하나이다. 당시의 사건들을 이해하기 위해 그의 생애를 살펴보자.

초기 생애

아타나시우스의 출생에 대해서는 알려져 있지 않으나, 나일 강 유역의 작은 마을 출신인 듯하다. 그가 그곳 원주민의 언어인 콥트어(coptic)를 사용했고 피부가 콥트인처럼 검었던 것을 고려하면, 그는 헬라인들과 로마인들에 의해 거듭 정복된 콥트 족이요 이집트의 하층 계급 출신이었을 가능성이 크다. 그는 자기의 출신이 귀족임을 주장한 적이 없으며, 그레코-로마 문화의 심오한 내용을 이해한다고 주장한 적이 없었다.

청년 시절 그는 사막의 수도사들과 밀접한 접촉을 유지했다. 제롬은 아타나시우스가 은자 폴에게 겉옷을 준 적이 있다고 기록했다. 아타나시우스는 『성 안토니의 생애』(Life of Saint Anthony)에 자신이 직접 안토니를 방문하여 그의 손발을 씻어준 일이 있다고 기록했다. 이런 까닭에 일부 학자들은 아타나시우스가 소년 시절 안토니를 따라다녔다고 추측한다. 어쨌든 아타나시우스가 평생 자기를 지지하고 피신처를 제공한 사막의 수도사들과 긴밀한 연락을 취했음은 의심할 바 없다.

아타나시우스는 수도사들로부터 엄격한 규율을 배우고 지켰는데, 이러한 엄격성 때문에 친구들의 존경을 받았고 일부 적들의 경탄을 자아

아타나시우스는 "검은 난쟁이"라고 조롱받았지만 신학적으로는 거인이었다.

냈다. 아리우스파에 대항한 인물들 중 아타나시우스가 가장 두려운 존재였다. 이는 그가 치밀한 논리 전개에 통달했거나 스타일이 우아했거나 정치적 술수에 능했기 때문이 아니었다. 이 모든 면에서 아타나시우스는 적들에게 뒤졌다. 그러나 그는 주위 사람들과 밀접한 유대를 유지했으며, 아리우스파의 교묘한 이론이나 다른 중요한 교구들의 감독들처럼 사치에 빠지는 일 없이 신념과 신앙에 따라 산 인물이었다. 그의 수도적 신앙훈련, 민중들 가운데 뿌리박은 기반, 불같은 영, 그리고 심오하고 흔들리지 않는 확신이 그를 무적의 존재로 만들었다.

아타나시우스는 아리우스 논쟁이 발생하기 전 『이방인들에 대항하여』(Against the Gentiles)와 『말씀의 성육신에 관하여』(On the Incarnation of the Word)를 저술했는데, 그것들을 읽어보면 그의 신학의 성격을 짐작할 수 있다. 이 저술들에서는 클레멘트와 오리겐의 사변적 경향이 발견되지 않는다. 이 저술들은 전체 인간들의 역사뿐만 아니라 기독교 신앙의 중심 사건이 예수 그리스도 안에서 발생한 하나님의 성육신이라는 깊은 확신을 보여준다. 인류 가운데 인간으로 내재하시는 하나님의 존재, 이것이 아타나시우스가 이해한 기독교의 핵심이었다.

아타나시우스는 성육신을 황제가 도시를 방문하는 것에 비유했다. 황제가 도시 방문을 결정하고 그 도시의 한 집에 거하게 되었다. 그 결과 그 집뿐만 아니라 전체 도시가 특별한 명예와 보호를 받게 되었기 때문에 산적들이 근접하지 못했다. 마찬가지로 우주의 황제가 인간의 도시를 방문하셔서 그 중의 한 집에 사셨으며, 우리는 이 때문에 사탄의 공격과 침입으로부터 보호받게 되었다는 것이다. 또 예수 그리스도를 통한 이러한 하나님의 방문 때문에 우리는 하나님이 의도하신 대로 하나님과의 교제 속에 살 수 있게 되었다.

역사 속에 계신 하나님의 임재가 아타나시우스의 신앙의 핵심이었다. 따라서 그가 아리우스주의를 기독교의 핵심을 위협하는 중대한 위협이라고 판단한 것은 당연한 사실이다. 아리우스는 예수 그리스도를 통해 우리에게 온 존재가 참 하나님이 아니라 이보다 낮은 피조물이라 가르쳤다. 이러한 관념은 아타나시우스로서는 용납할 수 없는 것이었다. 또 성육하신 하나님에 대한 사랑 때문에 사막으로 잠적한 수도사들과 아타나시우스의 지도 아래 예배에 참석하는 신도들도 받아들일 수 없는 것이었다. 아타나시우스와 수도사들, 그리고 대다수의 신자들에게 있어서 아리우스 논쟁은 복잡한 신학 문제 이상의 것이었다. 거기에 기독교 메시지의 핵심이 걸려 있었다.

알렉산드리아의 감독 알렉산더가 임종할 때 사람들은 아타나시우스가 그 자리를 계승하리라 생각했다. 그러나 일반인들과 함께 하나님을 예배하며 성례를 집행하는 평화스런 생활을 원한 이 젊은이는 사막으로 도망했다. 일설에 의하면 알렉산더는 임종 직전 아타나시우스를 알렉산드리아의 차기 감독으로 지명하기 위해 찾았다고 한다. 그러나 그가 숨은 곳을 알아낼 수 없었다. 결국 알렉산더의 사망하고 몇 주가 지난 후에 아타나시우스는 본인의 의사에 반하여 알렉산드리아 감독에 임명되었다. 같은 해인 328년 콘스탄틴은 아리우스의 유배령을 철회했다. 아리우스파는 세력을 회복하기 시작했으며, 전쟁의 기운이 감돌기 시작했다.

많은 시련을 통하여

니코메디아의 유세비우스를 비롯한 아리우스파 지도자들은 아타나시우스가 가장 대적하기 힘든 적수임을 알고 있었다. 따라서 그들은 그를 몰락시키기 위한 계획을 진행했다. 곧 그가 마술에 탐닉하고 있으며 이집트의 기독교인들을 탄압하는 독재자라는 소문이 나돌기 시작했다. 이 때문에 콘스탄틴은 그를 두로의 종교회의에 소환했다. 아타나시우스는 이곳에서 여러 가지 고발 건에 대해 응답해야 했는데, 그 중 하나는 그가 반대당 감독인 아르세니우스(Arsenius)를 죽이고 마술에 사용하기 위해 그의 손을 잘랐다는 것이었다. 현존하는 기록에 의하면 아타나시우스는 명령받은 대로 두로에 갔다. 그는 자기에 대한 고발을 청취한 후 두건을 쓴 사람을 방 안으로 들어오게 했다. 그곳에 참석한 몇 사람이 평소 아르세니우스를 잘 알고 있었음을 확인한 후에 방 안에 들어온 남자의 두건을 벗겼다. 거기 나타난 것은 살해되었다는 아르세니우스의 얼굴이었다. 그러자 몇 사람이 아타나시우스가 아르세니우스를 죽이지는 않았으나 그의 손을 자른 것은 사실이라고 주장했다. 아타나시우스는 참석자들이 아르세니우스의 손이 잘리지 않았다는 증거를 요구할 때까지 기다린 후에 아르세니우스의 한쪽 손을 보여 주었다. 그들은 "잘린 것은 다른 쪽 손이다"라고 소리쳤다. 아타나시우스는 다른 편 손을 보여주면서 반문했다. "도대체 아르세니우스가 괴물이라고 생각했는가? 그의 손이 세 개인 줄 아는가?" 회의장은 폭소의 도가니로 화했고 사람들은 자기들을 속인 아리우스파에게 분노했다.

    두로 종교회의의 심문에서 벗어난 아타나시우스는 황제에게 직접 호소하기 위해 콘스탄티노플로 가기로 결정했다. 그러나 니코메디아의 유세비우스가 궁정에 영향력을 행사하고 있었으므로 아타나시우스는 황제를 만날 기회를 얻지 못했다. 따라서 그는 과격한 방법을 쓰기로 했다. 어느 날 콘스탄틴이 말을 타고 산책할 때 그는 갑자기 황제 앞에 뛰어들어 말고삐를 잡고 면회를 허용하기까지 놓지 않았다. 당시 궁정의 정치적 상황을 생각해보면 이러한 방법이 필요했을지도 모른다. 그러나 이 때문에 콘스탄틴은 아타나시우스를 위험한 광신자라고 생각했다. 그 후 황제는 니코메디아의 유세비우스에게서 아타나시우스가 이집트에서 로마로 보내는 양곡 수송을 중단시킬 수도 있다고 자랑했다는 보고를 그대로 받아들였다. 콘스탄틴은 유세비우스의 보고를 근거로 하여 아타나시우스를 알렉산드리아로부터 서방의 트리어(Trier)로 유배시켰다.

얼마 후 콘스탄틴이 니코메디아의 유세비우스에게 세례를 받은 후 사망했고, 콘스탄틴 2세, 콘스탄스, 그리고 콘스탄티우스 등 그의 세 아들이 왕위를 계승했다. 이 세 형제는 유배된 감독들을 그들의 교구로 돌아올 수 있도록 조처했다.

그러나 아타나시우스의 알렉산드리아로의 귀환은 시련의 끝이 아니라 고난과 거듭되는 기나긴 유배 생활의 시작이었다. 당시 알렉산드리아 내의 아리우스파는 한동안 자리를 비웠던 아타나시우스가 합법적인 감독이 아니라고 주장했다. 아타나시우스의 적인 그레고리(Gregory)는 정부의 비호를 받고 있었다. 아타나시우스가 교회 건물들을 그에게 넘겨주기를 거부했으므로 그레고리는 무력을 동원하여 이를 탈취하려 했고, 이 때문에 무질서가 계속되었으므로, 아타나시우스는 더 큰 혼란을 막기 위해 도시를 떠나기로 했다. 당시의 기록을 보면 사직 당국이 아타나시우스에게 책임을 씌우려 했음을 알 수 있다. 그가 부두에 도착했을 때 총독의 명령에 의해 승선이 금지된 것을 보면 이를 잘 알 수 있다. 결국 그는 선장들 중 하나를 설득하여 몰래 배를 타고 로마로 갈 수 있었다.

아타나시우스의 로마 생활은 결실을 거둔 편이었다. 아리우스파와 니케아파는 로마 감독 줄리우스(Julius)의 지원을 요청했다. 아타나시우스는 직접 니케아파의 입장을 대변하여 로마 성직자들의 지지를 얻는 데 성공했다. 결국 로마에서 개최된 종교회의는 아타나시우스를 알렉산드리아의 정당한 감독이라고 선포하고 그레고리를 찬탈자로 규정했다. 이로 인해서 아타나시우스가 곧 알렉산드리아로 귀환할 수 있었던 것은 아니지만, 이 사실은 곧 서방 교회가 니케아 정통 노선을 지지함을 의미했고, 특히 개인적으로는 아타나시우스에 대한 지지를 표명하는 것이었다.

콘스탄틴 2세의 사망 후 서방 제국을 혼자 다스리게 된 콘스탄스는 당시 동방을 통치하던 콘스탄티우스에게 아타나시우스의 알렉산드리아 귀환을 허락하도록 요청했다. 당시 형제의 지원을 필요로 했던 콘스탄티우스가 이 요청을 받아들였으므로 아타나시우스는 알렉산드리아로 귀환할 수 있었다.

당시 알렉산드리아에서 그레고리의 실수와 그릇된 처리에 염증을 내고 있던 시민들은 아타나시우스를 영웅이나 해방자인 듯이 환영했다. 그 원인들 중 하나는 그레고리 및 아리우스파가 헬라화 된 상류층을 대표했던 데 반해 아타나시우스는 시민들의 편이었다는 데 있을 것이다. 어쨌든 그는 대단한 환영을 받았다. 알렉산드리아 시민들뿐만 아니라 사막의 수도사들도 함께 모여 그의 개선을 축하했다. 아타나시우스는 이러한 지원 아래 약 10년 동안 적들의 공격을 받지 않았다. 그 동안 그는 방대한 서신 교류를 통하여 정통신학의 수호자들과 유대를 돈독히 했다. 그가 아리우스주의를 반박하는 몇 편의 논문을 집필한 것도 이 시기이다.

그러나 열성적인 아리우스주의자인 콘스탄티우스 황제는 이 니케아 신앙의 수호자를 제거하려 했다. 콘스탄스가 서방 황제로 생존해 있는 동안 그의 지원을 필요로 했던 콘스탄티우스는 아무런 조처를 취하지 못했다. 게다가 마그넨티우스(Magnentius)라는 사람이 제위를 찬탈하려 했으며, 콘스탄티우스는 전력을 다해 이 새로운 적수에 대항해야 했다.

마침내 A.D. 353년 전체 제국을 통치하게 된 콘스탄티우스는 친 아리우스 정책을 수행하기 시작했다. 각종 위협과 폭력으로 말미암아 아리우스주의를 받아들이는 감독들이 증가했다. 콘스탄티우스가 아타나시우스를 정죄하기 위한 종교회의를 소집했을 때 참석자들이 교회법상 청문회를 거치지 않고는 누구도 정죄할 수 없다고 응답하자 황제는 다음과 같이 대답했다고 전해진다: "나의 뜻 역시 교회의 법이다"(My will also is a canon of the church). 이처럼 명백한 위협 아래 감독들의 대부분 아타나시우스를 정죄하는 데 서명했다. 이를 끝내 거부한 사람들은 유배되었다.

조부 콘스탄티우스 클로루스의 이름을 딴 콘스탄티우스 2세는 마침내 콘스탄틴의 유일한 후계자가 되었다. 그는 충실한 아리우스주의자였다. 니케아의 신학자 제롬은 "잠에서 깨어나 보면 아리우스주의 세상이 되어 있을 것이다"라고 말했다.

당시의 사기에 따르면, 콘스탄티우스는 아타나시우스가 알렉산드리아에서 발휘한 영향력을 두려워했기 때문에 아타나시우스를 추방하지 않고 도시에서 제거하려 했다. 아타나시우스는 자신이 요청하지도 않은 황제와의 면회가 수락되었다는 편지를 받았다. 그는 공손하게 그러한 명예를 요청한 바가 없으며 업무적인 착오가 있었을 것이라고 응답했다. 황제의 귀중한 시간을 낭비시키고 싶지 않다고 첨가했다. 그러자 콘스탄티우스는 알렉산드리아 시내에 병력을 집결시켰다. 병력을 완전히 배치하여 어떤 반란이라도 진압할 준비를 갖춘 후 총독은 황제의 이름으로 아타나시우스에게 도시를 떠나라고 명령했다. 아타나시우스는 자기의 귀환을 허락한 옛 황제의 명령서를 제시했다. 그는 총독에게 황제는 모순되는 명령을 내릴 리가 없으므로 착오가 있을 것이라고 전했다.

그로부터 얼마 후 아타나시우스가 어느 교회에서 성찬을 집례하고 있을 때 총독은 교회를 포위하고 무장 병사들을 이끌고 난입했다. 교회 안은 아수라장이 되었다. 아타나시우스는 회중에게 "그의 자비는 영원하리라"는 후렴이 딸린 시편 136편을 노래하라고 명했다. 신자들 일부는 찬양하고 일부는 도망치는 가운데 병사들이 감독에게 접근했다. 아타나시우스는 신자들이 안전할 때까지 자리를 떠나기를 거부했으므로, 그곳에 있던 성직자들이 그를 둘러싸고 몸으로 보호했다. 그런데 그 순간 그는 기절했고, 성직자들은 어떤 방법을 사용하여 그를 안전한 곳으로 이동시켰다.

이때부터 아타나시우스는 마치 유령이 된 듯했다. 관리들이 그를 색출하려 했으나 어디서도 찾을 수 없었다. 그는 충실한 동료들인 사막의 수도사들에게로 피신했던 것이다. 이 수도사들은 뛰어난 연락망을 가지고 있었으므로 제국 관리들이 감독의 피신처에 접근하기 전에 다른 안전한 은신처로 그를 옮겨 가곤 했다.

아타나시우스는 5년 동안 사막의 수도사들과 함께 거주했다. 이 5년 동안 니케아 정통주의는 큰 타격을 받았다. 제국의 정책은 공개적으로 아리우스주의를 후원했다. 당시 열린 여러 개의 종교회의는 아리우스주의에 대한 지지를 천명했다. 결국 당시 노령이었던 코르도바의 호시우스와 로마의 리베리우스도 강제로 아리우스 신앙고백에 서명할 수밖에 없었다. 많은 감독들과 교회 지도자들은 아리우스주의가 오류임을 확신하고 있었으나 국가가 아리우스주의를 지원했으므로 반대하기 어려웠다. 아리우스주의의 극성기는 시르미움(Sirmium)에 모인 공의회가 니케아 회의의 결정 사항들을 배척했을 때였다. 이것이 정통교회 지도자들이 "시르미움의 신성 모독"(Blaphemy of Sirmium)이라 부르는 사건이다.

뜻밖에 콘스탄티우스가 사망하고 그의 사촌 줄리안이 황위를 계승했다. 새 황제는 논쟁의 어느 편에도 흥미가 없었으므로 모든 감독들에 대한 유배령을 철회했다. 그는 자신이 이교의 부흥을 위해 힘쓰는 동안 논쟁의 양 파가 서로 싸워 둘 다 약화되거나 자멸하기를 기대했다. 그러나 그의 이러한 조처의 결과 아타나시우스는 다시 알렉산드리아로 돌아와 당시 시급했던 신학적 외교를 시작할 수 있게 되었다.

신학적 합의

논쟁이 진행되는 동안 아리우스주의는 매우 기술적이고 추상적이 되었다. 아리우스주의 옹호자들 중에는 헬라 논리학 교육을 받았으므로 자기들의 주장을 변호하기 위해 교묘한 논거들을 제시한 사람들이 많았다. 그러한 논거들에 기초를 둔다면 확실히 아타나시우스를 이길 것이었다. 그러나 아타나시우스가 아리우스주의를 반대한 이유–그리고 반대 논거들의 핵심–은 그러한 공론들과 관계가 없었다. 아타나시우스는 예수가 인류의 구세주, 타락한 것을 회복하시는 분이라는 기독교의 핵심교리에 관심을 두었다. 아리우스주의가 초기 단계에서는 구원의 교리에 관심을 두었지만 곧 사변적인 논증 분야로 옮겨갔을 수도 있다. 이것은 아리우스주의의 장점인 것처럼 보였지만 실제로는 몰락이 되었다. 왜냐하면 그로 인해 아타나시우스와 그의 지지자들이 구원의 중심 문제를 소유하게 되었기 때문이다. 아타나시우스는 죄의 결과인 인류의 타락으로 말미암아 새 창조, 죄로 말미암아 파괴된 것의 근본적인 개혁과 회복이 필요하다고 주장했다. 구원사역은 창조 사역 못지않게 중요하다. 그러므로 우리의 재창조에 대한 책임을 지니신 분은 우리의 창조를 책임지신 분 못지않게 중요하다.

아타나시우스는 교리적 공식이나 언어로 표현된 공식을 넘어서려 했고, 관련된 실제 문제들에 대한 분명한 설명과 합의를 추구했다. 그는 많은 이들이 니케아 신경을 반대한 이유들 중 하나가, 아들이 아버지와 동일한 본질이라는 주장이 아버지와 아들 사이에 구별이 없다는 의미로 받아들여지는 것을 두려워했기 때문이라는 결론에 도달했다. 이 때문에 어떤 이들은 "동일본질"이라는 표현보다는 "유사본질"이라는 표현을 사용했다. 이에 해당하는 두 헬라 단어는 호모우시오스(homoousios, 동일본질)와 호모이우시오스(homoiousios, 유사본질)이다. 니케아 공의회는 성자가 성부와 동일본질이라고 선언했었다. 그러나 이제 많은 이들은 성자가 성부와 유사본질이라고 표현할 것을 원했다.

콘스탄티노플에 소재한 성 이레네 교회. 이곳에서 381년 제2차 보편 공의회가 개최되어 삼위일체 교리를 재확인했다.

아타나시우스도 초기에는 "유사본질"을 주장하는 이들이 아리우스파와 마찬가지로 이단적이라는 니케아 공의회의 선언을 고집했었다. 그러나 시련 속에서 원숙해진 이 알렉산드리아의 감독은 아리우스주의를 배격하는 동시에 성부와 성자 사이의 구별을 포기하려 하지 않는 다수의 기독교인들의 정당한 우려를 이해할 수 있었다.

아타나시우스는 일련의 의논들을 통해 이 기독교인들에게 니케아 신경의 주장이 유사본질을 주장하는 이들의 의견을 수용할 수 있음을 납득시켰다. 결국 A.D. 362년 알렉산드리아에 소집된 회의에서 아타나시우스와 그의 지지자들은 성부와 성자와 성령 사이의 구별을 무시하지 않는 한에서 성부, 성자, 성령을 가리켜 "동일본질"이라고 표현할 수 있으며, 동시에 마치 세 신들을 주장하는 것처럼 이해되지 않는 한 "세 본질들"이라는 표현을 사용할 수 있다고 선언했다.

아리우스의 추종자들이 자기들의 견해를 홍보하기 위해 성가를 사용했듯이, 니케아파에서도 삼위일체 교리를 주장하는 찬송들을 작곡하여 사용했다. 그중 가장 유명한 것은 암브로스(339-397)가 작곡한 "찬란한 주의 영광은"(찬송가 42장)과 아우렐리우스 프루덴티우스(348-413)가 작곡한 "아버지의 사랑으로"이다.

이러한 이해의 기반 위에서 대부분의 교회들은 니케아 공의회를 지지하게 되었으니, 니케아 공의회의 교리는 결국 A.D. 381년 콘스탄티노플에 소집된 제2차 보편공의회(Second Ecumenical Council)에서 비준되었다. 그러나 아타나시우스는 생애의 대부분을 바친 교리가 최후의 승리를 거두는 것을 보지 못한 채 사망했다.

그 후의 시련들

줄리안은 기독교인들을 박해하기를 원하지 않았으나, 알렉산드리아로부터 오는 소식이 그를 불안하게 했다. 이교 회복을 위한 그의 노력은 대중의 영웅이 된 아타나시우스의 격렬한 저항에 직면해 있었다. 알렉산드리아에서 황제의 정책이 성공하려면 감독을 다시 유배시키지 않으면 안 되었다. 아타나시우스는 줄리안이 자기를 알렉산드리아뿐만 아니라 이집트에서 제거하려 함을 알아차렸다. 그는 알렉산드리아에 숨을 곳이 없음을 알았으므로 다시 수도사들에게로 피신하려 했다.

아타나시우스가 사막에 은신하려고 계획하고 있음을 알아차린 제국 정부는 그를 체포하려 했다. 일부 아타나시우스의 전기 작가들은 당시의 한 사건을 다음과 같이 전한다: 아타나시우스가 배를 타고 나일 강을 거슬러 올라가고 있을 때 빠른 속력의 배 한 척이 이들을 따라잡았다. 그 배의 병사들이 "아타나시우스를 보았느냐?"라고 소리쳤다. 거짓말을 하지 못하는 아타나시우스는 "보았습니다. 그가 당신들보다 조금 앞서 있습니다. 서두르시면 곧 그를 따라잡을 수 있을 겁니다"라고 대답했다. 병사들이 탄 배는 곧 아타나시우스가 탄 배를 앞질러 멀어져 갔다.

줄리안의 통치는 오래 가지 못했다. 그의 뒤를 계승한 조비안(Jovian)은 아타나시우스의 지지자였다. 아타나시우스는 알렉산드리아로 돌아왔다. 얼마 후 그는 황제의 고문역을 담당하기 위해 안디옥으로 초빙되었다. 그가 마침내 알렉산드리아로 돌아왔을 때에 드디어 그의 기나긴 유랑 생활도 끝이 난 것 같았다.

그러나 몇 달 후 조비안이 숨을 거두고 열렬한 아리우스파인 발렌스(Valens)가 황제가 되었다. 자신이 알렉산드리아에 남아있으면 황제가 알렉산드리아의 정통파를 박해할 것을 두려워한 아타나시우스는 다시 이곳을 떠나기로 했다. 그러나 발렌스는 콘스탄티우스와 줄리안을 이겨낸 감독을 건드리려 하지 않았으므로, 아타나시우스는 알렉산드리아로 돌아와 A.D. 373년 숨을 거두기까지 그곳에 머물 수 있었다.

비록 아타나시우스는 평생을 바친 정통 교리의 마지막 승리를 보지 못했으나, 그가 남긴 저술들을 보면 아리우스주의가 패배할 것이라는 확신을 가지고 있었음을 알 수 있다. 그는 노령에 접어들면서 자신과 동일한 신념을 가진 새로운 세대의 신학자들의 출현을 볼 수 있었다. 그중 가장 뛰어난 인물들은 위대한 카파도키아인들(Great Cappadocians)이라 불리는 이들이다.

제20장
카파도키아 교부들

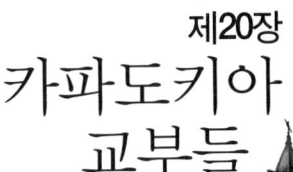

> 친구들이여, 모든 이에게 하나님에 대해 철리를 말할 자격이 주어진 것은 아닙니다. 왜냐하면 그 주제는 단순한 것도 아니고 하찮은 것도 아니기 때문입니다. 모든 이들이 항상 모든 주제를 취급할 수 있는 것은 아니며, 단지 일부 사람들이 특별한 때에 특정한 제한 속에서 취급할 수 있습니다.
> —나지안주스의 그레고리—

카파도키아는 오늘날의 터키에 속한 동부 아나톨리아에 위치했다. 이곳에 "위대한 카파도키아인들"(Great Cappadocians)이라고 알려진 세 명의 교회 지도자가 살았다. "대 바실"이라고 알려진 신학자인 가이사랴의 바실(Basil of Caesarea), 그의 동생이며 신비적 관상에 관한 저술로 유명한 닛사의 그레고리(Gregory of Nyssa), 그리고 이들의 친구로서 시인이자 웅변가이며 헬라어권의 교회의 전통적 찬송을 작곡한 나지안주스의 그레고리(Gregory of Nazianzus)이다. 이들을 살펴보기 전 여자라는 이유 때문에 업적이 잘 알려지지 않은 인물을 살펴볼 필요가 있다. 그는 바실과 닛사의 그레고리의 누나인 마크리나(Macrina)이다.

마크리나

마크리나(Marcrina)와 바실과 그레고리가 배출된 가정은 적어도 2세대에 걸친 신앙을 자랑하는 기독교 가정이었다. 이들의 조부모는 데시우스의 박해를 피해 칠 년 동안 숲속에 숨어 지냈다. 당시 그들의 아들 그레고리와 바실도 함께 지냈다. 위대한 카파도키아인들의 삼촌인 이 그레고리는 후일 감독이 되었다. 그의 형제로서 마크리나 및 그녀의 동생들의 아버지인 바실은 유명한 법률가요 수사학 교사가 되었다. 그의 아내는 순교자의 딸이었다. 따라서 위대한 카파도키아인들의 조부모와 외조부모 모두 기독교 신자들이었으며 삼촌들 중 하나는 감독이었다.

마크리나는 12세 때 당시의 관습에 따라 부모들에 의해 정혼되었다. 마크리나는 법률가 지망생인 젊은이와의 정혼에 동의했다. 모든 것이 준비되었을 때 갑자기 약혼자가 사망했다. 마크리나는 다시 혼인할 것을 거부하고 독신으로 살며 관상생활을 할 것을 서원했다.

마크리나가 정혼하기 2, 3년 전 바실이 출생했다. 어렸을 때 그는 병약하여 살아남을지 의문일 정도였다. 그러나 오랫동안 아들을 바라왔던 아버지 바실은 아들을 법률가요 웅변가로 키우기 위하여 최고의 교육을 시켰다. 그리하여 바실은 카파도키아 지방의 중심지인 가이사랴와 안디옥과 콘스탄티노플에서 공부했다. 마지막에는 아테네에까지 유학했다. 그는 아테네에서 후일 나지안주스의 감독이 될 그레고리와 "대배교자"라는 칭호를 받게 될 줄리안 왕자를 만났다. 공부를 마친 후 바실은 자신의 지혜에 교만하여 가이사랴로 돌아왔다. 그의 학문과 아울러 가족이 갖는 명망으로 바실의 장래는 보장되어 있었다. 곧 그에게 수사학 교수직이 주어졌다.

이때 마크리나가 동생에게 권면했다. 그녀는 동생이 마치 그곳에서 가장 뛰어난 인물인 양 방자하게 행동할 뿐 아니라 기독교인이라기보다는 이교 지식인처럼 거드름을 피운다고 꾸중했다. 그러나 바실은 자기보다 학문이 모자라는 누나의 비평에 귀를 기울이지 않았다.

이때 비극적인 소식이 전해졌다. 촌에 파묻혀 은둔생활을 하던 그의 형제 나우크라티우스(Naucratius)가 갑자기 사망한 것이었다. 바실은 큰 충격을 받았다. 그와 나우크라티우스는 매우 가까웠다. 그러나 나우크라티우스가 세속의 명예를 버린 데 반해 바실은 출세와 권력을 추구했으므로 양자의 생활양식이 매우 달랐다. 큰 충격을 받은 바실의 생활은 완전히 변화되었다. 그는 교수직 및 모든 명예를 버렸고, 마크리나에게 종교생활의 비밀을 가르쳐 달라고 요청했다. 이 사건이 발생하기 얼마 전 그들의 부친이 사망했으므로 당시 마크리나가 가정의 정신적 지주였다.

마크리나는 신앙생활의 기쁨을 통해 가족들을 위로하려 했다. 그녀는 집안의 재산을 포기하고 가까운 안네시(Annesi)로 들어가 관상과 금욕의 생활을 하자고 제안했다. 참된 행복은 세속적 영예가 아니라 하나님을 섬기는 데서 찾을 수 있다는 것이었다. 세상과의 유대를 단절할 때 진정한 헌신이 가능하다고도 했다. 의복과 음식을 되도록 단순하게 하고 완전한 기도 생활에 헌신해야 했다. 마크리나는 사막의 고행자들의 생활방식과 비슷한 금욕생활을 주창한 것이었다.

마크리나와 그녀의 어머니, 그리고 몇 명의 여인이 안네시로 은둔했으며, 바실은 누나의 충고를 좇아 이집트로 가서 수도생활에 관해 더 배워오기로 했다. 결국 바실은 헬라어 사용권 교회에서 수도원운동의 위대한 스승이 되었다. 마크리나는 수도생활에 관한 그의 흥미를 처음 일으켰던 만큼 헬라 수도원운동의 창시자라고 할 수 있다.

마크리나는 안네시에서 은둔 수도생활을 하며 여생을 보냈다. 세월이 흘러 바실이 사망한 직후에 동생인 닛사의 그레고리가 그녀를 방문했다. 당시 그녀의 명성이 높아 "스승"이라고만 불러도 누군지 알 정도였다. 그레고리는 『영혼과 부활에 관하여』(On the Soul and the Resurrection)라는 저서에 이때의 방문을 기록했다. 이 책의 주요 논거들과 주장들은 마크리나의 것이라고 할 수 있다. 그 책은 이렇게 시작된다: "성인들 중에서도 뛰어났던 바실은 세상을 떠나 하나님에게로 돌아갔으며, 모든 교회가 그의 죽음을 애도했다. 그러나 그의 스승인 누나가 생존해 있었으므로 나는 그녀를 방문했다." 임종을 앞두고 천식으로 괴로워하는 누나를 보는 그레고리의 심정은 착잡했다. 그는 "스승의 모습은 나의 고통을 일깨웠다. 그녀의 죽음이 임박했기 때문이었다"라고 기록했다.

그녀는 그가 눈물을 흘리며 애통한 마음을 마음껏 표현하게 한 후 부활의 소망을 상기시킴으로써 그를 위로했다. 결국 그녀는 평화롭게 잠들었다. 그레고리는 마크리나의 눈을 감기고 장례식을 집전한 후 누나와 형이 남긴 과업을 완수하기 위해 도시로 돌아왔다.

대 바실

여러 해 전 바실(Basil the Great)은 이집트, 팔레스타인 등지에서 수도생활을 연구하고 돌아와 안네시 근처에 정착했다. 그는 친구인 나지안주스의 그레고리와 함께 이곳에 마크리나가 여성들을 위해 세운 것과 비슷한 남자 공동체를 설립했다. 그는 공동체생활이 가장 중요하다고 믿었다. 왜냐하면 혼자 사는 사람에게는 섬길 대상이 없으며, 수도생활의 핵심은 남들에 대한 봉사라고 믿었기 때문이다. 그는 공동체에서 가장 감당하기 어려운 일을 맡았다. 또 수도생활에서 지켜야 할 규칙들을 저술했다. 수도생활에 관한 헬라 교회의 법들은 바실의 가르침에 기초하고 있으므로, 그는 동방 수도원운동의 아버지라고 불린다.

그러나 바실은 6년 조금 넘게 수도생활을 하고 있을 즈음 자기의 뜻과는 달리 장로로 임명되었다. 그는 곧 가이사랴의 감독과 의견이 맞지 않

이 11세기의 프레스코 벽화에 등장하는 바실은 니케아파의 지도자가 되었다.

음을 발견했으므로 더 큰 문제가 발생하기 전에 수도공동체로 귀환했고, 발렌스가 황제로 등극할 때까지 그곳에 머물렀다. 새 황제가 아리우스주의자였으므로, 가이사랴의 감독은 바실과의 의견 대립을 접어두고 보다 큰 문제인 아리우스주의와의 대결을 위해 이 거룩한 수도사를 다시 초청했다.

바실이 가이사랴에 도착했을 때 상황은 매우 어려웠다. 좋지 않은 기후 때문에 흉작이 들었는데 부자들은 양식을 비축하고 있었다. 바실은 설교를 통해 이러한 행위를 규탄하고, 자기의 재산을 팔아 가난한 자들을 구제했다. 그는 만약 사람들이 각기 필요한 것만 취하고 나머지를 나누어준다면 이 세상에 빈부의 차가 없어질 것이라고 역설했다.

"다른 사람의 옷을 벗겨 빼앗는 사람을 도둑이라고 부르는데, 왜 벌거벗은 사람들에게 옷을 입혀줄 능력이 있으면서도 그리 하지 않는 사람들에게 그와 비슷한 명칭을 부여하지 않습니까? 당신이 나누어주지 않는 빵은 가난한 사람들의 것이요, 당신이 장롱 속에 감추어둔 외투는 벌거벗은 사람들의 것이요, 당신의 집에서 썩고 있는 신발은 맨발로 다녀야 하는 사람들의 것입니다."[1]

바실은 이 주장을 실천했다. 그는 후일 자신의 친구인 나지안주스의 그레고리가 "새 도시"라고 부르게 될 자선시설을 가이사랴 변두리에 세웠다. 그곳에서 굶주린 사람에게 먹을 것을 주고 병자들을 돌보고 일자

---

[1] *Homilies on Luke's Words*, "I will tear down my barns" 1.

리가 없는 사람들에게 일자리를 제공했다. 바실은 바실리아드(Basiliad)라고 불린 이 새 도시를 지원할 자금을 부자들에게서 거두면서, 그것이 부자들이 좀과 도둑을 피해 하늘나라에 보물을 투자할 기회라고 말했다. 가이사랴의 감독이 사망한 후 후계자 선출을 놓고 정통파와 아리우스파가 대결했다. 바실이 가장 합당한 후계자였다. 그러나 아리우스파는 그의 건강문제를 약점으로 삼았다. 정통파는 자기들이 검투사가 아닌 감독을 뽑고 있다고 응답했다. 결국 바실이 감독으로 선출되었다.

가이사랴의 새 감독은 자신의 선출이 곧 아리우스파인 황제와의 대결을 의미함을 알고 있었다. 얼마 후 발렌스 황제가 가이사랴를 방문하겠다고 통보했다. 니케아파는 다른 도시에서의 쓰라린 경험을 통해 발렌스가 아리우스주의를 강화하기 위해 방문한다는 것을 알고 있었다.

발렌스의 방문을 준비하기 위해 많은 제국 관리들이 가이사랴에 도착했다. 이들은 황제로부터 수단과 방법을 가리지 말고 새 감독을 굴복시키라는 명령을 받고 있었다. 그러나 바실은 굴복하지 않았다. 결국 집정관은 바실에게 재산을 몰수하고 유배를 보내고 고문하고 죽이겠다고 위협했다. 바실은 다음과 같이 대답했다: "당신이 몰수할 수 있는 나의 재산은 몸에 걸친 이 누더기와 서적 몇 권에 불과하다. 또 당신은 나를 유배시킬 수 없을 것이다. 왜냐하면 내가 가는 곳마다 하나님이 나를 영접하실 것이기 때문이다. 고문에 관해 말하자면 내 육체가 이미 그리스도 안에서 죽었음을 알아야 할 것이다. 죽음은 나에게 큰 기쁨이다. 이는 하나님과 그만큼 더 빨리 만날 수 있기 때문이다." 놀란 집정관은 아직까지 누구도 자기에게 이렇게 말한 자가 없다고 말했다. 바실은 다시 "그건 당신이 이제까지 진짜 감독을 만나보지 못했기 때문일 것이다"라고 말했다.

드디어 황제가 도착했다. 그는 이 도시에 대한 애정을 과시하기 위해 엄청난 헌금을 제단으로 가져갔는데, 아무도 그것을 받기 위해 앞에 나서지 않았다. 결국 황제는 감독의 손길을 기다리는 수밖에 없었다. 바실은 이때 황제의 헌물을 용납함으로써 자기가 황제에게 은혜를 베푸는 것임을 분명히 보여주었다.

이러한 사건들이 있은 후 바실은 감독의 임무를 수행하는 데 전념할 수 있었다. 그는 특히 수도생활의 조직과 확장, 그리고 니케아 정통 신학의 전파에 심혈을 기울였다. 그는 방대한 양의 서신교류와 몇 권의 신학 논문들을 통해 삼위일체 교리가 최후의 승리를 거두는 데 크게 공헌했다. 그러나 그도 아타나시우스처럼 최후의 승리를 목격하지 못했다. 왜냐하면 381년 소집된 콘스탄티노플 공의회가 니케아 교리를 비준하기 몇 달 전에 사망했기 때문이다.

닛사의 그레고리

바실의 동생인 닛사의 그레고리(Gregory of Nyssa)는 형과는 대조적인 성품의 인물이었다. 바실이 성급하고 완고하고 오만했던 데 반해 그레고리는 침묵과 고독과 익명성을 선호했다. 그에게는 어떤 운동의 지도자가 되고 싶은 욕망이 없었다. 또 그는 훌륭한 교육을 받았지만 바실의 그것과는 비교될 수 없었다. 젊을 때에는 법률가요 수사학자가 되기를 원한 적도 있었으나, 뜨거운 집념을 품은 것도 아니었다.

바실과 그의 친구 나지안주스의 그레고리가 수도생활에 헌신한 데 반해, 그레고리는 젊은 여인과 결혼하여 행복하게 지냈다. 몇 년 후 아내가 사망하자 그는 수도생활을 시작하고 『동정에 관하여』(On Virginity)라는 논문을 남겼는데, 이것을 읽어보면 그의 성품을 짐작할 수 있다. 그에 의하면 결혼하지 않은 사람은 해산하기 위해 진통하는 아내의 모습을 볼 필요도 없고, 사랑하는 아내를 잃어야 하는 더 큰 아픔도 겪을 필요가 없다는 것이었다. 그에게 있어 수도생활은 활동적 생활의 고통과 아픔을 피할 수 있는 방법이었다. 그는 신비생활, 그리고 신비생활을 원하는 사람들을 위해 그 생활에 대한 묘사와 지침을 제공한 저술들로 유명해졌다.

그러나 당시 급박하고 험난한 상황은 그레고리가 이러한 생활을 계속하도록 내버려두지 않았다. 형 바실은 그에게 작은 마을에 불과한 닛사의 감독직을 맡으라고 강요했다. 발렌스와 아리우스주의자들은 필사적으로 정통파와 대결했다. 이러한 투쟁을 견디지 못한 그레고리는 은신하는 길을 택했다. 그럼에도 불구하고 발렌스와 바실이 사망한 후 그레고리는 니케아파를 이끄는 지도자들 중 하나가 되었다. 그리고 지도자의 자격으로 381년 콘스탄티노플 공의회에 참석했다.

그는 조용하고 겸손한 사람이었지만, 그의 저술들을 살펴보면 영혼 속에 타오르는 내면의 불을 찾아볼 수 있다. 또 그의 상세한 니케아 교리 해설은 콘스탄티노플에서 승리를 가져오는 데 큰 몫을 담당했다.

총회가 끝난 후 테오도시우스(Theodosius) 황제는 그를 자기의 신학 고문으로 삼았다. 따라서 그레고리는 아라비아와 메소포타미아를 비롯한 제국 전체를 여행해야 했다. 이 일은 중요한 것이었지만 그레고리는 이를 자신으로 하여금 관상생활에 전념치 못하게 하는 방해물로 여겼다.

마침내 니케아 정통 신학이 확립된 후 그레고리는 세상이 자기를 홀로 있도록 내버려두기를 바라면서 수도생활로 돌아갔다. 그의 소원은 이루어져 그가 언제 어디서 어떻게 죽었는지 후세에 알려져 있지 않다.

나지안주스의 그레고리

또 한 사람의 위대한 카파도키아 신학자는 바실이 학창 시절 만난 나지안주스의 그레고리(Gregory of Nazianzus)이다. 그레고리는 나지안주스의 감독 그레고리와 아내 노나(Nona) 사이의 아들이었다. 당시에는 결혼 생활을 하는 감독들이 많았다. 그의 아버지 그레고리는 아리우스주의자였으나 노나의 감화를 받아 정통파로 돌아왔다. 바실의 가족들처럼 그레고리의 가족들도 신앙심이 돈독했다. 이 사실은 그레고리 자신과 그의 아버지 그레고리, 어머니 노나, 동생 카이사리우스(Caesarius), 여동생 고르고니아(Gorgonia), 그리고 사촌 암필로키우스(Amphilochius) 등이 모두 성인으로 추존된 것을 보면 알 수 있다.

그레고리는 젊었을 때에 학문에 전념했다. 그는 가이사랴에서 수학한

9세기 나지안주스의 그레고리의 설교집 사본에서는 나지안주스의 그레고리가 여러 명과 함께 아테네에서 도피하는 모습이 묘사된다.

후 아테네로 가서 14년간 머물렀다. 그는 이곳에서 바실, 그리고 당시 왕자였던 줄리안을 만났다. 그는 30세에 고향으로 돌아와 바실과 함께 수도생활을 했다. 한편 그의 동생 카이사리우스는 콘스탄티노플에서 유명한 의사가 되었는데, 그는 콘스탄티우스와 줄리안의 주치의로 있으면서도 전자의 아리우스주의나 후자의 이교 신앙에 물들지 않았다.

나지안주스로 돌아온 그레고리는 자신의 뜻과는 달리 장로로 임명되었다. 그는 바실의 수도원으로 피신하여 얼마동안 머물었지만 결국 나지안주스로 돌아와 목회를 담당했다. 그는 "나는 어쩔 수 없이 이 직분을 맡았다. 나는 패배했음을 인정한다"라는 말로 시작하여 자신이 목회자로 봉사하기를 꺼린 것은 부분적으로 관상생활에 대한 관심 때문이요 부분적으로는 그 직무를 맡을 능력이 없으리라는 두려움 때문이었다고 밝혔다. 왜냐하면 "순종을 실천하는 것이 어려운 일이지만, 지도력을 실천하는 것은 한층 더 어려운 일이기 때문"이었다.

그때부터 그레고리는 신학 논쟁에 말려들기 시작했다. 바실이 그를 이 작은 마을의 감독으로 임명했을 때, 그레고리는 자기의 의사를 무시한 독단적인 행동이라 생각했으므로 둘의 우정은 갈등을 겪었다. 그 시기가 그레고리로서는 가장 슬픈 기간이었다. 이때 카이사리우스, 고르고니아, 부친 그레고리와 어머니 노나가 사망했다. 사랑하는 이들을 잃고 혼자가 된 그레고리는 고요한 관상생활을 하기 위해 책임을 맡고 있던 교회를 떠났다. 이처럼 은둔해 있을 때 화해하지 못하고 있던 바실의 사망 소식이 전해졌다.

그레고리는 큰 충격을 받았다. 그러나 그는 결국 친구 바실이 생전에 도움을 원했던 아리우스주의에 대항한 투쟁에서 지도적 역할을 해야 할

콘스탄티노플에 있는 오벨리스크의 기초에 새겨진 이 얕은 돋을새김에서는 황제 테오도시우스가 경기의 승리자에게 줄 화환을 들고 있다. 그의 곁에는 후계자인 호노리우스와 아르카디우스가 서 있다.

의무감을 느꼈다. A.D. 379년 그는 콘스탄티노플에 나타났다. 당시 아리우스주의는 세속 정부의 전폭적인 지지를 받고 있었으며 도시 전체에서 단 한 개의 정통교회도 찾아볼 수 없었다. 그레고리는 친척집에서 정통 신조에 기초한 예배를 드리기 시작했다. 그가 거리에 나서면 폭도들이 그에게 돌을 던졌다. 또 아리우스파 수도사들이 그의 예배당에 난입해 들어와 제단을 더럽히곤 했다. 그러나 그는 완강하게 버티었다. 이 때 자기의 소수 교인들의 용기를 북돋기 위해 몇 개의 찬송을 작곡했는데, 그중 일부는 그 후 헬라 찬양의 고전이 되었다.

결국 운명의 조류가 바뀌기 시작했다. 380년 말 테오도시우스 황제가 콘스탄티노플로 개선해 들어왔다. 그는 정통신앙을 가진 인물이었으므로 아리우스주의자들을 고위 직책에서 축출했다. 얼마 후 새 황제는 그레고리에게 함께 성 소피아 성당에 가자고 요청했다. 이 날은 특히 날씨가 흐려 하늘 전체가 구름에 덮여 있었는데 단 하나의 구멍으로 쏟아져 내려오는 햇빛이 그레고리를 비추었다. 참석한 군중들 일부가 이를 하늘의 뜻으로 받아들여 소리치기 시작했다. "그레고리를 감독으로, 그레고리를 감독으로!" 테오도시우스는 이들의 요청을 허락했다. 그레고리는 결국 이에 승복했다. 나지안주스 출신의 이름 없는 수도사가 콘스탄티노플의 대주교가 된 것이다.

몇 달 후 황제는 콘스탄티노플에 공의회를 소집했고, 그레고리는 이 도시의 감독 자격으로 회의를 주재했다. 이 직무는 그의 취향이 아니었다. 그는 당시 감독들이 벌떼처럼 행동했다고 말했다. 그의 반대자들 중 일부가 그레고리는 이미 다른 도시의 감독이므로 콘스탄티노플의 감독이 될 수 없다고 지적하자, 그레고리는 기다렸다는 듯이 원치 않았던 직분을 사임했다. 당시에 콘스탄티노플의 시장격인 넥타리우스(Nectarius)가 감독으로 임명되어 존 크리소스톰(John Chrysostom)에 의해 승계될 때까지 직무를 담당했다.

그레고리는 고향으로 돌아와 찬송을 작곡하고 교회를 돌보는 데 전력을 다했다. 테오도시우스가 또 다른 공의회를 계획하고 그에게 사회를 부탁했으나, 그는 거절했다. 그는 약 60세에 눈을 감을 때까지 세속적·종교적 사치와 화려함을 멀리하며 살았다.

콘스탄티노플 공의회는 성자의 신성에 관한 니케아 교리를 재확인했고, 성령의 신성에 관해서도 동일한 내용을 추가했다. 따라서 이 공의회에서 삼위일체의 교리가 확실히 선포되었다. 이 공의회의 결정들 및 그 안에 반영된 신학은 대부분 카파도키아 교부들의 사역 결과였다. 이와 관련하여 그들은 주로 "본질"(ousia)과 "위격"(hypostasis: 이것은 문자적으로 "본질"[substance]을 의미하지만 카파도키아 교부들은 persona라는 라틴어의 번역으로 정의했다)의 차이를 명확하게 설명하는 데 기여했다. 따라서 서방 라틴권과 동방 헬라권은 세 위격 안에 있는 한 본질이라는 공통된 공식에 합의했다.

오늘날 우리는 4세기에 그러한 문제들이 얼마나 격렬하게 논의되었는지 이해하기 어려우며, 그렇기 때문에 그것들을 지나치게 열성적인 신학자들의 부지런한 탐구의 결과라고 과소평가하는 경향이 있다. 그러나 문제를 그렇게 쉽게 간과해서는 안 된다. 나지안주스의 그레고리는 그 논쟁이 사람들의 삶에 깊은 영향을 미쳤음을 지적하면서 사람들이 구두를 수선히면시도 성자가 아버지의 동일본질인지 유사본질인지에 관한 토론을 벌였다고 표현했다. 니케아 공의회 이후 50년 동안 대부분의 황제들은 아리우스주의를 포용하고 니케아 신앙을 완강하게 반대했다. 위험한 것은 쓸모없는 공론이 아니었다. 궁극적인 문제는 로마제국에 의해 죄인으로서 십자가 처형을 받은 목수 안에 하나님이 현존하실 수 있는지, 또는 하나님이 보좌에 앉은 황제를 더 닮았는지의 문제였다. 그러므로 많은 황제들이 아리우스의 견해를 선호한 것은 놀라운 일이 아니다. 결국 절충안으로 목수인 예수가 참된 신이시지만 목수보다는 판토크라토르(Pantokrator)-보좌에 앉아 온 세상을 다스리는 높으신 황제-로서 표현되었다.

제21장
밀란의 암브로스

> 하나님은 모든 이들이 충분하게 먹고 살 수 있도록 만물을 준비하셨다. 따라서 지구는 모든 이들에게 주어진 공동 유산이다. 자연은 평등한 권리를 생산하지만, 탐욕은 그것을 소수의 특권으로 만들었다.
> ─밀란의 암브로스─

4세기에는 위대한 기독교 지도자들이 많았지만, 밀란의 암브로스의 생애가 가장 극적인 것이었다.

예기치 못한 선출

373년 밀란의 감독의 죽음은 이 중요한 도시의 평화를 위협했다. 사망한 감독 아욱센티우스(Auxentius)는 전임 감독을 귀향 보낸 아리우스파 황제에 의해 임명된 사람이었다. 이 교구의 감독이 공석이 되자 후임자 선출 문제로 도시에는 폭동이 일어날 가능성이 생겼다. 왜냐하면 아리우스파와 정통파 모두 자기 측 사람을 밀란의 차기 감독으로 선출하려 했기 때문이다.

혼란을 막기 위해 당시 밀란의 총독 암브로스가 선거 현장에 참석하기로 했다. 그는 유능하고 공정한 행정으로 인기를 얻고 있었으며, 제국의 고위 관직에 임명될 확률이 높은 인물이었다. 이를 위해서 그는 먼저 밀란의 사태를 수습해야 했다. 그는 교회에 나타나 군중에게 연설했다. 수사학 교육을 받은 그는 연설로 질서를 회복했다.

갑자기 군중 속에서 어린아이가 "암브로스를 감독으로!"라고 소리쳤다. 군중들은 이에 호응하여 함께 소리쳤다. "암브로스를 감독으로, 암브로스, 암브로스!"

감독직을 바라지 않았던 암브로스는 군중을 갖가지로 회유하고 설득했다. 이러한 시도가 수포로 돌아가자 그는 밀란에서 도망치려 했지만 뜻대로 되지 않았다. 자기의 총독이 감독으로 선출된 것을 황제가 기뻐

암브로스는 밀란의 감독이 되지 않으려고 도망쳤다.

하고 있음이 분명했고, 만약 암브로스가 계속 이를 거부한다면 황제의 분노를 살 가능성이 있게 되었으므로 결국 그는 밀란의 감독직을 수락했다. 당시 그는 세례를 받지 않은 세례준비자였으므로, 성직자가 되기 전에 밟아야 할 모든 절차를 8일 동안에 마치고 373년 12월 1일 밀란의 감독에 임명되었다.

원했던 바는 아니지만 감독에 임명된 암브로스는 최선을 다하는 것이 의무라고 생각했다. 그는 행정적 문제를 다루기 위하여 다른 지방의 총독인 자기의 형 우라니우스 사티루스(Uranius Satyrus)를 불러들였다.(그들의 누이 마르첼리나(Marcellina)도 독실한 신자로서 로마에서 수도사와 다름 없는 생활을 하고 있었다.) 암브로스는 자기에게 기독교 교리의 기초를 가르쳐 준 사제 심플리키아누스(Simplicianus)의 도움을 받아 신학을 공부했다. 이제 그는 심플리키아누스를 자신의 신학 지도교사로 초빙했다. 그의 명민함은 이 일에 도움이 되었다. 사람들은 단어들을 정확하게 읽는 그의 능력을 언급했는데, 당시 그러한 능력을 가진 이가 무척 드물었다. 그의 작품은 주로 설교와 성경주석으로 이루어졌지만 곧 그는 서방교회에서 가장 훌륭한 신학자들 중 하나가 되었다. 또 그는 동방교회의 신학을 서방교회에서 이용할 수 있게 했다. 그는 이 일을 행할 자격을 갖추고 있었다. 왜냐하면 그는 헬라어에 능했고, 신학공부를 시작하기 오래 전부터 헬라 문학을 찬양했기 때문이다. 그는 카파도키아 교부들의 작품, 특히 바실의 논문『성령에 관하여』를 대중화함으로써 서방에서 삼위일체 신학의 발달에 기여했다. 그는 성육신의 중요성을 강조했는데, 사변적인 용어가 아닌 목회적 용어로 그것에 대해 논했다: "여러분이 완전히 성장하여 완전한 인간이 될 수 있게 하려고 그분이 작은 아기가 되었습니다. 여러분을 사망의 속박에서 해방시키기 위해 그분은 강보에 싸였습니다. 여러분을 제단에 가져가기 위해 그분이 구유에 오셨습니다. 여러분을 천국에 거하게 하기 위해 그분이 세상에 오셨습니다."[1] 암브로스는 자신과 함께 일할 성직자들의 교육에 개입했고, 이 목적을 위해서『성직자의 의무』(Duties of the Clergy)를 저술했는데, 이것은 암브로스가 죽고나서 오랜 후 기독교 사역 이해를 형성하는 데 영향을 미친 논문이다. 암브로스가 감독에 임명된 직후 밀란 인근 지역이 황제의 허락 아래 국경을 건너왔으나 반란을 일으킨 고트족에 의해 유린되었다. 피난민들이 밀란으로 몰려들었으며, 고트족은 포로들의 몸값을 요구했다. 암브로스는 교회 소유의 금은 그릇과 장식품들을 녹여 피난민들을 위한 자금과 포로들의 몸값을 마련하라고 명령했다. 그의 허물을 잡으려 노리고 있던 아리우스주의자들은 그것을 신성 모독이라고 비난했다. 암브로스는 이에 대해 다음과 같이 응답했다.

"주님을 위해 황금보다 영혼들을 보존하는 것이 더 낫다. 사도들에게 황금을 주지 않고 세상에 내보낸 하나님은 또한 황금 없이 교회들을 모으셨다. 교회는 저장하기 위해서가 아니라 궁핍한 자들에게 나누어주기 위해 황금을 소유하고 있다.…금그릇들보다는 살아있는 그릇들을 차지하는 편이 낫다."[1]

---

1) *Commentary on Luke*, 2.41.
1) *Duties of the Clergy* 2.137.

밀란의 대성당 지하에 있는 옛 세례당. 이곳에서 암브로스가 어거스틴에게 세례를 베풀었을 것이다.

　암브로스는 목회자들의 책임에 관해 다루면서 진정한 힘은 강한 자들로부터 약한 자들을 보호하는 데 있으며, 은혜를 갚을 수 있는 부자들이 아니라 그렇게 할 수 없는 가난한 자들을 잔치에 초대해야 한다고 기록했다.

　암브로스의 설교를 들으러 온 많은 사람들 중에 북아프리카 출신의 젊은 수사학 선생이 있었다. 그는 오랜 영적 순례를 거친 후 암브로스의 설교에 감동하여 오래 전에 저버렸던 어머니의 신앙으로 돌아왔다. 어거스틴(Augustine)이라는 이 청년은 암브로스에게서 세례를 받았다. 암브로스는 이 청년의 비범한 재질에 관해 관심을 갖지 못했으나, 그는 사도 바울 이후 서방 교회에 가장 큰 영향을 미칠 인물로 성장했다.

감독과 왕좌

당시 서방 제국은 그라티안(Gratian)과 그의 이복형제 발렌티니안 2세(Valentinian II)가 통치하고 있었다. 발렌티니안 2세는 어린 소년이었으므로 그라티안이 그의 섭정이 되었다. 그라티안이 반란 중에 살해되고 반란의 주모자인 막시무스(Maximus)가 발렌티니안의 영역까지 위협했다. 어린 황제는 어머니 저스티나(Justina)의 의견을 좇아 암브로스를 막시무스에게 사절로 파견했다. 감독은 이 외교 임무를 잘 수행하여 침략을 방지할 수 있었다.

그럼에도 불구하고 암브로스와 저스티나 사이의 관계는 좋지 않았다. 황후는 아리우스주의자였으므로 아리우스주의 예배를 볼 수 있는 바실리카를 요구했다. 그 점에 있어서 암브로스는 단호했다. 그는 이단적 예배에 의해 거룩한 곳이 더럽혀지고 황후의 비호 하에 밀란에서 아리우스파 세력이 증가되는 것을 허락할 수 없었다. 그리하여 둘 사이에 잊을 수 없는 오랜 대결이 시작되었다. 소유권을 두고 분쟁중인 교회 안에 있는 암브로스와 그의 추종자들이 황제의 군대에게 포위된 적도 있었다. 병사들이 무기를 휘두르며 포위된 사람들을 위협했을 때, 암브로스는 찬송과 시편을 노래하면서 교인들을 규합했다. 결국 저스티나는 예배당이 아니면 최소한 예배당 소유의 성물들만이라도 황제에게 양도하라고 요구함으로써 명예롭게 후퇴하려 했다. 암브로스가 피난민들과 포로들을 위해서 충분히 희생하지 않았느냐는 주장이었다. 그러나 감독은 이를 거부하고 다음과 같이 응답했다.

"나는 하나님의 성전에서 아무것도 빼낼 수 없고, 양도하기 위해서가 아니라 보존하기 위해 받은 것을 양도할 수도 없다. 그렇게 하는 것이 황제를 보좌하는 것이다. 나에게는 이것들을 양도할 권리가 없고 황제에게는 그것들을 취할 권리가 없다."[2]

제국의 권력에 대항하는 중에 암브로스는 어느 교회의 지하묘지를 파헤치라고 명령했다. 이때 기독교 시대 훨씬 이전 것으로 보이는 2구의 유골이 발견되었다. 그런데 누군가 어릴 적에 들은 프로타시우스(Protasius)와 게르바시우스(Gervasius)라는 두 명의 순교자의 이름을 기억했고, 유골들에 이들의 이름이 붙여졌다. 곧 이 "성유물"이 행한 기적의 소문들이 유포되기 시작했으므로 시민들은 더 열심히 감독을 지원했다.

결국 막시무스는 저스티나의 묵인하에 발렌티니안의 영토에 침입했다. 그 이유들 중 하나가 황후의 눈에 가시 같은 존재인 밀란의 감독을 제거하기 위해서였을 것이다. 그러나 당시 동방 황제인 테오도시우스가 개입하여 막시무스를 물리쳤다. 발렌티니안이 정적들에 의해 살해되었을 때 테오도시우스가 다시 개입하여 마침내 제국의 유일한 통치자가 되었다.

테오도시우스는 니케아파 신자였다. 그의 후원 아래 A.D. 381년 콘스탄티노플 공의회가 소집되어 니케아 공의회의 결정들을 재확인했다. 그럼에도 불구하고 다른 이유들 때문에 그는 두 차례에 걸쳐 암브로스와 충돌했는데, 두 번 모두 감독의 단호함 앞에서 굴복했다. 그러나 첫째 경우에는 황제가 옳았다.

----

2) *Sermon against Auxentius* 5.

첫 번째 충돌은 칼리니쿰(Callinicum)이라는 작은 마을의 광신적 신자들이 유대교 회당을 방화함으로써 발발했다. 황제는 이들을 처벌하고 회당을 재건하라고 명령했다. 암브로스는 기독교 황제가 신자들로 하여금 유대교 회당을 짓도록 명령할 수 없다고 항의했다. 몇 차례의 격렬한 면담 끝에 황제가 양보했다. 회당은 재건되지 못했고 방화자들도 처벌되지 않았다. 이것은 안타까운 선례가 되었다. 왜냐하면 소위 기독교 제국에서 종교가 다른 사람들은 법의 보호를 받지 못한다는 것을 의미했기 때문이다.

두 번째 사건의 양상은 이와 달랐으며, 이때는 암브로스가 옳았다. 데살로니카에서 폭동이 일어나 그곳의 사령관이 군중들에 의해 살해되었다. 황제의 격한 성격을 아는 암브로스는 그를 찾아가 인내를 종용했다. 테오도시우스는 승복한 듯했으나 후에 다시 분노하여 도시의 난폭한 시민들에게 본때를 보여주기로 했다. 그는 폭동을 용서하겠다고 전한 후에 황제의 아량을 축하하기 위해 원형경기장에 모인 군중들을 포위하고 약 칠천 명을 학살했다.

이러한 사건들에 대해 들은 암브로스는 황제에게 회개의 증거를 요구했다. 자세한 것은 알 수 없으나 암브로스의 전기 작가는 다음과 같이 기록했다. 테우도시우스가 밀란에 있는 교회에 왔을 때 감독이 입구를 막고 소리쳤다: "멈추십시오. 두 손에 불의의 피가 가득한 자, 죄로 더럽혀진 인간은 회개하기 전에는 성찬에 참여하기 위해 거룩한 성소에 들어올 수 없습니다."[3]

---

3) Sozomen, *Church History* 7.25.

황제를 수행한 일부 조신들이 폭행을 가하겠다고 위협했다. 그러나 암브로스의 말에서 진리를 발견한 황제는 공개적으로 회개했다. 또한 그는 그때부터 그의 명령에 의해 사형을 언도받은 자라도 적어도 30일 동안 집행을 유예할 것을 지시했다.

이 충돌 후 테오도시우스와 암브로스의 관계는 크게 개선되었다. 황제는 임종할 때에 공개적으로 자기에게 반항할 용기를 가지고 있었던 유일한 사람을 불렀다.

이때쯤 암브로스의 명성은 매우 높아 마르코만니(Marcomanni) 여왕 프리티길(Fritigil)이 그녀를 위한 기독교 신앙 입문서를 써달라고 부탁했다. 프리티길은 그것을 읽은 후 이 밀란의 현자(賢者)를 방문하기로 결심했다. 그러나 그녀는 밀란을 향해 가던 도중에 암브로스의 사망 소식을 접했다. 위대한 감독 암브로스는 397년 4월 4일 부활주일에 숨을 거두었다.

제22장
존 크리소스톰

> 고리채를 놓아 이자를 받고 가축처럼 노예들을 사들이고 부당한 방법으로 사업체를 확장하면서 어떻게 그리스도의 명령을 순종하고 있다고 생각할 수 있는가?…그뿐이 아니다. 당신들은 가난한 자들의 토지와 집들을 빼앗아 굶주림과 빈곤을 배가하면서 불의를 쌓고 있다. —존 크리소스톰—

    콘스탄티노플의 존(John of Constinople)은 죽은 지 100년 후 후세인들에게 크리소스톰, 즉 "황금의 입"이라는 별명을 듣게 되었다. 그것은 그에게 가장 잘 어울리는 칭호라 할 수 있다. 왜냐하면 밀란의 암브로스와 나지안주스의 그레고리 등 위대한 설교가들을 배출한 그 시대에 콘스탄티노플의 존은 뛰어난 설교가였기 때문이다. 그는 당대의 거인들 중 거인이었다.

    그러나 존 크리소스톰에게 있어서 강단은 뛰어난 웅변을 토하는 자리만은 아니었다. 그곳은 그의 전 생애의 언어적 표현이요 악의 세력에 대항한 전장이었으며, 결국 그를 유배와 죽음의 길로 끌고 간 피할 수 없는 숙명의 장소였다.

광야에서 외치는 소리

크리소스톰은 수도사였다. 그는 수도사가 되기 전 법률가로서 고향 안디옥에서 유명한 수사학자 리바니우스(Libanius)에게 사사했다. 어떤 사람이 유명한 스승에게 누가 그의 뒤를 계승하겠냐고 묻자 그는 "존이지. 그러나 기독교인들이 이미 그를 차지했단 말이야"라고 대답했다고 한다.

존의 어머니 안투사(Anthusa)는 열렬한 신자로서 아들을 깊이 사랑했다. 법률가인 아들이 20세에 세례를 받겠다고 요청했을 때 그녀는 매우

크리소스톰 시대의 사람들은 그를 키가 작고 이마가 넓고 주름지고 눈이 움푹 들어간 모습으로 표현했다.

기뻐했다. 그는 당시 교회의 관습대로 3년 동안 교육을 받은 후 안디옥 감독 멜레티우스(Meletius)에게서 세례를 받았다. 어머니는 크게 기뻐했다. 그러나 그가 도시를 떠나 수도사의 길을 걷겠다고 하자, 그녀는 자신이 살아있는 한 자기의 곁을 떠나지 않을 것을 맹세시켰다.

존은 수도사로서의 소명과 어머니의 욕구를 충족시키기 위한 방책으로 자기 집을 수도원으로 변화시켰다. 그는 그곳에서 뜻을 같이하는 세 명의 친구들과 함께 생활하다가 어머니가 사망한 후 시리아의 산악 지대에 있는 수도사들과 합류했다. 그는 이곳에서 4년 동안 수도생활의 규율을 배운 후 다시 2년 동안 완전히 혼자서 금욕생활을 했다. 그러나 그 후 이러한 생활이 목회자를 위한 훈련으로서는 적당치 못했다고 고백했다. "수도사들의 은둔생활을 떠나 사제나 감독의 활동적인 생활에 뛰어든 대부분의 사람은 새로운 상황 속에서의 어려운 책임들을 감당할 준비가 되어있지 못했다."[4]

어쨌든 6년 동안의 은둔생활 후 안디옥에 돌아온 존은 곧 집사, 그리고 다시 장로로 임명되었다. 그는 집사와 장로의 직분으로 설교를 시작했으며, 얼마 후 그의 명성이 헬라어를 사용하는 교회 전체에 퍼졌다.

397년 콘스탄티노플의 감독직이 공석이 되자 황제는 존을 수도로 불러 그 직분을 맡기려 했다. 그러나 안디옥에서의 그의 인기가 너무 높아 이 사실이 알려지면 폭동이 일어날 정도였다. 따라서 황제의 명령은 비밀리에 수행되었다. 그들은 이 유명한 설교가를 수도 근교의 작은 교회로 초청하고, 그가 도착하자 강제로 마차에 태워 수도로 납치해갔다. 그

---

4) *On the Priesthood* 6.

는 이곳에서 398년 감독에 임명되었다.

콘스탄티노플은 사치하고 음모가 난무했다. 위대한 황제 테우도시우스가 사망했으며, 그를 계승한 두 아들 호노리우스(Honorius)와 아르카디우스(Arcadius)는 게으르고 무능했다. 당시 명목상 콘스탄티노플에서 동방 제국을 다스리던 아르카디우스는 허수아비에 불과했고, 궁정대신이었던 유트로피우스(Eutropius)가 실권을 장악하고 있었다. 그는 권력을 이용하여 사리사욕을 채우고 친구들의 출세를 도모했다. 황후 유독시아(Eudoxia)는 유트로피우스 덕분에 아르카디우스와 결혼했지만, 그 궁정대신의 권력에 의해 굴욕을 당했다. 콘스탄티노플에서는 모든 일이 양 세력의 대결과 음모 속에 진행되었으며, 이러한 정쟁은 존의 감독직 임명에 영향을 미쳤다. 즉 당시 알렉산드리아의 대주교 테오필루스(Theophilus)는 다른 알렉산드리아 출신의 인물을 위해 선거운동을 벌였으나, 유트로피우스의 개입으로 존이 그 자리를 차지했다. 콘스탄티노플의 신임 감독은 이런 복잡한 사정을 잘 알지 못했다. 그의 성품으로 볼 때 이러한 사실들을 알고 있었다 해도 그가 취한 행동은 똑같았을 것이다. 그는 철두철미한 수도사로서 콘스탄티노플의 부유한 시민들이 복음과 향락을 동시에 섬기는 것을 용납할 수 없었다.

그는 우선 성직자들의 생활을 개혁하려 했다. 독신이라고 주장하는 일부 사제들이 자기들의 집에 소위 "영적 자매들"을 두고 있었으며, 이 때문에 갖가지 추문들이 난무했다. 일부 성직자들은 부와 재산을 축적하여 마치 큰 도시의 강력한 지배자들처럼 사치한 생활을 했다. 교회의 재정 상태는 엉망이었으며 교인들은 거의 돌봄을 받지 못하고 있었다. 존은 이 모든 문제들에 정면으로 도전했다. 그는 사제들에게 "영적 자매들"을 그들의 집에서 쫓아내도록 명령하고, 엄격하고 청빈한 생활을 지시했다. 교회 재정에 대해서도 빈틈없는 감사를 시작했다. 그는 감독의 저택을 치장한 장식품들을 팔아 극빈자들의 식량을 공급했고, 부자들뿐만 아니라 가난한 자들에게 편리한 시간에 교회 문을 열도록 명령했다. 이러한 조처들은 많은 이들의 존경과 아울러 다른 이들의 증오를 유발했다.

그러나 개혁은 성직자들에게만 제한된 것이 아니었다. 그는 평신도들에게도 복음의 명령에 따라 살라고 촉구했다. 이 황금의 입을 가진 설교자는 강단에서 다음과 같이 외쳤다:

> "여러분의 말 입에 물린 금 재갈과 노예의 손목에 둘린 금팔찌와 신발에 달린 금수술은 곧 여러분이 고아의 것을 도둑질하고 과부들을 굶주리게 하고 있음을 의미합니다. 여러분이 죽은 후 여러분의 거대한 저택을 바라보는 통행인들은 '저 저택을 짓기 위해 얼마나 많은 눈물들이 뿌려졌는가? 얼마나 많은 고아들이 헐벗었는가? 얼마나 많은 과부들이 약탈당했는가? 얼마나 많은 노동자들의 임금이 착취되었는가?'라고 말할 것입니다. 여러분은 죽음을 통해서도 이러한 고발에서 벗어날 수 없을 것입니다."[5]

광야로 돌아가다

결국 권력자들은 당시 기독교계에서 가장 큰 성 소피아 교회의 강단에서 외치는 도전의 소리를 견딜 수 없게 되었다. 또 그의 감독 임명에 큰

---

5) *Homily* 2.4.

몫을 담당했던 유트로피우스는 그 보답으로 특별한 호의와 양보를 기대하고 있었다. 그러나 존이 볼 때 유트로피우스는 분명하게 전파되는 복음을 들어야 할 신자들 중 하나에 불과했다. 결국 유트로피우스는 자기의 죄를 회개한 것이 아니라 이 성가신 설교가를 안디옥에서 불러온 자기의 행동을 후회했다.

결국 교회에서 제공하는 도피처의 신성불가침 문제로 사건이 터지게 되었다. 유트로피우스의 폭정을 피해 몇 사람이 성 소피아 교회로 피신했다. 유트로피우스는 이들을 체포하기 위해 병사들을 파견했다. 그러나 감독은 병사들이 교회 안에 들어오는 것을 허용치 않았다. 유트로피우스는 황제에게 호소했으나 크리소스톰은 강단에서 이 문제에 관해 설교했고, 아르카디우스도 자기 총신(寵臣)의 부탁을 들어주지 않았다. 그 후 유트로피우스의 영향력은 감소되었는데, 많은 이들이 그 이유를 감독과의 대결에서 찾았다.

얼마 후 발생한 일련의 정치적 사건들로 인해 유트로피우스는 실각했다. 시민들은 기뻐했으며, 군중들은 오랫동안 자기들을 억압하고 착취했던 자에 대한 복수를 요구하기 시작했다. 그리하여 유트로피우스는 성 소피아 교회로 도망해 들어가 제단을 끌어안았다. 성난 시민들이 그의 뒤를 따라왔을 때 크리소스톰은 이들을 가로막고, 이전에 유트로피우스로부터 다른 이들을 보호했던 것과 똑같은 각오와 이유로 그를 보호했다. 그리하여 크리소스톰은 처음에는 시민들을 대항하여, 그 후에는 군인들에 대항하여, 그리고 마침내는 황제에게 대항하여 적의 목숨을 보호했다. 자기 눈으로 볼 때에 보잘 것 없는 교회의 보호를 믿지 못하여 피신처에서 도망쳐 나온 유트로피우스가 자기가 학대했던 자들에게 잡혀 죽음으로써 위기는 일단락되었다.

그러나 많은 권력자들이 크리소스톰의 적이 되었다. 황제의 아내 유독시아는 인기와 영향력이 높아져가는 감독을 질투했다. 그녀는 소피아 교회의 강단에서 행해지는 설교를 싫어했다. 감독의 비난의 대상이 마치 자기인 것처럼 생각되었기 때문이다. 크리소스톰이 권력자들과 부자들의 사치와 향락을 묘사할 때면 그녀는 시민들이 자기를 주시하고 있다고 생각했다. 따라서 화려한 소피아 교회에 이처럼 험악하고 거친 사태를 몰고 온 광야에서 외치는 소리를 침묵시켜야 할 필요성을 느꼈다. 황후는 감독의 마음을 회유하기 위해 교회에 막대한 선물을 바쳤다. 감독은 이에 관해 그녀에게 감사를 표하고는 계속 같은 내용으로 설교했다.

황후는 보다 직접적인 방법을 사용하기로 했다. 크리소스톰이 에베소 교회 문제로 콘스탄티노플을 비웠을 때 유독시아는 알렉산드리아의 테오필루스와 협력하여 그를 제거할 음모를 꾸몄다. 크리소스톰이 콘스탄티노플에 돌아왔을 때 거기에는 테오필루스에 의해 소집된 감독들이 제출한 말도 안 되는 고발의 혐의 사실들이 그를 기다리고 있었다. 그는 이를 무시하고 계속 강단과 교회를 지켰다. 테오필루스와 그의 도당들은 그를 정죄하고 아르카디우스에게 그를 유배시키도록 부탁했다. 유독시아의 등살에 못이긴 심약한 황제는 이 요청을 받아들여 크리소스톰에게 도시를 떠나라고 명령했다.

상황이 긴박해졌다. 시민들은 분노했다. 인근의 감독들과 성직자들이 수도에 모여 감독에 대한 신뢰와 지원을 약속했다. 만약 이 때 크리소스톰이 명령을 내렸다면 이들은 종교회의를 소집하여 테오필루스와 그 일당을 정죄했을 것이며, 대규모 시위가 발생하여 제국의 토대가 흔들렸을지도 모른다. 웅변에 뛰어난 감독이 한 마디만 했다면 그를 향한 음모 전체가 와해되었을 것이다. 이것을 의식한 아르카디우스와 유독시아는 전쟁을 준비했다. 평화를 사랑한 크리소스톰은 유배의 길을 떠나기로 했다. 그는 황제의 명령을 받고나서 사흘 후 친구들과 지지자들에게 작별을 고하고 당국자들에게 항복했다.

그러나 시민들은 사태를 방관하지 않았다. 거리에는 반란의 소문들이 가득했다. 아르카디우스와 유독시아, 그리고 병사들은 공공장소에 나타나지 못했다. 그날 밤 지진이 발생했는데, 사람들은 이것을 하나님의 분노의 상징으로 해석했다. 며칠 후 유독시아의 애원에 따라 크리소스톰이 수도로 돌아와 강단에 섰을 때 시민들은 열광적 환호를 보냈다.

감독이 귀환했으나 갈등의 원인들은 해소되지 않은 채 있었다. 몇 개월 동안의 음모와 대결과 치욕 끝에 크리소스톰에게 또다시 귀양 명령이 내려졌다. 그는 자기 때문에 소요가 발생하여 시민들이 다치는 것을 원하지 않았으므로, 친구들의 만류에도 불구하고 조용히 병사들의 손에 체포되었다.

그러나 폭동을 피할 수 없었다. 군중들이 소피아 교회를 습격하고 그 일대를 점령했다. 군대가 이들을 진압하기 시작했다. 이때 발생한 혼란 속에 교회당 및 인근에 있던 공공건물들이 불타고 파괴되었다. 화재 원인은 그 후에도 밝혀지지 않았다. 수사 과정에서 크리소스톰을 지지하는 많은 사람들이 고문당했고, 그의 친구들이 추방되었다.

한편 황금의 입을 가진 이 설교가는 오지의 마을 쿠쿠수스(Cucusus)로 유배되었다. 그곳에는 강단이 없어 설교할 수 없었으므로 대신 펜을 들었으며, 그의 글을 통해 세계는 감동을 받았다. 로마의 감독 이노센트

(Innocent)가 그에 대한 지지를 확고히 했으며 많은 이들이 그 뒤를 따랐다. 도처에서 황제의 처사를 비판했다. 알렉산드리아의 테오필루스를 따르는 자들은 황제의 명령을 거역하지 못한 소수의 겁쟁이들뿐이었다. 논쟁이 확산됨에 따라 조그마한 마을 쿠쿠수스가 마치 세상의 중심지처럼 사람들의 입에 오르내렸다. 유독시아가 사망한 후 어떤 사람들은 아르카디우스 황제가 정책을 바꾸기를 바랐다. 그러나 황제는 정책을 바꾸지 않았고, 많은 감독들이 유명한 감독 존의 추방에 동의함으로써 제국의 정책을 지원했다. 그러나 서방에서 교황 이노센트를 비롯한 많은 사람들은 크게 불의한 일이 자행되었다고 확신하고서 아르카디우스의 동생으로서 서로마제국을 다스린 호노리우스에게 항소했다. 호노리우스는 동로마제국의 아르카디우스에게 사절단을 보내면서 그들을 존중해달라는 부탁과 함께 존에 대한 고발을 논의하기 위해 살로니카에서 종교회의를 개최해야 한다는 서신을 보냈다. 만일 사절단에게 존에 대한 고발이 정당하다고 설득한다면 호노리우스는 아르카디우스와의 교제를 끊을 것이고, 반대로 존의 주장이 불의한 것으로 드러난다면 아르카디우스가 존과의 교제를 회복하고 그를 넌지시 콘스탄티노플 교구로 복귀시켜야 했다. 이 일은 아르카디우스의 정책을 위협했을 뿐만 아니라 안디옥과 알렉산드리아의 총대주교들을 포함하여 그 정책을 지원함으로써 권력에 영합한 중요한 감독들의 정책도 위협했다. 그러므로 서로마제국의 사절단은 이노센트에게 보낸 보고서에 기록한 대로 "바벨론 포로 같은 대접"(Babylonian treatment)을 받았다. 그것이 콘스탄티노플 황제의 명령에 따른 것인지, 사절단의 실패를 필요로 했던 교회내의 존의 적들의 명령에 따른 것인지 분명하지 않다. 사절단원들은 투옥되어

고문을 당했고, 금 삼천 냥을 뇌물로 제공받았지만 거절했다. 그들은 구멍 난 배에 태워져 고국으로 보내졌는데, 그 배는 곧 가라앉기 시작했다. 그들이 이노센트에게 보낸 보고서에 의하면, 배의 선장은 군인들에게서 그들을 고향에 돌아가지 못하게 하라는 명령을 받았다는 말을 들었다고 한다. 그러나 그들은 배를 여러 번 바꿔 타고서 마침내 이탈리아로 돌아왔다. 한편 존의 유력한 지지자들 중 다수가 비밀리에 외딴 지역이나 요새로 추방되어 사라졌다.

쿠쿠수스도 유배 장소로는 너무 가까운 듯 여겨졌으므로, 크리소스톰은 흑해 연안의 춥고 알려지지 않은 마을로 더 멀리 옮겨지도록 명령을 받았다. 호송하는 병사들이 함부로 다루었기 때문에 원래 좋지 않던 크리소스톰의 건강은 더욱 악화되었다. 그는 새 귀양지로 가던 중 중병에 걸렸다. 임종이 임박했음을 깨달은 그는 자신을 길옆에 있는 작은 교회당으로 옮겨 달라고 부탁했다. 그는 이곳에서 성찬을 받고 주위 사람들에게 작별을 고한 후, 그의 평생에서 가장 짧으면서도 가장 뛰어난 설교, "모든 일에 하나님께 영광을 돌리라. 아멘"을 행했다.

콘스탄티노플을 비롯한 여러 지방의 주민들은 큰 불의와 신성모독이 범해졌다고 느꼈다. 존의 지지자들은 새 감독 및 그와 교제하는 무리, 특히 알렉산드리아와 안디옥의 총대주교들의 권위를 거부했다. 존이 사망하고 31년 후 분열이 종식되었고, 존의 시신은 당당하게 콘스탄티노플로 옮겨졌다.

크리소스톰과 암브로스의 생애를 비교해보면 동방교회와 서방 교회의 미래가 서로 다르리라는 것을 짐작할 수 있다. 암브로스는 당대의 가장 유력한 황제에 대항하여 승리했다. 반면 크리소스톰은 심약한 아르카디우스에 의해 지위를 박탈당하고 유배의 길을 떠나야 했다. 그 때부터 라틴어를 사용하는 서방 교회는 제국의 약화에 반비례하여 점차 강성해져갔다. 반면 헬라어를 사용하는 동방의 제국은 그 후 1,000년 이상 더 계속되었다. 옛 로마 제국의 후예인 동방 비잔틴 제국은 세월에 따른 세력의 변화에도 불구하고 교회에 대한 통제의 손길을 늦추지 않았다. 테오도시우스가 라틴어를 사용하는 감독에게 무릎을 꿇은 마지막 서방 황제가 아니었듯이, 존 크리소스톰은 동로마제국 황제에 의해 추방된 헬라어를 사용하는 마지막 감독이 아니었다.

제23장
제롬(Jerome)

> 고백하건대 나는 분노에 쉽게 휩싸인다. 나는 그따위 신성모독적 언사들을 인내심을 가지고 들어줄 수 없다. —제롬—

    4세기의 위대한 인물들 중 제롬만큼 흥미로운 사람은 없다. 그는 안토니처럼 거룩한 인격으로 뛰어난 것이 아니며, 아타나시우스처럼 예리한 신학적 통찰력으로 알려진 것도 아니고, 암브로스와 같은 용기와 신념으로 명성을 얻은 것도 아니고, 크리소스톰처럼 설교에 뛰어난 인물도 아니었다. 그는 세상과 자기 자신에 대하여 끊임없이 벌인 내면의 투쟁으로 유명했다. 그에게는 성인 제롬(Saint Jerome)이라는 이름이 주어졌으나, 그는 현세에서 하나님의 평화가 주는 기쁨을 누린 성인들 중 하나가 아니었다. 그의 성스러움은 겸손하고 온유하고 부드럽다기보다는 거만하고 격정적이고 자조적(自嘲的)이기까지 했다. 그는 항상 인간 이상의 차원에 도달하고자 노력했으므로 게으른 것처럼 보이는 자들이나 자기를 비평하는 자들을 참고 보지 못했다. 제롬의 신랄한 비판의 대상에는 당시의 이단들뿐만 아니라 무지하고 위선적인 인물들도 포함되어 있었으며, 놀랍게도 존 크리소스톰, 밀란의 암브로스, 가이사랴의 바실, 그리고 힙포의 어거스틴도 예외가 되지 못했다. 그는 자기와 의견을 달리하는 자들을 가리켜 "다리가 둘 달린 멍청한 당나귀들"이라고 혹평했다. 이러한 태도에도 불구하고, 어쩌면 이러한 태도 때문에 제롬은 4세기에 뛰어난 기독교 인물들 중 하나가 되었다. 기독교 미술사에서는 그를 종종 해골을 응시하는 심술궂은 금욕고행자로 묘사해왔다.

그는 A.D. 348년경 북부 이탈리아의 한 마을에서 출생했다. 그는 4세기의 위대한 많은 인물들보다 나이가 어렸다. 그러나 사람들은 제롬이 태어날 때부터 노인이었다고 말했으므로, 그는 곧 자신을 동시대인들보다도 더 늙었다고 여겼다. 더욱 재미있는 것은 다른 사람들 역시 그를 권위 있고 노련한 존재로 받아들였다는 사실이다.

그는 고전 학문을 숭상했는데, 본질적으로 이교 전통에 대한 이러한 애착이 하나님 앞에 죄가 될 것이라고 생각했다. 그가 중병에 걸렸을 때 다음과 같은 꿈을 꾼 적이 있었다. 그는 최후의 심판 자리에 서서 "너는 누구냐?"라는 질문을 받고서 "나는 기독교인입니다"라고 대답했다. 재판관은 그를 정면으로 반박했다: "거짓말 말아라. 너는 키케로주의자이다." 이 때문에 제롬은 큰 충격을 받았다. 제롬은 그 후 성경 및 기독교 문학 연구에 전념하기로 했다. 그러나 그 후에도 고전주의적 이교 저술가들의 스타일을 모방하고 그 작품들을 읽는 것을 포기한 것은 아니었다.

또한 그는 성(sex) 문제에 사로잡혀 있었다. 수도생활을 실천함으로써 그 짐을 벗어버리려 했다. 그러나 수도원에서도 악몽에 시달렸고, 로마에 있는 무희들의 환상이 그를 괴롭혔다. 그는 자기의 육체를 학대하고 극단적으로 엄격한 생활을 통해 이러한 생각들을 억제하려 했다. 또 목욕을 하지 않았는데, 그 이유는 이미 그리스도에 의해 씻김을 받았으므로 다시 더 씻을 필요가 없기 때문이라고 주장했다. 그러나 금욕생활로도 충분치 못했다. 로마의 쾌락의 장소를 잊게 해줄 수 있는 것으로 마음을 채우기 위하여 히브리어를 공부하기로 결심했다. 그에게는 괴상한 알파벳과 문법으로 구성된 이 언어가 야만적인 것처럼 보였지만, 구약성경이 이 언어로 기록되었으므로 신성한 면이 있을 것이라고 스스로를 달랬다.

결국 제롬은 자신이 은자의 생활을 하기에 적당한 인물이 못 된다는 결론을 내렸다. 그는 채 3년도 되지 않아 문명세계로 돌아왔고, 안디옥에서 장로로 선출되었다. 그는 381년 종교회의 때 콘스탄티노플에 있었다. 그는 로마로 돌아갔는데, 이곳에서 사람을 볼 줄 아는 다마수스 감독이 그를 개인 비서로 임명하고 연구와 저술에 전념하도록 격려했다. 그 후 제롬의 가장 뛰어난 업적이 되었으며 이로 인해 후세인들에게 그 이름이 널리 알려지게 된 작업을 처음 권유한 것도 다마수스였다. 그것은 성경의 새로운 라틴어 번역이었다. 제롬이 로마에 있으면서 이 작업에 약간의 시간을 보내기는 했지만, 본격적으로 이에 착수한 것은 말년의 일이었다.

한편 그는 과부 알비나(Albina)의 저택에 거주하는 부유하고 경건한 여인들의 큰 도움을 받았다. 알비나 외에 이들 중 가장 중요한 인물들은 남편을 여읜 그의 딸 마르셀라(Marcella), 암브로스의 누이 마르셀리나

제롬은 성(性)을 혐오했고 남자 친구가 없었다. 그는 파울라 및 그녀의 딸 유스토키움과의 교제를 통해 위로를 얻었다.

(Marcellina), 그리고 딸 유스토키움(Eustochium)과 함께 제롬의 남은 생애에 결정적 영향을 주게 될 이지적인 여성 파울라(Paula) 등이었다. 이 여성들 중에서 가장 헌신적인 제자들을 발견하게 된 감독의 비서는 그 집을 자주 방문했다. 이 여성들 중 일부는 그 후 헬라어와 히브리어에 능통하게 되었다. 제롬은 이 여성들 속에 있을 때에 가장 마음 편하고 자유스럽게 내심에 있던 신학 문제들, 특히 성경 본문에 관한 문제들을 토론할 수 있었다. 친밀한 남성 친구들을 갖지 않았고 성에 사로잡혔었던 제롬이 여성 신자들의 모임에서 위안을 찾았음은 주목할 만하다. 아마 그 여인들이 그와 경쟁하려 할 정도로 용감하지 않았다는 것에서 그는 평안함을 느꼈을 것이다. 어떤 면에서 나머지 세상으로부터 숨기를 간절히 바랐던 그의 예민함을 알고 있는 사람들이 그 여인들이었다.

그러나 제롬은 요령 있는 사람이 아니었으므로 곧 로마 교회 지도자들 중에 그의 적들이 생겼다. 384년 말 다마수스의 죽음으로 제롬은 가장 강력한 후원자를 잃었다. 새 감독 시리키우스(Siricius)는 제롬의 학문에 관심을 갖지 않았다. 그리하여 파울라의 딸 하나가 죽었을 때, 제롬의 적수들은 그녀의 사망이 제롬이 권한 지나치게 엄격하고 금욕적인 생활 때문이라고 비판했다. 그는 결국 로마를 떠나 성지(Holy Land)로 가기로 했다. 그는 이때의 모습을 "바벨론에서 예루살렘으로"라고 표현했다.

파울라와 유스토키움은 다른 경로로 그의 뒤를 좇았으며, 이들은 후에 합류하여 예루살렘까지 순례했다. 그 후 제롬은 이집트로 가서 사막의 수도사들과 알렉산드리아의 학자들을 방문했다. 386년 그는 팔레스타인으로 돌아갔다. 제롬과 파울라는 그곳에 정착하여 수도생활에 전념하기로 결심했다. 그들의 목표는 사막에 거하는 수도사들의 삶처럼 극단적인 금욕생활이 아니라 학문에 열중하는 규칙적인 생활이었다. 파울라는 부유했고 제롬에게도 약간의 재산이 있었으므로 이들은 베들레헴에 두 개의 수도원을 세우고 하나의 수도원에는 파울라의 지도 아래 여성들을, 또 다른 수도원에는 제롬의 감독 아래 남성들을 수용했다. 제롬은 이곳에서 인근의 어린이들에게 라틴어를 가르치고 파울라가 지도하는 수녀들에게 헬라어와 히브리어를 가르치는 한편, 성경을 번역하기 위해 히브리어 연구를 계속했다.

그는 무엇보다도 그의 가장 위대한 업적이 될 작품, 즉 성경의 라틴어 번역에 헌신했다. 그때 이미 다른 번역본들이 있었지만, 그것들은 모두 히브리 원어의 헬라어 번역본인 70인역에 기초하고 있었다. 따라서 제롬은 히브리어로부터 직접 번역에 착수했다. 방대한 양의 서신 왕래에 시간을 빼앗기고 로마 세계를 흔든 재난에 의해 작업을 중단당할 때도 있었으나 혼신의 힘을 다하여 이 방대한 작업을 완수했다.

벌게이트(Vulgate)라고 알려진 제롬의 번역본은 결국 전체 라틴어권의 교회의 표준성경이 되었다. 그는 특히 히브리어 시편을 탁월한 라틴어 시로 번역했다. 이 시편들은 그레고리안 성가에서 사용되면서 더 널리 보급되고 사용되어, 벌게이트 성경 대신 더 현대적인 역본들이 사용된 후에도 전례에서 이 시편들이 사용되었다.

벌게이트 성경은 처음에 제롬이 원한 바처럼 환영을 받지는 못했다. 새 번역 성경은 사람들이 좋아하던 일부 구절들을 바꾸었는데, 많은 이들이 누가 제롬에게 성경의 표현을 함부로 바꿀 권위를 주었느냐고 따지고 들었다. 그뿐 아니라 많은 이들이 70인역의 번역은 72명의 독립된 번역가들이 번역을 완성한 후 그것들을 맞추어보고 서로 완전히 일치했다는 전설을 신봉하고 있었다. 이 전설 때문에 70인역이 히브리 원어판 원문만큼이나 영감을 받은 것이라고 생각되어 왔었다. 따라서 제롬이 70인역과 다른 번역본을 발행하자 많은 이들은 그에게 영감된 하나님의 말씀에 관한 존경심이 부족하다고 생각했다.

무식한 신자들뿐만 아니라 일부 유식한 기독교인들도 그를 비판했다. 북아프리카 힙포의 어거스틴은 다음과 같은 편지를 보냈다:

"성경을 라틴어로 번역하는 일을 삼가 주시기를 바랍니다. 꼭 번역을 해야겠다면 전에 욥기를 번역한 방식을 따르시기 바랍니다. 즉 70인역과 다른 부분이 있을 때에는 주를 첨가하십시오. 그 무엇도 70인역의 권위에 필적할 수 없습니다.…그뿐 아니라 나는 히브리어를 잘 아는 많은 번역가들이 히브리어 사본에서 찾아내지 못한 것을 누가 발견할 수 있다고 생각하지 않습니다."[1]

제롬은 어거스틴의 첫 편지에 응답하지 않았고 두 번째 편지에도 응답하지 않았다. 어거스틴은 다시 제롬이 신실한 자들을 분개하게 만들고 있다고 비난하는 편지를 보냈다. 그는 제롬의 번역이 초래한 폐해의 예로 선지자 요나에게 그늘을 제공한 식물의 이름을 번역한 방식을 언급했다. 헬라어에 기초를 둔 전통적인 역본에서는 그것을 "박"(gourd)이라고 표현한데 반해 제롬은 "담쟁이덩굴"(ivy)이라고 번역했다. 어거스틴은 다음과 같이 알려 주었다:

---

1) *Epistle* 28.2.

"우리의 형제인 어느 감독은 자기가 이끄는 교회에서 당신이 번역한 성경을 사용하라고 명령했습니다. 그런데 당신이 요나서의 한 구절을 대대로 교회에서 사용해온 것과 매우 다르게 번역한 것에 교인들은 놀랐습니다. 특히 헬라인들이 그 구절이 잘못되었다고 주장했으므로 소란이 벌어졌습니다.…이것은 이미 알려져 있는 언어(즉 히브리어가 아니라 헬라어와 라틴어)에 의해 검증될 수 없는 사본들에 기초들 둔 당신의 번역성경을 지지한 데 따른 결과를 보여줍니다."[2]

마침내 제롬은 어거스틴에게 답신을 보내면서 어거스틴이 어른들을 비판함으로써 자기의 이름을 드러내려는 젊은이에 불과하다는 생각을 넌지시 나타냈다. 그는 어거스틴의 학식을 칭찬하는 척하면서 자신이 어거스틴과의 논쟁을 계속하지 않는 것이 어거스틴에게 호의를 베푸는 것임을 암시했다. 이는 그 논쟁이 자기의 승리로 끝날 것이라고 판단했기 때문이었다. 그는 "당신은 자신이 무엇에 대해 질문하고 있는지조차 알지 못하고 있습니다"[3]라고 말하고 어거스틴을 포함한 자신의 적들을 cucubitarians(gourdists)라고 부르며 어거스틴의 논거들을 반박했다.

제롬이 개입한 대부분의 논쟁들이 결국 치유되지 못할 상처를 남겼지만, 이 논쟁의 결과는 달랐다. 몇 년 후 제롬은 펠라기우스파의 교리를 반박할 필요성을 느꼈는데, 이를 위해 어거스틴의 저술들을 의지해야 했다. 그 후 그는 북아프리카의 이 지혜로운 감독에게 보낸 편지에 어거스틴에 대한 존경을 표현했다.

----
2) *Epistle* 71.3.
3) *Epistle* 112.19.

유스토키움이 사망하고 몇 달 후 제롬은 마지막 성찬을 받고 숨을 거두었다.

언뜻 보면 제롬은 자기의 명성과 입장만 고집하는 무감각한 인물처럼 보인다. 그러나 그의 내면은 겉모습과는 매우 달랐으며, 그의 엄격한 외관 안에 예민한 영이 감추어져 있었다. 이 사실을 파울라와 유스토키움만큼 잘 이해한 사람은 없었다. 404년 파울라가 사망했고, 제롬은 고독하고 쓸쓸함을 느꼈다. 자기의 죽을 날이 가까웠을 뿐 아니라 한 시대의 종말이 임박했음을 감지했으므로 그의 슬픔은 더욱 컸다. 몇 년 후인 410년 8월 24일 로마는 알라릭(Alaric)이 이끄는 고트족에 의해 함락되었다. 그 소식은 세상에 큰 충격을 주었다. 제롬은 베들레헴에서 이 소식을 듣고 유스토키움에게 다음과 같이 썼다.

"세계를 정복했던 로마가 함락되리라고 누가 짐작조차 했겠습니까? 많은 나라들의 어머니가 무덤에 들어가게 되리라고 누가 예측했겠습니까?⋯ 나는 늙어 눈이 희미합니다.⋯밤에 등불만으로는 히브리어 서적들을 읽을 수 없습니다. 낮에도 작은 히브리어 문자들을 읽기 어렵습니다."[4]

제롬은 그 후 10년 쯤 더 살았는데, 이 기간은 고독과 고통과 논쟁으로 점철되어 있었다. 마침내 자기가 딸처럼 여긴 유스토키움이 숨을 거두고 나서 몇 달 후 그는 지친 학자의 몸으로 영원한 휴식에 들어갔다.

----

4) *Commentary on Ezequiel*, prefaces to books 2 and 7.

제24장
힙포의 어거스틴

> 나의 하나님, 나 자신을 완전히 당신에게 바치고자 생각했을 때…이를 원한 것은 나 자신이었습니다. 동시에 이를 차마 원할 수 없었던 것도 나 자신이었습니다. 이 두 가지 존재가 다 나였습니다. 내가 완전히 원하지도 못했고 완전히 거부하지도 못했으므로, 나는 스스로와 투쟁했고, 이 때문에 나의 존재는 갈기갈기 찢어졌습니다. —힙포의 어거스틴—

"집어 들고 읽어라. 집어 들고 읽어라. 집어 들고 읽어라." 근처에서 놀고 있는 어린아이의 입에서 나온 이 말이 밀란의 어느 정원의 울타리를 넘어 무화과나무 아래 앉아 자신이 죄의 노예라고 생각했기 때문에 비참함 가운데 "주님, 언제까지입니까? 언제까지 내일 내일하며 지내야 합니까? 왜 나의 추한 죄들을 끝나게 하지 않으십니까?"라고 외치고 있던 시름에 잠긴 수사학 교수의 귀를 울렸다. 이 어린아이의 음성은 마치 하늘의 명령처럼 생각되었다. 그는 방금 정원에서 읽고 있던 책을 내려놓았다. 그는 다시 책을 집어 들고 방금 읽던 부분을 찾아 바울을 말을 읽었다: "낮에와 같이 단정히 행하고 방탕하거나 술 취하지 말며 음란하거나 호색하지 말며 다투거나 시기하지 말고 오직 주 예수 그리스도로 옷 입고 정욕을 위하여 육신의 일을 도모하지 말라." 어거스틴이라는 이 수사학 교수는 이 말씀에 응답하여 오랫동안 주저하던 결단을 내렸다. 즉 하나님을 섬기는 일에 헌신하기로 했다. 그는 곧 교수로서의 생애를 버리고 장차 그를 전체 기독교 역사에서 가장 중요한 인물들 중 하나가 되게 할 길을 걸었다.

밀란의 어느 정원에서 발생한 이 사건의 범위와 의미를 이해하기 위해서는 그 시점에 이르기까지의 어거스틴의 생애를 살펴보아야 한다.

신앙으로의 길고 험한 여정

어거스틴은 A.D. 354년에 북아프리카의 작은 마을 타가스테(Tagaste)에서 출생했다. 부친은 로마 제국의 하급관리로서 전통적인 이교 신자였다. 그러나 경건한 기독교인이었던 어머니 모니카(Monica)의 눈물의 기도가 열매를 맺어 그는 결국 기독교로 개종하게 된다. 어거스틴은 부친과는 별로 밀접한 감정의 교류가 없었던지 자기의 저술에서 아버지에 관해 거의 언급하지 않았다. 그러나 모니카는 외아들의 생애에서 매우 중요하고 결정적인 역할을 했다.

어거스틴의 부모는 그의 뛰어난 재능을 알아차렸으므로 그에게 최고의 교육을 시키려 했다. 그들은 그를 근처의 마다우라(Madaura)로 보냈지만, 경제력이 허락하지 않았기 때문에 어거스틴은 학업을 포기하고 타가스테로 돌아왔다. 어거스틴의 말에 의하면, 타가스테로 돌아온 어거스틴은 "친구들과 함께 향락과 악덕의 도시의 광장들을 방황하며 진흙탕 속에 뒹굴었다."[1] 그는 이 친구들과 함께 성적인 모험을 자랑했고, 후일 자신의 악함의 표식으로 여겨 후회하게 될 무분별한 행동을 행했다.

결국 로마니아누스(Romanianus)라는 사람의 지원 덕분에 어거스틴은 카르타고로 가서 공부를 계속할 수 있었다. 어거스틴은 17세 때에 수세기 동안 라틴어를 사용하는 아프리카의 정치와 경제와 문화의 중심지인 카르타고에 도착했다. 그는 학문을 소홀히 하지 않았지만, 그 도시가 제공하는 많은 쾌락을 즐기기 시작했다. 곧 그는 한 여자와 동거하여 아들을 낳았다. 그는 아들의 이름을 "하나님의 선물"이라는 의미로 아데오다투스라고 지었다.

당시 법률가나 관리가 되려는 젊은이들이 그렇듯이 어거스틴은 수사학을 공부했다. 수사학의 목적은 설득력이 있고 명쾌하게 말하고 쓰는 법을 배우는 것이었다. 진리는 이들의 관심 밖이었다. 즉 그들은 진리를 철학 교수들이 취급해야 할 문제로 여겨졌다. 수사학을 공부하는 학생들이 읽어야 하는 고전 중에 고대 로마의 유명한 수사학자인 키케로(Cicero)의 작품이 있었다. 키케로는 언어의 구사에 뛰어난 인물이었을 뿐만 아니라 철학자이기도 했다. 어거스틴은 키케로의 글을 읽으면서 뛰어난 언변과 문체만으로는 미흡하다는 확신에 도달했다. 그는 인간은 진리도 추구해야 한다는 결론에 도달했다.

이 젊은 학자는 진리 추구를 위해 마니교를 찾았다. 마니교는 3세기경 페르시아에서 마니에 의해 창설되었다. 마니에 의하면, 인간은 그 속에 존재하는 두 가지 원리의 동향에 따라 움직이고 있다. 그중 그가 "빛"이라고 부른 것은 영적인 것이며, "어둠"이라 부른 것은 물질이다. 전체 우주에는 빛과 어둠이 영원히 존재한다. 마니교 신자들에 의하면 일련

---

1) *Confession* 2.3.8

어거스틴은 서방 교회에서 가장 영향력을 발휘해온 신학자이다.

의 신화들을 통하여 이 두 가지가 혼합되었고 현재의 인간 상황은 이러한 혼합의 결과이다. 따라서 구원이란 이 두 가지 요소를 다시 분리하여 우리의 영혼, 즉 정신이 순수한 빛 혹은 광명의 영역으로 귀환하도록 준비하는 것이다. 이러한 원리들을 다시 혼합하는 작업은 악한 것이므로 참 신자는 생식(生殖)을 금해야 한다. 마니에 의하면, 이러한 교리가 여러 가지 모양으로 부처, 조로아스터, 예수, 그리고 마니 자신 등의 선지자들을 통해 계시되었다.

어거스틴 시대에 마니교는 지중해 연안에 널리 퍼져 있었다. 마니교의 가장 큰 매력은 합리적인 듯이 보인다는 점이었다. 마니교는 그 전의 영지주의와 마찬가지로 교훈의 많은 부분을 천체 관측을 통해 설명했다. 그뿐 아니라 이들은 기독교의 각종 교훈들, 특히 성경을 가리켜 물질주의요 유치한 언어의 표본이라고 경멸했다.

마니교는 특히 당시 어거스틴이 기독교에 관해 가지고 있던 두 가지 문제들을 해소해 주는 듯했다. 우선 수사학의 입장에서 볼 때 성경에는 세련되지 못한 문체와 표현들이 가득했다. 그 중 어떤 부분은 야만적이라 할 수 있을 만큼 폭력, 강간, 부도덕, 사기 등으로 점철되어 있었다. 두 번째는 악의 근원에 관한 문제였다. 모니카는 그에게 오직 하나님만 존재하신다고 가르쳤다. 그러나 어거스틴은 자기 주위와 자신 안에 있는 악을 볼 수 있었으므로, 악의 근원에 관해 질문하지 않을 수 없었다. 만약 하나님이 지존하시고 순수하게 선하신 존재라면, 악은 신의 피조물이 아닐 것이다. 그러나 반면 만물이 신에 의해 창조되었다면, 하나님은 모니카나 교회가 주장하는 것처럼 선하거나 지혜롭지 못할 것이다. 마니교는 이 두 가지에 관한 답변을 제공했다. 성경, 특히 구역성경은 실제로는 빛의 영원한 원리의 말씀이 아니라는 것이었다. 악도 이러한 빛의 원리의 피조물이 아니라 암흑의 원리의 소산이라 했다.

이러한 이유들 때문에 어거스틴은 마니교 신자가 되었다. 그러나 마음속에 항상 해결되지 않는 의문들이 있었으므로 그는 마니교 신자 중 높은 단계인 "완전자"의 계층에 들어가기를 원하지 않고 단지 "듣는 자"로서 9년을 보냈다. 그는 마니교 집회에서 자기가 지닌 의문들의 일부를 제시했다. 마니교 교사들은 그의 질문들이 심오한 것이라고 말하면서 가장 뛰어난 마니교 교사인 파우스투스(Faustus)가 해답을 줄 수 있을 것이라고 했다. 그러나 기대했던 파우스투스가 도착했을 때, 어거스틴은 그가 다른 마니교 교사들보다 나은 점이 없음을 발견했다. 실망한 어거스틴은 다른 방향에서 해답을 찾아보기로 했다. 그뿐 아니라 그가 가르치던 카르타고의 생도들을 다루기가 힘들었으므로 그는 로마로 떠났다. 그런데 로마의 학생들은 교사의 말에서 순종했으나 수업료를 제때 납부하지 않았다. 따라서 그는 당시 수사학 교사 자리가 비어 있던 밀란으로 이사했다.

밀란에서 심플리키아누스(Simplicianu, 암브로스에게 신학을 가르친 스승)가 어거스틴에게 신플라톤주의자들의 저술을 소개해주었다. 이것은 신플라톤주의가 어거스틴으로 하여금 어머니의 신앙으로 돌아갈 길을 열어주기를 희망-이 희망은 결국 근거 있는 것으로 입증되었다-하면서 취한 행동이었다. 어거스틴은 이 저술들을 읽고 신플라톤주의자가 되었다. 당시 한창 유행하던 신플라톤주의는 종교적 색채가 강한 철학이었다. 이들은 연구, 훈련, 그리고 신비적 명상 등을 통하여 모든 존재의 근원인 "말로 형언할 수 없는 분"(The Ineffable One)에게 도달코자 했다.

신플라톤주의자들의 목표는 인간이 이러한 관상에 사로잡힐 때 경험하게 되는 무아의 경지인 황홀경이었다. 마니교의 이원론과는 달리 신플라톤주의는 궁극적으로 하나의 원리만 존재하며 모든 실체는 마치 돌멩이 하나가 잔잔한 수면에 떨어질 때에 무수한 동심원을 그려 나가듯이 그 원리로부터 비롯되었다는 것이다. 이 일자(the One)와 가까운 실체들은 우월하며, 그로부터 멀리 떨어질수록 열등한 것이다. 악은 근본적으로 다른 근원에서 생겨나는 것이 아니라, 일자로부터 멀리 벗어남으로써 성립한다. 도덕적 악은 일자로부터 시선을 돌리고, 잡다하고 열등한 영역에 사로잡히는 데서 비롯된다. 이러한 이론은 악의 근원에 대한 어거스틴의 물음에 답을 제공하는 듯 싶었다. 이러한 관점에서 보면, 무한히 선한 유일의 존재가 모든 다른 사물들의 근원이며, 동시에 피조 세계 안에 존재하는 악의 모습을 인정할 수 있었다. 이들에 의하면, 악은 실재하는 것이지만 사물이 아니라 일자의 선에서 어긋난 하나의 방향인 셈이다. 그뿐 아니라 신플라톤주의는 어거스틴으로 하여금 하나님과 영혼을 마니교에서 배운 것과는 달리 덜 물질주의적인 용어로 파악할 수 있게 해주었다.

그러나 또 하나의 의심이 남아 있었다. 어떻게 조잡한 언어와 폭력과 거짓의 사건이 가득한 성경을 하나님의 말씀이라 주장할 수 있는가? 어거스틴의 생애에서 이 질문에 대한 해답을 제공한 인물은 암브로스였다. 당시 아들과 함께 밀란에 머물고 있던 모니카는 어거스틴에게 암브로스의 설교를 들어보라고 재촉했다. 어거스틴은 수사학 교수로서 당시 밀란에서 가장 유명한 연설가의 예배에 참석하기로 동의했다. 그의 우선적 목표는 암브로스의 설교 내용이 아니라 설교 방법을 관찰하기 위함이었다. 그러나 시간이 흐르면서 그는 직업인으로서가 아니라 점차 진리를 추구하는 자의 모습으로 귀를 기울이고 있는 자신을 발견하게 되었다. 암브로스는 어거스틴이 이해할 수 없었던 많은 성경 구절들을 풍유적으로 해석했다. 당시 수사학의 원칙으로 볼 때에도 풍유적 해석은 아무런 문제가 될 것이 없었으므로 어거스틴은 부담 없이 이에 귀를 기울일 수 있었다. 그러나 이를 통해 성경이 고상한 의미를 띠게 되었으므로 어거스틴이 이를 받아들일 수 있게 되었다.

이를 통하여 어거스틴이 기독교에 관해 가졌던 중요한 지적 난제들이 해소되었다. 그러나 또 다른 종류의 난제들이 남아 있었다. 그는 미지근한 신자는 되고 싶지 않았다. 만약 어머니의 신앙을 받아들인다면, 이에 평생을 헌신해야 할 것이었다. 그뿐 아니라 당시 유행하던 수도원운동의 이상과 자신의 신플라톤주의적 경향 때문에 어거스틴은 자신이 기독교 신자가 된다면, 육체적 정욕과 야망들뿐만 아니라 수사학 교수라는 직업도 버려야 할 것이라고 확신하고 있었다. 특히 그는 육체적 정욕의 유혹에 심히 시달리고 있었다. 당시에 그는 "나에게 정결과 순결을 주시옵소서. 그러나 조급하게 이를 허락하지는 마옵소서"라고 기도하곤 했다고 후일 회고했다.

이 시기에 그의 내면의 전투가 벌어졌다. 그것은 그의 내면에서 두 개의 자아가 벌이는 피나는 갈등이었다. 그는 이미 기독교 신자가 되기로 결심했지만 서두르고 싶지 않았다. 그는 더 이상 지적 난제들 뒤에 숨어 있을 수는 없었다. 그뿐 아니라 사방에서 들려오는 소식들이 그를 부끄럽게 만들었다. 일찍이 신플라톤주의자들의 작품들을 라틴어로 번역한 로마의 유명한 철학자 마리우스 빅토리누스(Marius Victorius)가 교회에 출석하여 공개적으로 신앙을 고백했다는 소식이 전해졌다. 또 두 명의 고위 관리가 아타나시우스가 저술한 『성 안토니의 생애』(Life of Saint Anthony)를 읽고 세상의 관직과 명예를 버리고 은자의 길을 택했다는 소식도 전해졌다. 이때 어거스틴은 친구들의 무리, 혹은 자기 자신에게서 벗어나 정원에 숨었는데, 여기서 결정적 회심을 경험했다.

어거스틴은 회심 후 새로운 생애를 시작하기에 필요한 조처들을 취했다. 그는 아들 아데오다투스와 함께 암브로스에게 세례를 받았다. 또 교수직을 사임했다. 그 후 그는 남은 생애를 수도사로서 은둔하기로 뜻하고 모니카, 아데오다투스, 그리고 몇몇 친구들과 함께 북아프리카를 향해 떠났다. 모니카는 어거스틴에게 오랫동안 데리고 있던 첩을 떠나보내라고 종용했다. 어거스틴은 어머니의 요청을 따랐는데, 그는 그 여인의 이름조차 밝히지 않았다. 아프리카로 돌아가는 여정은 오스티아(Ostia) 항구에서 모니카가 병들어 사망했기 때문에 지체되었다. 상심한 어거스틴은 마음을 정리하기 위해 친구들과 함께 여러 달 동안 로마에 머물렀다.

이윽고 타가스테에 도착한 어거스틴은 상속받은 재산의 대부분을 팔아 일부를 가난한 자들에게 나누어주고 나머지 돈으로 카시키아쿰(Cassicaicum)에 정착했다. 얼마 후 아데오다투스가 사망했고, 어거스틴은 몇 명의 친구들과 함께 신비적 관상과 철학 탐구에 전념했다. 이들은 사막의 수도사들처럼 극단적 금욕주의를 택하지 않고, 경건생활과 학문 연구, 그리고 관상에 전념할 수 있도록 불필요한 사치를 피하고 규칙적인 생활을 했다.

어거스틴은 카시키아쿰(Cassiciacum)에서 첫 번째 기독교 저서를 저술했다. 그는 당시 기독교 교훈과 신플라톤주의의 일부 요소들 사이에 존재하는 차이점들을 깨닫고 있었으나, 초기 저서에는 신플라톤주의 경향이 남아 있다. 그는 이러한 작업을 시초로 하여 남은 오랜 기간을 "철학적 생활"로 보낼 수 있기를 바랐다.

서방교회의 목회자요 신학자

그의 명성이 퍼져나감에 따라 그는 관상과 철학적 생활에 파묻혀 있을 수 없게 되었고, 그의 삶을 위한 다른 계획을 가진 사람들이 있었다. 391년 그는 친구를 만나 카시키아쿰에 있는 작은 공동체에 가입하라고 권유하기 위해 힙포를 방문했다. 그는 힙포에서 교회에 출석했는데, 회중 속에 있는 그를 알아본 감독 발레리우스(Valerius)는 하나님이 항상 적당한 시기에 양떼를 위해 목자를 보내신다는 주제로 설교한 후에 신자들에게 그들 중에 장래의 목자가 섞여 있을 경우를 위해 하나님의 인도하심을 구하는 기도를 하라고 요청했다. 교인들은 감독이 기대한 대로 행동했고, 어거스틴은 자신의 뜻과는 달리 힙포에서 발레리우스에 의해 사제로 임명되었다. 발레리우스는 다른 교회가 어거스틴을 앗아갈까 두려워하여 4년 후에 그를 자기와 함께 일하는 공동 감독으로 임명했다. 당시에 감독은 교회를 옮길 수 없게 되어 있었으므로 어거스틴은 힙포에서 여생을 보내게 되었다.(당시 어거스틴과 발레리우스는 모르고 있었지만, 한 교회에 한 명 이상의 감독을 두는 것은 교회법으로 금지되어 있었다.) 얼마 후 발레리우스가 사망했고, 어거스틴은 힙포의 감독이 되었다.

어거스틴은 목회자요 감독의 지위에 있으면서 되도록 카시키아쿰의 생활양식을 유지하려 했지만 관상 대신 목회적 책임에 더 많은 시간을 할애해야 했다. 그는 이러한 자기의 책임을 염두에 두고 대부분의 저서들을 저술했는데, 이를 통하여 신약 시대 이후 전체 라틴어권 교회에서 가장 영향력 있는 신학자가 되었다.

어거스틴의 초기 저서들 중 많은 책들은 마니교를 반박하는 것이었다. 어거스틴의 인도로 마니교에 빠진 친구들이 있었으므로, 어거스틴은 특히 마니교의 잘못된 교리들을 논박해야 할 책임을 통감했다. 이런 이유 때문에 그의 초기 저술들은 주로 성경의 권위, 악의 근원, 자유의지 등을 다루었다.

마니교에 대항한 논쟁에서 의지의 자유에 관한 문제는 특별히 중요했다. 마니교 신자들은 모든 것이 예정되어 있으므로 인간에게 자유가 없다고 주장했다. 이러한 관점에 대항하여 어거스틴은 의지의 자유를 주장하는 대표자가 되었다. 그에 의하면 인간의 자유는 그 자체로 이유가 될 정도이다. 우리가 자유롭게 행동할 때에, 필요성에 의한 것처럼 우리의 내부나 외부에 있는 것에 의해 움직이는 것이 아니라 우리 자신의 의지에 의해 행동한다. 우리의 결정은 본성의 산물이 아니라 의지의 산물이므로 자유롭다. 이것은 상황이 우리의 결정에 영향을 미치지 않는다는 의미는 아니다. 그 진정한 의미는 곧 상황이나 내적 필요에 의해서가 아니라 우리 자신의 의지로 인해 결정할 때에만 자유롭다고 불릴 수 있다는 것이다.

이것은 악의 기원에 관한 난제를 푸는 데 중요했다. 어거스틴은 무한히 선하신 유일한 하나님의 존재를 주장했다. 그렇다면 악의 존재를 어떻게 설명할 수 있는가? 그는 우선 의지가 하나님에 의해 창조되었으므로 선하다고 인정했다. 그런데 이 의지는 스스로 결정을 내릴 수 있는 능력을 가지고 있다. 비록 자유의지가 악을 산출할 수 있다 하더라도 의지는 자유로운 것이 좋다. 그렇다면 악의 기원은 인간과 천사들-타락한 천사인 악마들-의 의지에 의해 취해진 옳지 못한 결정들 속에서 찾을 수 있다. 그리하여 어거스틴은 악의 실재(reality)와 아울러 선하신 하나님에 의한 만물의 창조를 주장할 수 있었다.

그러나 이는 악이 "사물"(thing)이라는 뜻은 아니다. 악은 마니교 신자들이 암흑의 원리라고 표현함으로써 시사했던 것처럼 실체가 아니었다. 그것은 하나의 결정, 경향 혹은 선의 부정이었다.

어거스틴이 반박해야 할 또 하나의 이론은 도나투스주의였다. 이 운동은 어거스틴이 목회자로 활약한 북아프리카를 중심으로 하고 있었다. 따라서 어거스틴은 평생 도나투스파가 초래한 다양한 문제들을 해결하기 위해 노력해야 했다. 이러한 문제들 중 하나는 존경받을 만하지 못한 감독이 집례한 성직임명의 유효성과 관련된 것이었다. 이에 대해 어거스틴은 교회의 어떤 예식도 이를 집전하는 인간의 덕성에 의존하지 않는다고 응답했다. 만약 인간의 덕성에 달려 있다면, 기독교인들은 자기들의 세례의 유효성 여부에 관한 끊임없는 회의와 의심에서 헤어나지 못하게 될 것이다. 허물이 있어 합당하지 못한 집례자가 집전한 경우에도 예식 자체는 유효하다는 것이었다. 이 점에 있어서 서방 교회의 대부분이 어거스틴에게 동의했으며, 교회와 성례의 유효성에 관한 어거스틴의 입장은 그 후 서방교회의 규범이 되었다.

어거스틴이 정전론(Just War Theory, 正戰論)을 발전시키게 된 것도 도나투스파 문제를 다루기 위해서였다. 이미 지적했듯이 일부 도나투스파-키르쿰켈리온-는 폭력을 사용했다. 도나투스주의 운동은 어거스틴이 알지 못했을 사회적·경제적 기원을 가지고 있었다. 그러나 그는 어쨌든 키르쿰켈리온들의 약탈행위는 중단되어야 한다고 확신했다. 그리하여 그는 특정 조건이 충족된다면, 전쟁이 정당할 수도 있다는 결론에 도달했다. 그 조건들 중 첫째는 전쟁의 목적이 정당해야 한다는 것이다. 영토 침략이나 군사력 과시를 위한 전쟁은 정당화될 수 없다. 두 번째 조건은 올바르게 구성된 권위 있는 조직체에 의해 수행되어야 한다는 점이었다. 그렇지 않으면 정당성을 빙자하여 개인적 복수극들이 난무하게 될 것이다. 그러나 그 후 수세기 동안 이 원칙은 유력한 집단이 무력한 집단에 대해 벌이는 전쟁을 정당화하는 이유로 사용되었다. 어거스틴에 의하면 이러한 모습은 키르쿰켈리온들은 국가를 상대로 전쟁을 벌일 권리가 없고 국가는 그들을 상대로 전쟁 행위를 행할 권리를 가지고 있었던 경우에서 찾아볼 수 있었다. 마지막으로 어거스틴에게 있어서 가장 중요한 세 번째 법칙은 전쟁의 피할 수 없는 부분인 폭력 속에서도 사랑이라는 동기가 중심을 이루어야 한다는 것이었다.

그러나 어거스틴이 가장 중요한 신학 작품들을 남긴 것은 펠라기우스 주의자들을 대적한 논쟁에서였다. 펠라기우스는 브리튼(Britain) 출신의 수도사로서 경건과 엄격한 생활로 사람들에게 알려졌다. 그는 기독교인의 생활은 끊임없는 노력을 통해 죄를 극복하고 구원을 획득하는 것이라고 이해했다. 펠라기우스는 하나님이 우리를 자유롭게 창조하셨으며, 악의 기원은 의지 안에 있다는 데 어거스틴과 동의했다. 그에게 있어서 이것은 인간이 항상 그들의 죄악을 극복할 수 있는 능력을 소유하고 있음을 의미했다. 그렇지 않다면 죄에 대한 책임을 물을 수 없게 될 것이라는 논리였다.

어거스틴은 기독교인이 되고 싶은 동시에 되고 싶지 않았던 의지의 갈등의 경험을 기억하고 있었다. 이것은 인간 의지가 펠라기우스의 주장처럼 단순한 문제가 아님을 의미한다. 의지가 죄악에 사로잡혀 무력한 경우도 있었다. 자신의 의지가 원하는 대로 이룰 수 없음을 볼 때, 의지가 항상 자신의 주인은 아니었다.

어거스틴에 의하면 죄의 세력이 우리의 의지를 장악하고 있으며, 그 아래 붙잡혀 있는 한 우리는 그것을 제거하도록 자신의 의지를 통솔할 수 없다. 우리가 이룰 수 있는 최고의 모습은 결국 무엇인가를 원하는 의지행위와 이를 원하지 않는 의지행위 사이의 투쟁에 불과한데, 이것은 자체에 대항한 의지의 무력함을 보여줄 뿐이다. 죄인은 죄를 지을 수밖에 없다. 그 상태에서 선한 선택과 악한 선택이 있지만, 최선의 선택도 죄의 범주 안에 있다.

이것은 자유가 사라졌음을 의미하는 것이 아니다. 죄인은 주어진 여러 가지 길 중 하나를 선택할 수 있다. 그러나 이 길들은 모두 죄이며, 개방되어 있지 않는 하나의 길은 더 이상 죄를 짓지 않는 것이다. 어거스틴의 말에 의하면 타락 이전에는 죄와 죄를 짓지 않는 것, 둘 중 하나를 자유롭게 선택할 수 있었다. 그러나 타락과 구속 사이의 시기에 우리에게 남겨진 유일한 자유는 죄를 지을 수 있는 자유이다. 그런데 우리가 구속을 받으면, 우리 안에서 역사하는 하나님의 은혜가 우리의 의지를 이 비참한 상태에서 이끌고 나아가서 죄를 짓는 것과 죄를 짓지 않는 것 중 하나를 자유롭게 선택할 수 있는 자유가 회복된 상태에 이르게 한다. 최종적으로 우리의 본향인 천국에서 우리는 자유로울 것이나, 죄를 짓지 않을 자유만 누리게 된다. 이것은 일체의 자유가 소멸되었음을 의미하지는 않는다. 반대로 우리는 천국에서 계속 자유로운 선택들을 할 수 있지만, 어떤 경우에도 죄를 택하지 않을 것이다. 그 때 우리의 정신은 하나님의 선하심에 압도되므로, 현세에서 죄를 짓지 않는다는 것을 상상할 수 없듯이 천국에서는 죄를 상상할 수 없을 것이다.

다시 회심의 순간에 관해 말하자면, 우리는 어떻게 하나님의 은혜를 받아들일 결정을 내리게 되는가? 어거스틴에 의하면 그것은 은혜의 능력에 의해서만 가능하다. 왜냐하면 회심 이전에는 우리에게 죄를 짓지 않을 자유가 없으므로 은혜를 받아들이기로 결정할 자유가 없기 때문이다. 따라서 회심의 능동적 요소는 인간이 아니라 하나님이시다. 뿐만 아니라 은혜는 불가항력적이며, 하나님은 예정된 자들에게만 그것을 주신다.

이에 반하여 펠라기우스는 사람은 죄를 짓거나 죄를 짓지 않을 완전한 자유를 가지고 세상에 태어난다고 주장했다. 원죄는 존재하지 않으며, 우리로 하여금 죄를 지을 수밖에 없게 만드는 인간 본성의 타락도 존재하지 않는다. 어린아이들은 자신의 자유의지에 따라 죄를 짓도록 결정하기 전에는 죄가 없다.

이러한 논쟁이 몇 년 동안 계속되었으며, 결국 교회는 펠라기우스주의를 거부했다. 그 이론은 인간의 의지를 장악한 죄악의 세력이 얼마나 강한 것인지 고려하지 않았으며, 또한 스스로 죄 지을 기회를 갖기 이전의 유아들 속에서마저 찾아볼 수 있는 인류의 공동적 죄성을 제대로 파악하지 못했다. 그러나 어거스틴의 의견이 모든 사람에게 받아들여진 것은 아니었다. 어떤 이들은 그를 정통신학에서 벗어난 인물이라고 비판했다. 어거스틴에 대한 반대가 가장 격렬했던 남부 프랑스에서 레랑의 빈센트(Vincent of Lerins)는 "언제 어디서나, 그리고 모든 사람들에 의해" 받아들여진 교리만 믿어야 한다고 주장했다. 많은 사람들은 신앙의 시초가 인간의 결정이 아닌 하나님의 우선적 행동이라는 어거스틴의 견해에 반발했다. 이처럼 어거스틴의 예정교리에 반대한 자들은 그 후 "반펠라기우스주의자들"(Semi-Pelagians)이라 불리게 되었다(이들은 반어거스틴주의자들[semi-augustinians]라고 불릴 수도 있다.) 거의 1세기 이상 지속된 과정을 통해 어거스틴은 재해석되었으며, 불가항력적 은혜와 예정에 관한 그의 이론을 반대하는 신학자들도 스스로를 가리켜 "어거스틴주의자"라 부를 수 있게 되었다. 529년 오렌지 종교회의에서는 구원 과정에 있어서 은혜의 우선성에 관한 어거스틴의 교리를 인정했으나, 그 교리가 가져오는 극단적 결과들에 대해서는 취급하지 않았다. 상당한 예외들이 있었으나 이것이 후세 사람들이 위대한 힙포의 감독의 가르침을 해석한 모습이었다.

어거스틴의 저술 중 특히 두 가지가 중요하다. 첫째는 『고백록』(Confessions)이다. 이것은 하나님께 대한 기도문 형식으로 기록된 영적 자서전으로서, 하나님께서 길고 고통스러운 순례의 길을 통하여 어떻게 그를 신앙으로 이끄셨는지를 묘사하고 있다. 이 작품은 고전문학에서 특별한 위치를 차지할 뿐만 아니라 오늘날도 어거스틴의 심리적·지적 통찰력을 증언해 준다.

특별히 언급할 가치가 있는 작품은 『신국론』(The City of God)이다. 어거스틴이 이 작품을 쓰게 된 직접적인 동기는 A.D. 410년의 로마 함락이었다. 당시 고대 이교를 신봉하는 자들이 많았으므로, 로마가 함락된 것이 시민들이 전래의 신들을 버리고 기독교로 개종했기 때문이라는 비난이 일어났다. 이러한 주장에 대응하기 위해 어거스틴은 『신국론』을 저술했다. 이것은 방대한 백과사전적 역사서로서, 여기서 그는 사랑이라는 기초 위에 세워진 두 개의 도시가 있다고 주장했다. 신국(하나님의 도시)은 하나님에 대한 사랑 위에 건축되었다. 지상의 나라(지상의 도시)는 자기에 대한 사랑 위에 건축되었다. 인류의 역사에서 이 두 개의 도시는 항상 서로 섞여 나타난다. 그럼에도 불구하고 양자 사이에는 타협할 수 없는 갈등과 대치 상태, 목숨을 건 싸움이 존재한다. 결국 하나님의 도시만 남을 것이다. 한편 인류 역사에는 자기애 위에 세워진 나라들과 민족들이 가득한데, 이것들은 이러한 지상 도시의 무상한 표현들에 불과하다. 아무리 강력한 세력을 지녔다 할지라도 모든 나라들과 민족들은 결국 노쇠하여 사라질 것이며, 역사의 마지막 순간에는 하나님의 도시만 굳건하게 존재할 것이다. 구체적으로 로마 시에 관해 설명한다면, 하나님은 복음 전파의 방편으로 사용하기 위해서 로마 시와 로마 제국의 번성을 허락하셨다. 이제 그 목적이 달성되었으므로 하나님은 로마를 인간들의 손에 의해 세워진 다른 나라들과 같은 운명의 길을 걷게 하신다. 이는 그들의 죄에 대한 정당한 보응이다. 그렇다 해도 기독교인들은 인간의 도시의 역사를 배워야 한다. 어거스틴이 다른 논문에서 말한 것처럼 "우리가 과거에 대해 배우는 것들은 성경 이해에 도움이 된다."[2]

어거스틴은 서방 제국의 교회가 낳은 위대한 지도자들 중 마지막 인물이다. 그가 사망할 때 힙포의 성문 앞에 밀려든 반달족은 새 시대를 예고하고 있었다. 따라서 어떤 면에서 볼 때 어거스틴의 생애와 사역은 죽

---

2) *On Christian Doctrine* 28.

1489년 판 어거스틴의 『신국론』에 삽입된 목판화. 여기에서는 어거스틴이 그 책을 저술하는 모습을 묘사하며, 두 도시의 차이를 보여준다. 지상의 도시에서 마귀들이 하늘에 있는 천사들을 조롱하는 모습에 주목하라.

어가는 시대의 마지막 불빛이라고 할 수 있다.

    그러나 그의 업적은 몰락하는 문명의 폐허 속에서 망각되지 않았다. 그는 저술들을 통해 새 시대의 스승이 되었다. 중세 시대에 어느 신학자도 어거스틴만큼 자주 인용되지 못했으며, 그는 이를 통해 가톨릭 교회의 위대한 박사들 중 하나가 되었다. 또한 그는 16세기 프로테스탄트 개혁자들이 가장 총애한 신학자이기도 하다. 그리하여 다양하게 해석된 어거스틴은 프로테스탄트와 가톨릭을 막론하고 전체 서방교회에서 가장 영향력 있는 신학자가 되었다.

제25장
제국의 국경을 넘어

> 에뎃사의 왕 압가루스가 예루살렘에 나타난 선한 구세주 예수께 문안드립니다: 나는 당신에 대해서, 그리고 당신이 약초나 약의 도움을 받지 않고 행한 많은 치유 이야기를 들었습니다.…유대인들이 음모를 꾸며 당신에게 해를 입히려 했다는 소식도 들었습니다. 내 나라는 비록 작지만 고귀하며 우리 두 사람이 다스리기에 충분하다는 점을 알아주십시오. —에뎃사의 왕 압가루스(예수에게 보낸 편지 중에서)—

    지금까지 로마제국 내에서의 기독교 역사에 관심을 두었는데, 여기에는 충분한 이유가 있다. 왜냐하면 기독교는 로마제국 내에서 탄생했고, 오늘날 대부분의 기독교인들-가톨릭신자들과 개신교인들과 정교회 신자들-은 자기들이 로마제국 안에서 발달한 초대교회를 이어받았다고 여기기 때문이다. 그러나 그것이 전부가 아님을 기억해야 한다. 기독교는 로마제국 안에서 발달하는 동안 제국의 통치를 받지 않는 지역에서도 뿌리를 내리고 있었다. 북부의 게르만 "야만족"이 로마제국을 침입하기 오래 전에 기독교는 이미 야만족 사회에서 기반을 확보했다. 가장 인상적인 것은 동방으로의 전파였다. 21세기 동방에는 로마제국의 동쪽 국경 너머에 있던 초대교회에 기원을 두고 있다고 주장하는 사람들이 있다. 로마제국의 동쪽 지역 및 그 너머에서는 시리아어가 교역과 국제적인 의사소통의 공용어로서 기독교 전파의 통로를 제공했다. 시리아어는 동방 디아스포라(Eastern Diaspora)에서 유대인들이 사용했고 팔레스타인에서 사용되었던 아람어와 매우 유사했다. 기독교가 등장하기 오래 전 대다수의 유대인들은 히브리어를 사용하지 않았고, 많은 유대인들은 회당에서의 성경봉독을 이해하지 못했으므로 성경 본문을 처음에는 구두로 번역하다가 후에는 탈쿰(Talgum)이라는 문서로 번역하는 관습이 생겨났다. 기독교의 등장에 필적하는 이 관습은 초기 아람어를 사용하는 기독교인들에게 최소한 히브리 성경 중 일부의 번역을 제공했고, 칠십인역 성경은 헬라어를 사용하는 기독교인들에게 그와 비슷한 도구를 제공했다. 2세기에 구약성경과 신약성경의 시리아어 역본이 등장하여 페시타(Peshitta-"peshitta"는 "단순한"이라는 의미이다)라고 알려졌는데, 그것은 비슷한 의미를 지닌 벌게이트를 상기시켜 준다. 구약성경 역본의 일부는 유대인 번역자들의 작업이었을 가능성이 있지만, 번역과정에서 기독교인들-유대인 기독교인들일 가능성이 크다-이 중요한 역할을 담당했음이 분명하다. 초기 변증가들의 하나로 언급되었던 순교자 저스틴의 제자 타티안(Tatian)은 각각의 복음서에서 일부 요소들을 취하고 다른 요소들을 생략하여 네 개의 복음서를 하나의 이야기로 짜 맞추려 했다. 사복음서를 편집한 이 복음서는 『디아테사론』(Diatessaron)이라고 알려졌고 시리아어를 사용하는 기독교인들 사회에서 많은 논쟁의 주제가 되었다. 이는 정경적 복음서들보다 그것을 선호한 사람들이 있었고 그것을 거부한 사람들이 있었기 때문이다. 논쟁은 쉽게 해결되지 않았으며, 『디아테사론』은 7세기에도 시리아 교회에서 사용되었다.

초기부터 기독교는 시리아의 교역과 문화의 경계를 따라 동쪽으로 전파되었다. 초기에 가장 성공적으로 전파된 곳은 에뎃사(Edessa: 현재 터키 동쪽 지방)였다. 이곳은 로마제국이 기독교를 받아들이기 오래 전, 압가루스 9세(Abgarus IX) 때에 기독교화 되었으므로, 가장 오래된 기독교 도시국가였던 듯하다. 에뎃사가 그보다 훨씬 오래전, 예수님이 살아있을 때 개종했으며 나병환자였던 압가루스 5세가 예수님에게 에뎃사에 와서 자기의 병을 치료해달라는 편지를 보냈다는 전설이 생겼다. 예수님은 직접 에뎃사로 가지 않고 압가루스에게 보내는 편지와 함께 제자인 다대오를 보냈다. 압가루스는 병이 나았고 기독교를 받아들였으며 신하들에게 기독교를 받아들이라고 촉구했다. 이 전설은 압가루스 9세 시대에 생겨난 듯하다. 왜냐하면 서신에 인용된 예수님의 말씀은 타티안의 『디아테사론』(Diatessaron)에서 취한 것이기 때문이다. 어쨌든 그 전설은 4세기에 정착되었다. 이는 가이사랴의 유세비우스가 문제의 서신들을 언급하고 인용했기 때문이다. 예수님이 쓴 것이라고 주장되는 편지는 인기 있는 부적이 되었다. 사람들은 그것을 질병이나 상해로부터 구해줄 부적으로 여겨 헬라어, 라틴어, 아랍어, 콥트어, 슬라브어 등으로 번역하여 재앙이 있을 때나 전쟁터에서 지니고 다녔다. 어쨌든 콘스탄틴 대제가 회심하기 오래 전에 에뎃사의 왕들과 대부분의 신하들은 이미 기독교인들이었다.

2세기 초에 인근의 아디아베네(Adiabene)에 기독교 공동체가 있었던 듯하다. 그곳을 통치하던 왕가가 클라우디우스 황제 시대(41-54)에 유대교로 개종했고 지역 주민 대부분이 그 신앙을 받아들였는데, 이 유대교인들의 다수가 기독교인이 되었다. 2세기 초에 기독교 공동체가 그곳에 있었다는 증거가 있다.

에뎃사 다음으로 기독교를 받아들인 도시국가는 아르메니아였다. 아르메니아는 페르시아와 로마제국 사이의 완충국이었으며, 그렇기 때문에 끊임없이 전쟁하는 강대국들의 정책에 좌우되는 파란 많은 역사를 가지고 있다. 페르시아의 정책은 아르메니아를 제국 안에 흡수하려는 것이었는 데 반해 로마제국의 정책은 제국의 동쪽 국경을 보호하는 완충 독립국가로 존속시키려는 것이었다. 결과적으로 페르시아와 로마의 경쟁에서 아르메니아인들은 로마에 우호적이었다. 아르메니아에 기독교를 도입한 사람은 그레고리 루사보리치(Gregory Lusavorich the Illuminator)이다. 그는 친척인 트라드트 3세와 함께 로마제국에 유배되어 지내는 동안 카파도키아의 가이사랴에서 개종했다. 상황이 변화되어 트라드트가 왕권을 회복했고, 그레고리를 비롯한 기독교 개종자들은 아르메니아로 귀환했다. 그곳에서 그는 감옥에 갇히는 등 많은 고난과 어려움을 겪은 후 트라드트를 회심시키고 303년 1월 6일 주현절에 세례를 주었다. 그리하여 아르메니아의 통치자들은 콘스탄틴 이전에 기독교인들이 되었다. 결국 국민들이 개종했고, 성경이 아르메니아어로 번역되었다. 또한 아르메니아 기독교는 코카서스 강변에 위치한 그루지아 왕국에 전파되었다. 역사가 루피누스에 의하면 이것은 왕비의 여종의 기도로 말미암은 일련의 기적적 치유의 결과였다고 한다.

에티오피아 기독교는 이집트에서 생겨났으며, 항상 이집트 교회와 긴밀한 관계를 유지했다. 4세기에 장차 에티오피아 기독교의 창시자가 될 프루멘티우스(Frumentius)와 에데시우스(Edessius) 형제가 에티오피아 인근에서 파선하여 에티오피아인들에게 잡혔다가 석방되었다. 프루멘티우스는 알렉산드리아로 가서 아타나시우스에 의해 감독으로 임명받은 후 후일 에티오피아의 중심이 될 악숨(Aksum) 왕국으로 돌아왔다. 거의 1세기 동안 주로 이집트 출신 기독교인들의 선교사역의 결과로 왕이 개종했고, 이어서 국가 전체가 개종했다. 칼케돈 공의회가 디오스코루스를 비롯한 알렉산드리아 학파를 그리스도 안에 인성이 없고 신성만 존재한다고 주장하는 이단으로 단죄했을 때 에티오피아 기독교인들은 이집트 기독교인들을 따라 공의회의 결정을 거부했다. 그리하여 그들은 그리스도가 하나의 본성만 소유한다고 주장하는 단성론자가 되었고, 오늘날까지 소위 단성론파 교회의 주류로 남아있다. 에티오피아 교회의 유명한 기념물은 랄리벨라 암굴성당군이다.

기독교는 아주 일찍 시리아어를 사용하는 상인들과 여행자들에 의해 메소포타미아와 페르시아에 전파되었다. 처음에는 특히 시리아어가 널리 사용되었으므로 안디옥과 에뎃사에서 출판된 시리아어 문헌들을 충분히 사용할 수 있었던 메소포타미아에서 기독교가 성장했다. 기독교 시대 초기에 페르시아 제국을 통치한 파르티아 왕조(Parthian Dynasty)는 종교적 관용정책을 베풀었고, 기독교는 급속히 성장하여 제국 전체에 전파되었다. 224년 페르시아의 지배세력이 된 사산 왕조(Sassanid Dynasty)의 통치자들 대부분은 기독교를 이방종교로 여겨 박해하기 시작했다. 로마제국 변경, 유프라테스 강변의 니시비스(Nisibis)-이곳은 365년 페르시아에 정복되기까지 로마의 지배 아래 있었다-에 중요한 신학교가 있었다. 고고학자들이 발견한 가장 오래된 교회 건물이 두라-유로포스(Dura-Europos, 오늘날의 시리아)에 건축되었는데, 그것은 3세기의 것으로 추정된다. 4세기에 로마제국이 기독교화 되면서 기독교에 대한 페르시아의 공식적인 반대가 심화되었다. 이는 기독교인들을 로마에 동조하는 자들로 간주했기 때문이다. 4세기 중반 페르시아의 위대한 기독교인 현자 아프라하트(Aphrahat)는 『박해에 관한 논증』(Demonstration on Persecution)이라는 글에서 페르시아 교회가 처한 상황을 증언했다. 그는 구약성경과 신약성경의 인물들 중에서 믿음 때문에 고난당한 사람들을 열거하고 예수가 옛사람들이 앞질러 나타냈고 이제 기독교인들이 따르는 전형적인 본보기라고 주장한 후에 디오클레티안 시대에 "우리 서방 형제들"이 당한 큰 박해 및 박해받은 페르시아 교회를 위한 희망의 상징으로서 그곳에서 발생한 큰 변화를 언급한다. 결국 에베소 공의회(431)와 칼케돈 공의회(451) 이후 대부분의 페르시아 기독교인들은 그리스도의 두 본성과 관련하여 이 두 공의회의 결정을 거부했고, 로마로부터의 독립을 주장하여 어느 정도 종교적 관용을 획득했다. 그들은 동방의 반체제 교회에 합류했다. 그들 중 일부는 "단성론파"라고 불리는데, 이는 그들이 그리스도에게 하나의 본성만 있으며, 그리스도의 인성이 신성에 흡수되었다고 주장했기 때문이다. 또 다른 사람들은 네스토리우스의 가르침을 따랐기 때문에 "네스토리우스파"(Nestorian)라고 불렸다. 네스토리우스는 그리스도 안에 있는 신성과 인성의 구분을 강조했다.

2세기에 아라비아에 기독교가 존재했다. 알렉산드리아 기독교인들과 아라비아 기독교인들의 접촉, 그리고 알렉산드리아의 교사들과 감독들과 여행자들이 아라비아를 방문했음을 알 수 있다. 기독교가 인근 지역에서 힘을 얻음에 따라 아라비아는 세 개의 약간 상이한 형태의 기독교들이 접촉하고 다투는 지역이 되었다. 하나는 로마제국의 헬라어 사용 지역에서 유래되어 로마제국의 지원을 받는 기독교요, 또 하나는 페르시아에서 유래된 기독교요, 나머지 하나는 에티오피아에서 유래된 기독교였다. 이 세 가지가 혼합된 기독교에 고대 기독교적 영지주의 분파인 엘카시아파(Elkesaites)가 더해졌다. 이것이 7세기에 무함마드(Muhammad)가 알게 되어 거부한 혼란스러운 기독교의 모습이었다.

앞에서 살펴보았듯이 도마가 인도에 교회를 세웠다고 주장하는 전승이 있다. 기독교가 언제 인도에 전파되었는지 확인하기 어렵다. 왜냐하면 고대의 일부 본문에서 아라비아가 인도로 언급되기 때문이다. 예를 들어 180년 경 알렉산드리아의 유명한 기독교 교사 판테누스(Pantaenus)가 "인도"로 갔으며 325년에 니케아 공의회에 참석한 사람들 중에 "페르시아와 인도를 대표하는 페르시아인 존"이 있었다고 전해진다. 어쨌든 5세기 초에 인도에 기독교가 뿌리를 내렸음을 보여주는 문서들이 있다.

서방에서 기독교가 제국의 국경을 넘어 크게 전파된 곳은 아일랜드였다. 로마제국이 몰락하기 전에 기독교는 아일랜드에서 강력한 발판을 획득했다. 기독교는 여러 경로로 아일랜드에 전파된 듯하지만, 일반적으로 성 패트릭(St. Patrick)에 의해 전파되었다고 간주된다. 청년 패트릭은 영국에 침입한 아일랜드인들의 포로가 되어 아일랜드에서 노예생활을 했다. 그는 모험적으로 탈출하여 우여곡절을 겪은 후 환상 중에 자신이 포로생활을 하던 곳에 선교사로 가라는 소명을 받았다. 아일랜드로 돌아간 그는 많은 위험에 직면했지만 결국 크게 성공하여 주민들이 무리를 지어 세례를 받았다. 곧 수도원들이 세워졌는데, 그곳에서의 주된 관심사는 고전 학문이었다. 후일 아일랜드는 유럽을 유린한 야만족의 침략을 받지 않았으므로, 그곳의 수도원에는 고대 로마제역에 속한 지역들이 야만족의 침략 기간에 잃어버렸던 고전적 지식과 문헌들을 되찾는 근거가 될 자료들이 있었다.

마지막으로 아리우스주의가 콘스탄티노플 북쪽 게르만 족 사회에 전파되었음을 언급해야 한다. 콘스탄티우스가 황제였고 아리우스가 제국의 지원을 받고 있을 때 많은 아리우스파 선교사들이 다뉴브 강을 건너 고트족 사회에서 선교를 시작했다. 특히 탁월한 선교사는 울필라(Ulfila)였다. 그의 이름은 종종 "Wulfila"로 표기되며, "작은 늑대"를 의미한다. 울필라의 생애에 관한 상이한 내용들을 다룬 전거들이 있지만, 그는 순수한 혈통의 게르만족이 아니며, 부모 중 한 사람이 카파도키아인이었던 듯하다. 그가 아리우스파였는지 니케아 정통파였는지에 대해서는 전거들마다 견해가 다르지만, 어쨌든 그는 기독교인으로 성장했다. 그는 고트족 선교사로 오래 머물지 않았다. 몇 년 후에 그는 박해를 피하기 위해서 일부 교인들과 함께 모에시아(Moesia, 오늘날의 불가리아)로 이주했다. 고트 기독교에 대한 그의 큰 공헌은 고트어의 알파벳을 개발하고 성경을 그 언어로 번역한 것이다.

한편 콘스탄티노플의 제국 근위대에서 근무한 고트인들이 많았는데, 그들 중 다수가 고국으로 돌아가기 전에 기독교로 개종했다. 이 일은 아리우스주의가 증가하고 있을 때 발생했으므로, 고트인들의 개종은 곧 아리우스주의로의 개종이었다. 이후 그들의 이웃들이 그들의 뒤를 따랐다. 결국 고트족이 침입했을 때 침입자들의 다수가 아리우스파 기독교인들이었다. 이 게르만 민족들은 아리우스주의와 니케아 기독교 사이에 미묘한 차이점에 관심이 없었던 듯하지만, 아리우스주의는 그들에게 로마와 콘스탄티노플로부터 독립된 교회와 체계를 제공했고, 그럼으로써 그들이 정복한 지역에 도입할 정체성을 육성해주었다. 따라서 그들이

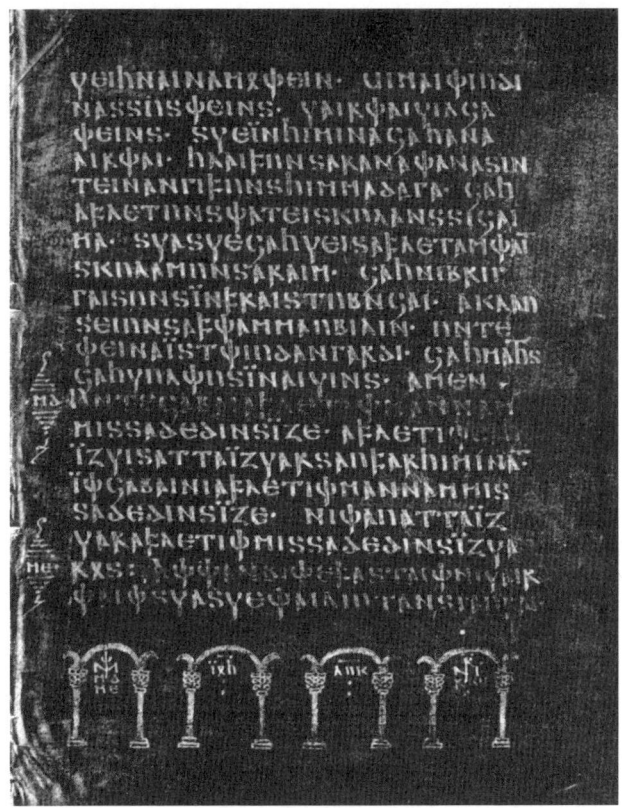

울필라가 번역한 고트어 복음서 사본

로마 문화와 전통에 동화됨에 따라 그들 중 많은 사람들이 아리우스주의를 버리고 니케아 기독교로 개종했다.

기독교는 로마제국 내에서 몇 차례 괄목할 만한 승리를 거두었다. 서로마제국이 멸망할 무렵 기독교인들은 동쪽으로는 인도, 남쪽으로는 에티오피아, 북쪽으로는 아일랜드에까지 진출했다. 오늘날 이 교회들은 종종 망각되곤 하지만 앞으로도 교회사에서 계속 중요한 역할을 할 것이다.

제26장
한 시대의 종말

> 세계가 멸망하고 있다. 그럼에도 불구하고 수치스럽게도 우리의 죄는 여전히 살아남을 뿐만 아니라 더 극성을 부릴지도 모른다. 위대한 도시, 로마 제국의 수도가 거대한 화염에 휩싸였으며 로마인들은 세계 전역을 방황하고 있다. 한때 존경받던 교회들이 먼지와 잿더미로 화했다. —제롬—

어거스틴이 숨을 거둘 때 반달족이 힙포를 포위하고 있었다. 얼마 후 그들은 이집트를 제외한 아프리카 북부 해안을 장악했다. 그보다 앞서 378년의 아드리아노플 전투에서 황제가 고트족에게 패하여 살해되었고, 고트족 군대는 취약한 서로마제국으로 진군하기 전에 콘스탄티노플 성벽에 도착했다. 옛 제국, 그 반쪽인 서로마제국이 무너지고 있었다. 로마 군단들은 수세기 동안 게르만 민족을 라인 강과 다뉴브 강을 경계로 하는 국경 너머에 가두어둘 수 있었다. 브리튼에서는 거대한 성벽에 의해 로마화한 지역과 "야만족"의 통솔 지역이 분리되어 있었다. 이제 수문이 터진 셈이었다. 야만족은 끝없는 물결처럼, 때로는 그들의 군사적 지원을 추구한 로마제국의 관리들의 요청에 의해 제국의 국경을 넘어

도시와 마을을 약탈했고, 결국 로마제국의 영역이었던 지역에 정착했다. 그들은 그곳에 각기 자기들의 왕국을 건설했으니, 그 중 다수는 형식적으로는 로마제국-로마제국은 이론적으로 476년에 마지막 황제가 물러날 때까지 존속했다-에 속해 있었으나 실제로는 독립을 유지했다. 그들의 영향이 매우 컸기 때문에 오늘날도 각 집단이 정착했던 유럽 여러 지역의 명칭에 그들에 대한 기억이 남아 있다. 게르만 침입자들의 명칭을 딴 독일(Germany), 프랑크 족(Franks)의 이름을 딴 프랑스(France), 앵글족(Angles)의 이름을 딴 잉글랜드(England), 롬바르드족(Lombard)의 명칭을 딴 롬바르디(Lombardy) 등. 서로마제국은 멸망했지만, 제국의 정복자들은 대부분 결국 제국의 라틴어에서 파생된 언어를 사용하게 되었으며, 그후 1세기 동안 유럽의 여러 지도자들은 스스로를 고대 카이사르의 참 후계자라고 주장했다.

콘스탄틴 대제가 시작한 제국교회는 그 후에도 비잔틴 제국에서 1,000년을 존속했다. 그러나 서방에서의 상황은 그렇지 못했다. 서유럽은 오

A.D. 410년 고트족의 왕 알라릭이 로마를 함락시켰다.

랜 세월이 지나서야 로마제국 때에 누렸던 정치적 통일과 평화를 되찾을 수 있었다. 또 수세기 후에 비로소 도로와 건축물과 상하수도 시설 등뿐만 아니라 문학, 예술, 물리적 세계에 대한 지식 등을 다시 세울 수 있었다. 이 모든 분야에서 과거와의 연계성을 제공한 것은 교회였다. 교회는 문명과 질서의 수호자가 되었다. 교회는 다양한 방법으로 제국의 멸망에 따른 힘의 공백을 채웠다. 수세기 후 서방에 다시 제국이 성립된 것도 교회의 손에 의해서였다. 교황이 황제에게 제관을 씌워주었다.

교회가 대응해야 할 새로운 도전들도 나타났다. 침략자들의 대다수가 이교도였으므로 피정복민들은 정복자들에게 자기들의 신앙을 가르쳐야 할 필요성을 느꼈다. 이 과정은 더딘 것이었다. 이름조차 남아 있지 않은 많은 기독교인들의 복음 전파를 통해 침략자들은 기독교 신앙을 받아들였고, 결국 그들에게서 새 세대의 교회 지도자들이 나타났다.

침략자들 중 다수가 아리우스주의자였으므로, 수십 년 동안 잠잠했던 아리우스주의 문제가 서방교회에 다시 등장했다. 결국 이 아리우스파 사람들은 많은 갈등과 고난을 통해 자기들에게 정복된 민족의 영향을 받아 니케아 신앙을 받아들이게 되었다.

이러한 상황에서 기독교와 게르만 전통뿐만 아니라 고전적 그레코-로마 문화를 이어받은 새로운 문명이 등장하게 된다. 이 과정은 중세시대라고 일컬어지는 1,000년의 기간에 이루어졌다. 이에 관해서는 중세교회사에서 살펴볼 것이다.

초 대 교 회 사 **부록**

연대표(1)

황 제	로마의 주교	작자 및 주요저술	사 건
아우구스투스 (B.C 27-A.D 14) 티베리우스(14-37) 칼리굴라(37-41)		필로	예수
클로디우스(41-54) 네로(54-68)	리누스(?)	바울서신들 플라비우스조세프스 마가	유대인들 로미에서 추방 박해 예루살렘의 신자들 펠라로 피신
갈바(68-69) 오토(69) 비텔리우스(69) 베스파시안(69-79)		마태(?)	예루살렘의 멸망(70)
티투스(79-81) 도미티안(81-96)	아나클레투스(?) 클레멘트	누가-사도행전(?) 요한 계시록(?)	박해
네르바(96-98) 트라얀(98-117)	에바리스투스 알렉산더 식스투스	이그나티우스	박해
하드리안(117-138)		쿼드라투스	박해

황제	로마의 주교	작자 및 주요저술	사 건
안토니우스파이우스(138-161)	텔레포르스	아리스티데스 파피아스 (에픽테투스) 디다케(?) 히브리복음서	영지주의 마르시온이 로마로
	히기니우스	슈도-바나바	박해
	파이우스	바실리데스 펠라의 아리스토 (130) 허마스(150) 폴리갑의 순교 로마의 상징 발렌티누스 베드로복음서	
	아니케투스	뮤라토리안전서 (160) 키르타의 프론토 펙토리우스의 묘 비명(?) 이사야의 승천기(?) 솔로몬의 비가(?)	몬타누스주의 박해
마루쿠스아우렐리우스(161-180) 루시우스베루스 공동황제(161-169)	소터	저스틴(165) 헤게시푸스(154-166) 사모사타의 루시안 타티안 에녹2서(?) 아테나고라스	고올의 순교자들 (177)
	엘류테루스(?-189)		

연대표 1 385

황 제	로마의 주교	작자 및 주요저술	사 건
콤모두스(180-192)		안디옥의 테오필루스 셀수스 이레네우스 (C.180)	
	빅터(189-217)	판테누스 사르디스의 엘리토(189)	스킬리탄 순례자들 부활절 일자 논쟁
페트리낙스(193) 디디우스줄리앙(193)		터툴리안(195-220)	
셉티무스세베루스(193-211)	제피리우스(199-217)	미누키우스 펠릭스(?) 아베리키우스의 묘비명 퍼페투아와 펠리시타스	박해 종교혼합정책
카라칼라(211-217)		알렉산드리아의 클레멘트(200-215)	터툴리안이 몬타누스파로(207)
마크리누스(217-218) 엘라가발루스(218-222)	칼릭스투스(217-222)	오리겐(215-253) 플로티누스	
알렉산더세베루스(222-235)	우르반(222-230) 힙폴리투스*(222-235) 폰티안(230-235) 안테루스(235-236) 파비안(236-250)	슈도-클레멘틴(?)	로마에 감독 양립
막시민(235-238) 고르디안 I (238)			오리겐 팔레스틴으로

황 제	로마의 주교	작자 및 주요저술	사 건
고르디안 Ⅱ(238) 푸피에누스(238) 발비누스(238) 고르디안 Ⅲ(238-244)		섹스투스줄리우스 아프리칸누스 도마복음(?)	
아랍인 필립(244-249)		메소디우스 헤라클레스	마니교 창설
데시우스(249-251)		시프리안	박해
호스틸리안(251)			
갈루스(251-253)	코넬리우스(251-253) 노바티안*(251-358)		로마의 두주교
아이밀리안(253) 발레리안(253-259)	루시우스(253-354) 스테픈(254-257) 식스투스 Ⅱ(257-258)	디다스칼리아(?)	
갈레리누스(259-268)	디오니시우스 (260-268) 펠릭스(269-274)	알렉산드리아의 디오니시우스 안디옥의 루시안 이적자 그레고리 가이사랴의 커밀리안 테오그노스트	사모사타의 바울 안디옥의 주교
클로디우스 Ⅱ (268-270)			
퀸틸루스(270)		영지주의의 파피루스문서	
아우렐리안(270-		바톨로매 복음서	

연대표 1 387

황 제	로마의 주교	작자 및 주요저술	사 건
275) 타키투스(275-276) 플로리안(276) 프로부스(276-282) 카루스(282-283) 누메리안(283-284) 카리누스(283-285) 디오클레티안 (284-305) 막시미안(285-305)	유티키안(275-283) 카이우스(283-296) 마르셀리누스 (296-304)	아르노비우스 피에리우스	대 박해
콘스탄티우스 클로루스(292-306) 갈레리우스(292-311) 막시미누스다이어(305-313) 콘스탄틴(306-337)	마르셀루스(308-309) 유세비우스(309-310)		기독교자유칙령(311)
세베루스(306-307) 막센티우스(306-312) 리키니우스(307-323)	밀티아데스(311-314) 실베스터(324-335)		밀비안 다리 전투 밀란 칙령(313)

*는 교회에서 인정하지 않은 주교들을 나타냄.

연대표(2)

황 제	로마의 주교	사 건
콘스탄틴(306-307)	실베스터(314-335)	밀란칙령(313)
		아리우스논쟁 발단
		파코미우스 수도원 설립 (324)
		니케아 회의(325)
	마루쿠스(335-336)	콘스탄티노플 건축(330)
콘스탄틴 II (337-340)	줄리우스(337-352)	
콘스탄티우스 II (337-361)		
콘스탄스(337-350)	리베리우스(352-366)	아리우스주의 절정기
줄리앙(361-363)	펠릭스*(353-365)	이교도의 반동
조비안(363-364)		
발렌티안 I (364-375)		
발렌스(364-378)	다마수스(366-368)	가이사랴의 유세비우스
	우르시누스*(366-367)	와 아타나시우스의 사망 (373)
그라티안(375-383)		아드리아노플전쟁(378)
발렌티니안 II (375-392)	시리카우스(384-399)	대 바실 사망(379)
		마크리나 사망(380)
테오도시우스(379-395)		콘스탄티노플 회의(381)
막시무스(383-388)		
		나지안주스의 그레고리 사망(389)
유게니우스(392-394)		닛사의 그레고리 사망 (395)
알카디우스(395-408)		투우르의 마틴과 암브로즈 사망(397)
호노리우스(395-423)	아나스타시우스(399-401)	
	인노센트(401-417)	존 크리소스톰(407)

황 제	로마의 주교	사 건
테오도시우스 II (408-450)	조시무스(417-418)	로마함락(410) 제롬사망(420) 어거스틴 사망(430)

*는 교회에서 인정하지 않은 주교들을 나타냄.

참고문헌

Lewis Ayres, Andrew Louth, and Frances M. Young, eds. The Cambridge History of Early Christian Literature. Cambridge, UK: Cambridge University Press, 2004.

Henry Bettenson, ed. Documents of the Christian Church. London: Oxford, several editions.

E. C. Blackman, Marcion and his Influence, London: S.P.C.K, 1948.

Gillian Clark, Chirstianty and Roman Society. Cambridge, UK: Cambridge University Press, 2004.

E. R. Dodds. Pagen and Christian in an Age of Anxiety. Cambridge: University Press, 1968.

W. H. C. Frend. The Early Church. Philadelphia: J. B. Lippincott, 1966.

Robin Lane Fox. Pagans and Christians. New York: Knopf, 1987.

Justo L. González, A History of Christian Thought, vol. I. Nashville, Abingdon, 1970.

Edgar J. Goodspeed, A History of Early Christian Literature, Chicago: University of Chicago Press, 1966. Revised and enlarged by Robert M. Grant.

Christopher Hall. Learning Theology with the Church Fathers. Downers Grove, IL: InterVarsity, 2002.

R. P. C. Hanson, Tradition in the Early Church, London: SCM, 1962.

Hans Jonas, The Gnostic Religion, Boston: Beacon Press, 1958.

Josef A. Jungman, The Early Liturgy to the Time of Gregory the Great, London: Darton, Longman & Todd, 1959.

Hans Lietzmann, The Beginning of the Christian Church, London: Lutterworth, several editions.

Hans Lietzmann, The Founding of the Church Universal, London: Lutterworth, several editions.

Ramsay MacMullen. Christianizing the Roman Empire (A.D. 100-400). New Haven: Yale University Press, 1984.

Margeret M. Mitchell and Frances M. Young, eds. The Cambridge History of Christianity: Volume 1: Origins to Constantine. Cambridge, UK: Cambridge University Press, 2006.

Jareslav Pelikan, The Christian Tradition, vol. I, Chicago: University of Chicago Press, 1971.

Rodney Stark. The Rise of Christianity: A Sociologist Recinsiders History. Princeton: Princeton University Press, 1996.

Gérard Vallée. The Shaping of Christianity. The History and Literature of Its Formative Centuries(100-800). New York: paulist, 2002.

Robert B. Workman, Persecution in the Early Church, London: Epworth Press, reprint, 1960.

Chrysostomus Baur, John Chrysostom and His Time. 2 vols. Westminster, Maryland: Newman, 1959, 1960.

Gerald Bonner, St. Augustine of Hippo: Life and Controversies. London: SCM, 1963.

Hans von Campenhausen, The Fathers of the Greek Church, New York, Harper & Row, 1964.

Hermann Doerries. Constantine the Great, New York: Harper & Row, 1972.

F. Homes Dudden, The Life and Times St. Ambrose, 2 vols, Oxford: Clarendon, 1935.

W. H. C. Frend, The Donatist Church, A Movement of Protest in Roman North Afirica, Oxford: Clarendon, 1952.

Robert Payne, The Fathers of the Western Church, New York: Viking, 1951.

Robert Payne, The Holy Fire: The Story of the Fathers of the Eastern Church, London: William Kumber, 1958.

Helen Waddell, The Desert Fathers, Ann Arbor: University of Michigan Press, 1957.

INDEX 색인

ㄱ

가난한 자 63, 177, 238, 249, 287, 310, 323, 333, 359
가이사랴 27, 119, 141, 221-226, 231, 273-274, 276-277, 285, 305-306, 309-314, 342, 373-374
갈레리우스 179-188, 223
갈루스(줄리안의 형제) 283-286
건축 57, 214, 216
게르바시우스 213, 325
고넬료 48, 50
고백록(어거스틴) 366
고백자 154-157, 256
고트족 322, 349, 378, 381
과부 40, 83, 165, 172, 233, 343
교회 14-19, 23, 31-32, 37-59, 76-79, 83-84, 94-95, 101-104, 109-129, 134-147, 151, 154-159, 161-166, 157-159, 171-182, 185-189, 193, 202-219, 222-238, 241-266, 270-279, 284, 287, 291, 296, 298-309, 315, 317, 320-326, 331-339, 345-348, 355, 358, 360-369, 374-379, 383
교회의 권위 118, 120
구브로 48, 50
구원 13, 80, 105-108, 111, 144-146, 157, 163, 228-229, 252, 270-271, 277, 301, 355, 363, 366
그라티안 324
그레고리(나지안주스) 305, 310, 312, 314-315, 318, 329
그레고리(닛사) 305, 308, 312-313
그리스도 13, 17, 31, 52, 65, 72-73, 78-81, 88, 93-99, 104-108, 113, 117-118, 127-128, 130, 138, 140, 144, 151, 157, 162, 165, 167, 170, 174-176, 186-188, 203-204, 207, 212-213, 217, 226, 229, 255, 265, 270-271, 277, 293-294, 311, 329, 343, 351, 375-376
그리스도의 몸 78, 88, 157, 255
그리스 35, 90, 97, 123, 217, 278, 285
금식 42-43, 168, 170, 238
금욕주의 359
기독교에 대한 비판 99
기독론 118, 139, 140
기둥 위의 성모 56
기적 161, 174, 176, 239, 325

ㄴ

낙원 127
네로 54, 62-69, 70-71, 82
넥타리우스 317
노나 314-315
노바티안 156, 158, 255
누미디아 260, 262
니케아 신경 119, 265, 278, 279, 301
니케아 공의회 211, 225, 235, 278-280, 291, 301, 302, 318, 325, 377

ㄷ

다마수스 343, 345
다메섹 41, 48
대모신 35
데살로니카 326
데시우스 141, 148, 151-155, 179, 182, 199-200
도나투스 257, 259, 264
도나투스주의 255, 257, 262-263, 362
도마 56, 57, 377
도미티안 67-70, 82
독신생활 236
동정녀 탄생 118
두라-유로포스 166-167, 175, 212, 214
두로 회의 295
디다케 124, 212
디아스포라 30-31, 372
디오그네투스에게 보낸 편지 92
디오클레티안 179-185, 199-222, 225, 239, 376

ㄹ

라테란궁 206
락탄티우스 186, 188
로고스 28, 88, 132, 226, 268, 269, 278
로마 15, 26-28, 33-36, 44, 50-55, 61-79, 83-85, 91-94, 110, 116-125, 133-134, 139-158, 171, 184, 187, 199-207, 212, 217, 227, 232, 255, 257, 260-263, 274, 278, 281, 284, 292, 296-297, 300, 321, 336, 343, 345-346, 349-350, 356, 358-359, 366-367
로마법 74
로마제국 30-34, 38, 62-63, 71, 101, 140, 152, 175, 177, 188, 193, 206, 226-227, 236, 261, 318, 339, 352, 367, 392, 373-379, 381-383

리바니우스 330
리용 84, 87, 125
리키니우스 185-188, 193, 195-200, 205-207, 223-224, 269, 272

ㅁ

마가 50, 52, 55
마그넨티우스 298
마니 353, 355
마니교 353-357, 361-362
마르셀라 343
마르셀리나 343
마르쿠스 아우렐리우스 82-85, 89
마리아 91, 111, 114-118, 161, 176,
마리아(파코미우스의 누이) 244
마리우스 빅토리누스 358
마사다 27
마조리누스 257
마카비 26
마크리나 305-308
마르틴(투르의) 209, 249
막센티우스 184-188, 193, 195, 198, 223
막시미누스 185, 187, 196
막시미누스 다이아 184-189, 195-196, 222,
막시미안 179, 184
막시민 151
말씀 13-14, 17, 78, 89, 98, 111, 127-128, 132, 234, 238, 241, 269-270, 276, 278, 293, 347, 352, 356-357, 373
말씀의 신성 270
메소포타미아 24, 30, 247, 274, 313, 375
메시아 29, 31, 42, 52, 60
멜레티우스(안디옥의) 331
모니카 352, 355, 357, 359

색인 395

모리타니아 260, 262
모세 96, 269
몬타누스 137-138
몬타누스주의 137-138
문화, 신앙 31, 36, 94-95
물고기(기독교의 상징) 176
물질 106, 108, 117, 165, 353
미누키우스 펠릭스 90, 93
미드라 206
밀란 188, 196, 319-329, 342, 351-352, 356-357
밀란 칙령 188, 198

ㅂ
바나바 48, 50, 52, 174
바리새파 27, 29
반달족 263, 367, 381
반어거스틴주의자 366
발레리안 155, 179
발레리우스 360
발렌스 304, 310-311, 313
바실(가이사랴의) 249, 252, 285, 305-315, 321, 342
바실리카 202, 215-217
바울 15, 32, 41-43, 48, 50-57, 61-63, 67, 69, 77, 98, 112, 123, 134, 161, 174, 234, 245, 265, 323, 351
박물관(알렉산드리아) 129, 206
박해 16, 35, 38, 41, 44, 47, 54, 58-59, 62, 66-69, 70-71, 76-77, 81-87, 101-125, 129, 140-141, 147-159, 164, 179, 182, 185-189, 193, 206, 210, 222-224, 227, 229, 231-232, 236-237, 248, 255-258, 262-263, 274-275, 288, 306, 376, 378,
반펠라기우스주의 366

배교자 94, 153-158, 208, 255-256, 265, 274, 282, 287
벌게이트 346, 372
베니게 48
베드로 15, 40-44, 47-48, 53-57, 67, 122, 134, 161
베들레헴 214, 346, 350
베스파시안 67
변증가 37, 85, 88, 92-93, 99-101, 124, 162, 372
복음 13, 16, 25, 48, 50, 52-57, 60, 62, 105, 114, 120, 138, 161, 169, 174-175, 227-228, 243, 333, 367, 383
본질 193, 243, 264, 267, 275-278, 301, 317, 318
부자 228, 238, 263, 310-311, 323-335
부활 6, 28, 42, 52, 92-93, 98, 100, 104, 110, 112, 117, 119, 128, 138, 142, 163, 207, 217, 229, 308
부활절 163, 168, 170
분파주의 219
비잔티움 55, 196, 199-202
비잔틴제국 339, 382
빈센트(레닌) 366
빌립 41, 47-48, 55, 171
빌립(아라비아 사람) 151

ㅅ
사도 14, 40-43, 53-58, 61, 114, 116, 120-124, 134, 142, 161, 164, 170-174, 322
사도신경 116-119
사도 교부들 123
사도행전 14, 27, 39-43, 47-50, 53-54, 61, 115, 163, 169
사두개파 28-29
사르디카 198

사마리아 41, 48, 176
사탄 127-128, 139, 144, 232-233, 293
사해사본 28
사회계층 96
삼위일체 117, 139-140, 219, 275, 303, 312, 317, 321
서머나 77, 79, 124
선교사 33, 52, 175, 252, 377-378
술피티우스 세베루투스 249, 251
성가 303, 346
성가대 212
성경 13, 16, 32, 104, 112, 114-115, 130-131, 134-136, 141-144, 162, 165, 216, 236, 241, 245, 251, 256, 258, 260, 268, 269, 270, 276, 289, 342-343, 346-347, 355-358, 361, 367, 372, 378
성경번역 141
성경의 권위 361
성경 해석 93, 131
성령 14-15, 23, 48, 117, 126, 137-139, 142, 165, 170, 217, 277, 302, 317, 321
성만찬 176, 246
성묘교회 225
성부 고난설 275, 279
성부 하나님 111, 278
성유물 213, 325
성육신 98-99, 110, 112, 127-128, 142, 270, 293, 321
성자 117-118, 139, 142, 167, 170, 206, 217, 239, 251-252, 275-279, 301-302, 317-318
성지 56, 213, 345
성직임명 241, 258-259, 362
성직자의 면세 211, 258
세례 53, 57, 116-119, 124, 133, 145, 158, 165, 168-173, 203, 208, 213-214, 217-218, 229, 231, 243, 247, 258, 260, 281, 284, 296, 321-323, 330-331, 359, 362, 374, 377
세례당 217
세베루스 85, 129, 140, 147-151, 184, 201, 249, 251
세상 5, 14, 28, 36, 37, 52, 60, 79, 91-92, 97, 106-111, 117, 125, 130, 137, 144-145, 165, 169, 211, 232-234, 262, 269-270, 307-310, 313, 318, 322, 337, 341, 345, 350, 359, 365
셀레우코스 26
셉투아진트(70인역) 31
셉티미우스 세베루스 85, 129, 140, 147-151, 201
소문 63-65, 85, 88-89, 151-153, 213, 273, 285, 295, 336
소크라테스 36, 97, 99
소피아 성당 216, 252, 316
수도사 5, 19, 236-237, 240-249, 252-253, 292, 294, 297-300, 303, 310, 316-317, 321, 330-332, 345, 359, 363
수도생활 233, 238-239, 242, 247, 252, 307-309, 312-315, 331, 342, 345
수도원운동 172, 218, 228, 234, 236-237, 242, 247-249, 252-253, 307-309, 358
수도원장 246
수사학 133, 136-137, 156, 306, 323, 330, 351-358
수에토니우스 61
순교 71-79, 81, 84, 87, 93, 141, 149-150, 154-155, 167, 172, 174, 182, 210, 218, 223, 233, 263
순교자행전 71
순례 93, 323, 366

순명 253
스토아주의 36-37
스페인 50, 54, 56, 281
시리키우스 345
시리아 25, 26, 119, 129, 145, 218, 247, 331, 373, 375
시므온(예수의 형제) 44
신비종교 34-35, 285
신약 13-15, 17, 31, 39, 50, 53, 61, 63, 69, 103, 112-115, 120, 138, 164, 167, 171, 174, 213, 228, 241, 361, 372, 376
신플라톤주의 356-358, 360
신화(神化) 126, 128
심판 94, 111, 185, 342

ㅇ

아담과 이브 127, 227
아데오다투스 359
아드리아노플 199, 381
아르세니우스 359
아르카디우스 332-337
아르켈라우스 27
아리스티데스 93, 100
아리우스 225, 239, 266, 269-272, 274-276, 279-280, 293-294, 300, 303, 318, 378
아리우스주의 208, 219, 275-277, 281, 294, 297-304, 310-311, 315, 318, 324, 378, 383
아볼로 50
아욱센티우스 319
아타나시우스 4, 11, 237-239, 241, 248-249, 271, 275, 280-281, 290-304, 312, 341, 359, 375
아테나고라스 93
아테네 35, 95, 129, 206, 285, 306, 315

아프리카 260-262, 353, 359, 381
악의 기원 361-363
안디옥 48, 50, 55, 72, 76, 80, 93, 113, 121, 134, 161, 172, 271-272, 304, 330-331, 334, 337-338, 343, 375
안식일 42
안토니 237-240, 242, 247-249, 292, 359
안투사 330
알라릭 349
알렉산더 대왕 24
알렉산더 세베루스 151
알렉산더(알렉산드리아의) 269-272, 275, 280, 291, 294
알렉산드리아 31, 50, 55, 124, 129, 132, 140-142, 145, 151, 162, 211, 222, 226, 239-240, 266, 269-272, 275, 280, 289, 294-304, 332, 335-338, 345, 375-377
알비나 343
암브로스 213, 303, 319-329, 338, 341-343, 356-359
애찬 88, 164, 241
야보고(예수의 형제) 43-44
야만족 147-148, 152, 195, 199, 202, 286, 371, 377, 381
양식론 118
어거스틴 249, 252, 264, 342, 347-348, 351-353, 355-369, 381
에세네파 28
에베소 50, 54-55, 77, 121, 335, 376
엘라가발루스 151
여호와 110-111
역사 4, 6, 7, 13-20, 24-25, 31, 39, 45, 56-57, 61, 75, 104, 113, 118, 125, 127-128, 135, 145, 148, 159, 163, 186-187, 193, 200, 218, 223,

226-229, 248, 258, 265, 280, 293-294, 352, 367, 371, 374
열심당 27-28
영지주의 104-122, 124-125, 142, 145, 234, 265, 355, 377
영혼 82, 98, 108, 133, 142, 144-145, 229, 234, 308, 313, 322, 355
영혼불멸 36
예루살렘 23-29, 39, 41-48, 67-68, 70, 95, 104, 162, 225, 289, 345
예배 28-29, 42, 52-53, 62, 75, 88, 100-101, 109, 116, 124, 128, 162-169, 173, 176-177, 209, 212-213, 218, 228, 241, 245-246, 270, 287, 294, 316, 324, 357
예수 13-15, 23, 27-32, 42-44, 50, 52, 69, 76, 78, 91, 94, 98-99, 108-121, 127-132, 138-142, 161, 163, 167, 169-170, 176, 216, 225-226, 231, 234, 250, 270-271, 277, 289, 293-294, 301, 318, 351, 355, 373, 376
예수의 부활 42
예수의 탄생 13-14
예술 115, 175-177, 216-217, 383
오네시모 77
오렌지 종교회의 366
오리겐 5, 93, 124, 132, 140-148, 151, 154, 160, 173-174, 222-234, 267, 269, 275, 293
오순절 14, 39, 138
요한 14, 41-44, 47, 53-57
요한계시록 54, 69, 115
요한복음 14, 54-55, 103
욕망 37, 312
우라니우스 사티루스 321
울필라 378
위격 140, 275, 317-318

유대인 23, 25-34, 40-47, 49-53, 59-64, 67-68, 90, 93, 112, 130, 134, 143, 151, 209, 265, 372
유대교 27-31, 35, 42, 45-46, 49, 60-63, 68-69, 89-91, 100, 104-105, 110, 114, 118, 148, 168-169, 289, 326, 373
유독시아 335-337
유스토키움 345, 349-350
유아세례 170
유일신 26, 28, 100, 270
유트로피우스 332, 334
육체 97-98, 142, 233-234, 311, 343
윤리학 37
율법 27-29, 45, 48, 61, 130, 138
은둔자 236, 252
은혜 48, 153, 186, 218, 228, 230, 312, 323, 364-366
이그나티우스 72, 75-81, 123, 172
이노센트 336-338
이레네우스 45, 124-129, 145-148, 227
이방인 24, 27, 31, 40, 41, 44-49, 52, 60-62, 94, 169, 171, 265, 293
이스라엘 14, 28-29, 31, 42, 48-49, 52, 113, 127
이시스와 오시리스 35
이원론 357
이집트 24-25, 30-31, 35, 105, 109, 119, 196, 201, 218, 236, 241, 243, 245, 247-248, 274, 292, 296, 303, 307-308, 345, 374-375, 381
인도 35, 56-57, 377, 379
일요일 52, 164-165

ㅈ

자연법 37
자유의지 362, 365
재세례 260

저스티나 324-325
저스틴(마터) 81-84, 87, 93, 96-100, 132, 160-
 161, 164, 166, 168, 173, 226, 269, 288
전설 31, 50, 54-57, 76, 151, 161, 201, 237, 247,
 250, 289, 347, 373
전승 56, 113, 115, 120, 148, 377
정경 52, 104, 112-115, 120
정복되지 않은 태양 212
제롬 201, 237, 248, 252, 281, 292, 341-350
조비안 208, 304
존 크리소스톰 209, 317, 329, 339, 342
종말론 229
죄 17, 42, 73, 76, 88, 124, 127-128, 138, 144-
 145, 158, 163, 182, 256, 259, 301, 326, 334,
 342, 351, 363-367
주교 101, 122, 211
주현절 374
줄리안 맘메아 151
줄리안 208, 219, 250, 262, 282-289, 300, 303-
 306, 315
줄리우스 297
진노 83

ㅊ

창세기 127, 143
창조 104, 110, 112, 118, 126-127, 143, 145, 217,
 301, 362
처녀 172, 233, 244
천사 28, 126-127, 243, 362
철학 32, 37, 83, 93-98, 130, 132, 136, 141-142,
 145, 227, 284-286, 353, 359
치료 188, 204

ㅋ

카라칼라 150
카시키아쿰 359-360
카타콤 166
칼릭스투스 139, 158
켈수스 89, 91, 93, 101, 142, 160, 173
코넬리우스 프론토 90
콘스탄스 195, 199, 208, 281, 296-298
콘스탄티노플 55, 196, 200-202, 206-207,
 226, 263, 272, 280, 283, 295, 303, 306, 312-
 317, 329, 331-332, 335, 337-338, 343, 378,
 381
콘스탄티노플 공회들 312-313, 317
콘스탄티우스 2세 281
콘스탄티우스 클로루스 182, 184-185
콘스탄틴 62, 115, 169, 175, 184-189, 193-219,
 223-229, 231, 233, 240-241, 248, 258, 261-
 262, 265-266, 272-274, 277-284, 287, 294-
 298, 374, 382
콘스탄틴 2세 208, 281, 296-297
콤모두스 85
콤포스텔라 56
콥트 어 240
쿼드라투스 93
쿠쿠수스 336-338
크리스마스 169
크리스푸스 199, 203
클라우디우스 61, 373
클레멘트(로마) 123
클레멘트(알렉산드리아) 124, 129, 130-132,
 140, 142, 149, 160, 227, 267, 269, 293
키프리안 156-158, 255-256, 265
카르타고 133, 156-157, 210, 257, 260-262,
 265, 353, 356

키케로 342, 353

ㅌ

타라 127, 144-145, 231, 364-365
타키투스 64- 66
타티안 93-97, 372
터툴리안 74, 93, 95, 124, 132-140, 145, 149, 153, 156-157, 275
테오도시우스 209, 313, 316-317, 325-327, 339
테오도시우스 2세 202
테오필루스(안디옥) 93
테오필우스(알렉산드리아) 209-210, 332, 335, 337
텔리카 179
티투스 67

ㅍ

파울라 345-346, 349
파코미우스 243-248
파피아스 54
판테누스 129, 377
판토크라토 117, 217
팜필루스(가이사랴) 221-222
퍼페투아 149-150
푸르푸리우스 260
페르시아 24, 30, 180, 184, 200, 274, 286, 289, 353, 374-376
펠라 44
펠라기우스 348, 363-365
펠라기우스주의 363-366
펠리시타스 83, 149-150
포티누스 125
폴리갑 77-79, 80-81, 124, 167, 172

프락세아스 139
프리티길 327
플라비아 도미틸라 69
플라비우스 클레멘스 69
플라톤주의 36, 142, 356
플라톤 36, 94, 97-99, 130, 144, 268
플리니 72-75, 79, 83
피에리우스 222
플로티누스 268
필로 31-32

ㅎ

하나님 13-14, 17, 23, 26-29, 32-35, 48-53, 61, 69-70, 75, 77-81, 91-94, 98-101, 104, 110-111, 113, 117-118, 125-132, 136-139, 142-145, 157-158, 162-165, 176, 185, 198, 200-201, 205-206, 218-219, 223-229, 231, 238-239, 243, 245, 251, 268-273, 275, 277-278, 293-294, 307-308, 311, 318, 322, 324, 336, 338, 341-342, 347, 352-353, 355, 357, 360-361, 363-367
하나님의 나라 128
하나님의 형상 143
헤롯 대왕 44
헤롯 아그립바 44, 59
헤르마스 124
헥사플라 141
헬레니즘 25, 31, 109
호노리우스 316, 332, 337
호모우시오스 277, 279, 301
호모이우시오스 301
호시우스 203, 272, 274, 277, 281
호머 96
혼합절충주의 34

황제숭배 35, 62
회심 47-48, 57, 62, 115, 188-189, 193, 202-203,
　　　210-212, 215, 218-219, 227, 241, 249, 256,
　　　263, 265, 359, 365
힐라리 251
힙폴리투스 151, 158